黑龙江大学文化哲学研究丛书

现代化与
日常生活批判理论研究

RESEARCH ON THE THEORY OF MODERNIZATION
AND DAILY LIFE CRITIQUE

主　编　丁立群
副主编　周来顺

社会科学文献出版社
SOCIAL SCIENCES ACADEMIC PRESS (CHINA)

本丛书获国家社会科学基金重大项目"中国优秀传统文化的创造性转化与创新性发展研究"(项目编号：2015MZD014)、马克思主义理论研究和建设工程重大项目"中国优秀传统文化的创造性转化与创新性发展研究"(项目编号：2015MZD014)、黑龙江省文化发展战略研究中心(黑龙江省首批重点培育智库)、新时代中国特色社会主义文化理论与实践省级培育协同创新中心资助。

黑龙江大学文化哲学研究丛书编辑部

主　　编：丁立群

副 主 编：周来顺

编写人员：张奎良　李楠明　康渝生　柴文华
　　　　　魏义霞　关健英　王国有　王晓东
　　　　　隽鸿飞　李金辉　胡长栓　姜　华
　　　　　刘振怡　孙庆斌　罗跃军　赵海峰
　　　　　蒋红雨　李宝文　张　彤　高来源
　　　　　王　秋　付洪泉　贺　苗　孙建茵
　　　　　杜红艳　杜宇鹏　王　萍　杨振宇
　　　　　丁海丽

日常生活批判理论元问题研究

核心价值体系：一种文化哲学阐释　　003
哲学思维的非日常性　　015
论日常思维　　025
论日常交往　　034
日常交往与日常思维的生成　　043
非日常思维向日常思维转化机制研究　　053
　　——基于中国日常生活批判的视角
中国语境中的日常生活批判理论的阐释与思考　　061
　　——国外马克思主义日常生活批判理论与中国现代化的有机结合

日常生活批判理论与现代化

论发展的多重内涵　　071
现代性与中国日常思维变革　　082
范式的悖论与决定论批判　　094
　　——马尔库什的范式理论述评
论亚里士多德的实践性道德及其对现代文化的意义　　107

西方文化批判理论研究

20世纪西方文化危机的神学批判　　123
西方马克思主义的大众文化批判理论及其启示与限度　　136
大众文化与日常生活界限的消弭与整合　　152
俄罗斯文化中的深层结构特征及其理论旨趣　　160
　　——以白银时代哲学为研究视域判理论

日常生活批判与生活世界理论

日常生活：西方生活世界理论研究的重要视点　　177
哈贝马斯的交往行动理论及重建主体性的理论诉求　　185
从马克思实践的观点看 20 世纪的生活世界理论　　194
许茨与胡塞尔的生活世界理论比较　　204

日常生活批判理论个案研究

如何展开日常生活批判　　217
　　——科西克关于日常生活批判的四重维度
论列斐伏尔节奏分析视域中的日常生活批判　　229
俄国现代化文化阻力文化哲学反思　　242
从自我到他者的主体间性转换　　255
　　——现代西方哲学的主体性理论走向
表象之思与切近之思　　263
　　——海德格尔物的分析思想

海外译稿

论多重实在　　279
当代俄罗斯哲学对同一性问题的探索　　300

日常生活批判理论元问题研究

核心价值体系：一种文化哲学阐释[*]

丁立群[**]

笔者认为，社会主义核心价值体系研究，就目前的状况来说，尚处于初级阶段。各种相关研究论文多局限在中央文件的内容解读，核心价值的构建的重要意义、建设途径，中国传统文化和马克思主义在构建社会主义核心价值体系中的可用资源等"用"的层面上，没有把核心价值问题放在"本"体上或上升到文化哲学的高度去理解，导致核心价值研究浮泛化。本文认为，核心价值研究在理论层面上，迫切需要解决的问题是：核心价值体系的文化哲学内涵、核心价值体系在一种文化形态中的意义和功能、传统文化的核心价值体系和社会主义核心价值体系以及社会主义核心价值体系与马克思主义的关系；在实践层面上，需要解决的问题是社会主义核心价值体系的普遍性和特殊性的问题。

一 核心价值体系的意义和文化功能

从文化哲学的立场上理解，文化的核心价值体系是指，一个民族的文化在历史发展过程中凝结成的、以基本的存在方式和生活方式为基础的，以

---

[*] 本文发表于《学习与探索》2014年第9期。
[**] 丁立群，黑龙江大学哲学学院教授，主要从事西方实践哲学与文化哲学、马克思主义实践哲学与文化理论研究。

基本的价值取向为核心的一系列价值原则的统一。也可以用西方科学哲学家I.拉卡托斯的概念表达：以基本的存在方式和生活方式为基础的核心价值体系是文化的"硬核"，是文化之"本"，是文化之"魂"。它在现象层面即"用"的层面上，可以具体表现为置身于该文化中的特定民族普遍的感知方式、表现方式、生活样态和价值取向。如此，则中华民族的核心价值体系是指中华民族文化历史地凝结成的、以中华民族基本的存在方式和生活方式为基础的，以基本的价值取向为核心的一系列价值原则的统一。它在现象层面上，可以具体表现为中华民族普遍的感知世界的方式、表现和表达自我的方式、稳定的生活样态和价值取向。

文化的核心价值体系与一个民族基本的存在方式和生活方式是统一的。其中，一个民族基本的存在方式和生活方式是基础，而以基本的价值取向为核心的一系列价值原则的统一无疑是在一个民族基本的存在方式和生活方式的基础上产生的，是基本的存在方式和生活方式的价值体现和观念形式——这符合历史唯物主义的逻辑。然而，也不能忽略这种价值体现和观念形态对存在方式和生活方式的形塑作用。它们二者可能会有逻辑上的次序，但在时间上很难分出先后。它们是相互作用的，是统一的、一体的。所以，笔者认为，核心价值体系包括一个民族基本的存在方式和生活方式。

关于核心价值的文化功能即核心价值之"用"，我们可以稍做分解。

首先，文化的核心价值决定了一个民族对世界的感知方式和感知内容。

人类感知的内容并不是绝对客观的、自在的。无论是心理学实验中具体而微的"鸭兔图"，还是西方科学哲学中影响巨大的"经验被理论污染"的思想，都说明人的思想和观念在一定意义上，决定人的感知内容甚至感知方式。因此，文化是一个民族的存在方式，这种存在方式包括一个民族对世界的感知方式。换言之，文化作为思想观念和社会习俗的集合体影响着人们对世界的感知方式——在某种意义上说，人的感知是文化的。在这种意义上，一种特定的文化实际上构成了持有该文化的主体的世界观。而文化的核心价值则在更深层的意义上，以更直接、更集中的方式决定着一个民族集体感知世界的内容和方式。比如，中华民族对世界感知和理解的人文性质，就是由中华文化特别是由其核心价值体系形成的。

其次，文化的核心价值决定了一个民族特定的表现方式和表达方式。

一个民族特定的表现方式包括个体的自我表达和民族的自我表达，同时也包括个体与群体的互动方式。一个民族的个体和群体的自我表达是其文化核心价值体系的外在表现，核心价值体系是一个民族的文化之魂，它体现在民族的文学艺术及其他各种表现方式中，使这些表现和表达方式据以和其他民族的文学艺术及其他表现方式相区别。瑞士分析心理学家 C. G. 荣格以"集体无意识"概念标志人格结构最底层的无意识结构，这种无意识结构即包括祖先在内的世世代代的活动方式和经验库存在人脑中的遗传痕迹，从内容上来说，它也包括社会和文化的"遗传基因"。文化的核心价值在该文化的持有者身上，既可以以意识的形式存在，也可以以"集体无意识"的方式存在，它决定着一个民族个体和群体的表达、表现方式和内容。

再次，核心价值决定一个民族个体的文化认同和民族向心力。

民族的文化认同和民族向心力包括十分复杂的心理结构系统，主要分为两方面。其一为文化个体对文化的认知，指一个民族个体对自己民族文化及其核心价值的认知和感受程度；其二为文化个体对文化的情感信仰，指民族个体对民族文化的情感依赖程度和归属感、奠基于这种情感依赖性和归属感的文化自尊心和自豪感，以及由此产生的神圣信仰。可见，在民族文化认同和民族向心力的建设中，核心价值是认同和向心的根源。所谓认同和向心即认同和归属于核心价值。

最后，文化的核心价值决定该文化中人们的生活样态和价值取向。

核心价值是人们的基本存在方式和基本生活方式的观念形式，它包含一个民族的基本存在方式和生活方式的内容。一个民族基本的生活方式可以表现为不同的生活样态，这意味着生活样态具有多样性。然而，一个民族之中，个体生活样态的多样性，只是该民族文化核心价值不同样式的表现，属于现象的多样性。而核心价值则是其内在的同一性和统一性的本质。这一统一的本质决定着一个民族整体的价值趋向以及个体和群体在处理问题时所采取的具体的、共同的价值取向。

核心价值体系是一个民族文化精神的集中体现，也是一个民族"安身立命"、自立于世界民族之林的根本所在。在这种意义上，核心价值体系与一个民族文化的生命力紧密相关，对于一个民族的重要性是自不待言的。

如此理解的核心价值体系不同于当下人们经常理解的那样，仅仅是一套具体的道德训条与行为规范，如我们提倡的"八荣八耻"等——这些只是社会主义核心价值体系表现出来的一个方面。众所周知，我们说西方文化的核心价值体系，也绝不仅仅指西方社会具体的道德训条和行为规范。中央办公厅印发《关于培育和践行社会主义核心价值观的意见》，将24字核心价值观分成三个层面：富强、民主、文明、和谐，是国家层面的价值目标；自由、平等、公正、法治，是社会层面的价值取向；爱国、敬业、诚信、友善，是公民个人层面的价值准则。新加坡在其国民教育中，确立了"国家至上，社会为先；家庭为根，社会为本；关怀扶助，尊重个人；求同存异，协商共识；种族和谐，宗教宽容"的核心价值观教育。即便如此，我们还是应当说，首先，具体的道德规范只是核心价值体系表现形式之一，并不是核心价值体系本身。核心价值体系绝不仅仅是道德规范的集合体；其次，道德规范又在某种层面上体现了核心价值体系。因此，在考虑进行国民教育的方便时，核心价值体系便采取了通俗化和便于记忆的形式。

二　核心价值体系的基本性质

文化的核心价值体系在文化系统中具有一定的文化内涵以及相应的文化功能。除此之外，我们还需要从动态的角度考察文化核心价值体系的基本性质。应当说，核心价值体系的基本性质在某种意义上决定了文化的基本性质。

首先，文化的核心价值体系处于相对稳定的状态。核心价值是一个民族文化的基本精神,是一个民族文化区别于其他文化的本质特征之所在。作为一种区别于其他文化的本质特征,它不可能是变动不居的,而是相对稳定的,否则一种文化形态就失去了其稳定的特征。这相当于"本质"这一概念的初始意义,即变中之不变——这是古希腊哲学家亚里士多德"实体"概念的基本含义。德国历史哲学家 O. 斯宾格勒(Spengler)在论及世界文化形态的种类时,把文化分为八种文化类型即埃及文化、巴比伦文化、印度文化、中国文化、古典文化、阿拉伯文化、墨西哥文化和西方文化。八种文化类型各自都有不同的文化精神即所谓的"象征",如古典文化的基本精神是希腊神话中的太阳神阿波罗,所以又称阿波罗文化;西方文化的基本精神是追求自由、探索宇宙、热爱真理的浮士德精神,所以西方文化又叫浮士德文化。这里所谓文化的基本精神或"象征",实际上就是特定文化形态核心价值体系的基本征象。但是,他认为每种文化的基本精神是不可改变的:它可以被扼杀,却不可以被改变。就如一株幼苗,我们可以把它连根拔起,却不可以改变它的生长趋势。这使他走向文化相对主义。

但是,正如"实体"概念的形而上学性质遭到很多哲学家的批判和质疑一样,O. 斯宾格勒的文化形态学同样受到了批判。正如这些批判所言,文化的核心价值体系的稳定性只能是相对的稳定性,不可能是绝对不变的。稳定性只是以一个相对较小的历史尺度为视野所形成的认识结果,在一个大的历史尺度里,文化是不断变迁的,其核心价值体系也只能是处于变化中的,当然它们变迁的速率会有所不同。

其次,文化的核心价值体系具有历史性和生成性。与文化核心价值体系的相对稳定性相关联,在一个较大的历史尺度里,文化的核心价值体系还具有历史性和生成性。以常理论,任何一种文化形态的核心价值体系都不可能是先天形成、一成不变的,换言之,都有一个产生和发展的过程。在历史发展过程中,不同的时代会赋予一种文化形态以不同的时代特征。一般来说,文化的核心价值体系生成和发展的动力存在于文化的内部和外部两方面。从内部来说,它和该文化主体的心智和生活方式的变迁相关,由此形成了核心价值体系的自我完善的过程；从外部来说，它同时是一个适应环境的过程——这一适应过程有些类似于美国文化人类学家 J.H. 斯图尔特的"文化生态学"的含义。在这种内外因素的影响下，文化的核心价值体系与其载体——特定文化形态一样处于形成和变迁之中。所以我们说，不同的时代，特定文化形态的核心价值体系虽然有一定的稳定的东西贯穿其中，但总体上是随时间的不同而表现出不同风貌的，是随着时代的变化而"与时俱进"的。

最后，文化的核心价值体系具有开放性。文化核心价值体系的历史性、生成性如果是自因创生的话，并不直接意味着它的开放性，但一种文化开放性却可能成为其历史性和生成性的原因或原因之一——如果是外因或外因与内因结合创生的话。笔者认为，任何文化的历史性与生成性都是内部原因与外部原因共同作用的结果。其中，外部原因要作用于一种文化形态，就需要该文化形态具备能够接受作用的开放性——不论是主动的还是被动的。就任何一种文化形态来说，要想在自然环境和人文环境中取得生存和发展，开放性是一个必要的因素。任何一个民族的文化传统都不是一个凝固的、僵死的存在，而是一个不断生成和建构的过程。这种生成和建构的过程，同时也是不断吸收外来文化的优秀元素，构成自己新的文化"基因"的过程。也许可以粗略地用 H. G. 伽达默尔的"视界融合"说明这一生成过程。文化人类学中的传播学派认为，一种特定的文化形态的发展并不是其文化主体创造的结果，而是从世界上各种传播着的文化现象中"借用"了某些现成的东西，由此构成了文化的发展。这种文化的"传播"和"借用"的过程，便是"文化历史"的基本内容。由此，文化间的传播即构成了文化发展的动力。文化人类学所说的文化的"涵化"即标志了这一过程某一侧面。传播学派否定特定文化主体对该文化的创造性，这是笔者所不赞同的，但是传播学派关于文化的开放性对文化发展的意义的认识却是相当深刻的。反之，一种封闭的文化不仅不能适应该文化所处的人文和自然环境的变化，也失去了发展的外部动力。文化的自我封闭必然使一种文化趋于保守落后，最后趋于衰落。

三 构建社会主义核心价值体系涉及的几重关系

从上面的理论分析中，我们从文化哲学的层面上明确了文化核心价值体系在一种文化形态中的意义和文化功能、核心价值体系在动态过程中表现出来的基本性质。据此，在构建社会主义核心价值体系的过程中，我们实际上面临重要的抉择：第一，马克思主义是我们主导的意识形态，是我们必须坚持的指导思想；第二，中国优秀的文化传统是我们应当继承的文化根基；第三，我们还面临改革开放的艰巨重任，需要吸收世界各民族、西方社会的优秀成果。这三重关系是关于社会主义核心价值体系学术纷争的根源所在，所以，笔者认为构建社会主义核心价值体系，应当着重处理好这三重关系。

一是社会主义核心价值体系与传统文化核心价值体系的关系。

中国是一个历史悠久的国度，中国传统文化经过了中华民族五千多年的积累和建构，积淀了深厚的文化底蕴，形成了中华民族历史地凝结成的生存方式和社会历史运行的内在机制，这就是蔚为大观的中华文化。同时，也历史地凝结成了以中华民族基本的存在方式和生活方式为基础的，以基本的价值取向为核心的一系列价值原则的统一，即中国传统文化的核心价值体系。它在现象层面上，可以具体表现为中华民族普遍的感知世界的方式、表现和表达自我的方式、稳定生活样态和价值取向。如以儒家思想观念为主流的儒道互补、俗文化与圣文化互补的双重互补结构，这种双重互补结构构成了中国传统文化基本的"文化骨架"即容纳和支撑核心价值体系的主干构架，同时也使中国传统社会保持相对稳定。

这种相对稳定的价值构架，在中国近代遇到了挑战。从明末清初西学东渐，中国人开始探索和思考"中""西"关系问题，并把这一问题从文化领域延伸至经济和政治领域。这一问题直接关系到中国前途命运的抉择。在这一过程中，中国传统文化遇到了多方面的挑战：有西方资产阶级各种思潮的挑战，有马克思主义的挑战，当然也不乏保守主义的坚持固守。我们常说挑战与机遇并存，实然也。诸多挑战对中国传统文化主体来说既是一种被迫的抉择，也是一种机遇，其作为一种机遇具有主动选择的性质。经过长期理论论证和现实实践，中国人民终于确定了马克思主义和社会主义，从而结束了现代化道路选择的徘徊，真正开始了中国传统文化的连续持久的现代化过程。应当强调的是，马克思主义和社会主义并不是凭空"移植"到中国的，如前所述，它是中国传统文化主动或被动地开放和选择的结果，因而一定是中国化的。没有这种开放和选择，马克思主义和社会主义对我们来说，仍然是格格不入的异己之物。

按照这一思路，我们就可以理解"中华传统文化"与"社会主义文化"、"中华传统文化的核心价值体系"与"社会主义核心价值体系"的关系。笔者认为，社会主义文化是中国的现代性实践，是中华传统文化的现代性内容，虽然这种现代性内容还需要发展和完善；社会主义的核心价值体系是中华传统文化核心价值体系的现代性体现，是中华民族血脉传承、与时俱进的时代内容。我们说"血脉传承"是说明这种现代性和时代内容不是传统的中断，而是根植于中国传统的。而只有把中国传统文化核心价值体系发展为社会主义核心价值体系，中华文化才具有发展性和历史感，也才能具有时代性。

所以，中华民族文化传统是不断建构而成的。作为传统文化的扬弃，社会主义文化也是历史的、不断建构的。中国传统文化核心价值体系连同社会主义核心价值体系同样是一个建构过程、一个随着时代的发展而发展的不断生长的体系。

二是社会主义核心价值体系的民族性与世界性的关系。

社会主义核心价值体系同样不是封闭的，而是更具开放性的，因而是更具世界性的完整体系。

从学理上说，一个民族的核心价值体系是普遍性和特殊性的统一：它既应当体现出一个民族文化传统的根本特质，也反映一个民族的时代性和普遍性，这两者缺一不可。

构建中国特色社会主义核心价值体系要体现民族的文化特质。体现民族的文化特质就是要在中国特色社会主义核心价值体系中体现出中国传统文化的特殊本质，这种特殊本质是我们民族的立足之根。中国特色社会主义核心价值体系的构建体现中国传统文化的特质，这并不是我们的自由选择。传统文化本身就是我们的"生活世界"，它虽然能被我们"课题化"，但这种"课题化"的背景也是为我们的"生活世界"所影响的，所以"生活世界"这种传统文化的意义背景无法为我们所摆脱。而核心价值体系构建也不可能在虚空中构建，它只能在这一"生活世界"背景下来构建，所以，特质是我们所根植的中国传统文化必然的诠释学效果。

但是，传统文化毕竟与奴隶社会、封建社会结合在一起，而后者是糟粕，是与社会主义核心价值格格不入的。这就需要我们仔细地把传统文化的精华剥离出来。冯友兰先生提出的"抽象继承法"，也不过是要我们把传统文化与其存身和包含的具体的政治和阶级内容分离开来。因此，与大众层面对传统文化构成的"生活世界"非反思的接受和反思的自然前提的接受不同，在社会主义核心价值构建的自觉层面，必须把传统文化构造的"生活世界"课题化，反思这一"生活世界"，去其糟粕，取其精华。换言之，我们必须对中国传统文化采取一种反思和批判的态度。

为了使这种反思冲破传统文化构造的"生活世界"自然前提的笼罩，打开自我循环的封闭圈，我们可以像P.费耶阿本德所说的那样，采取"理论的增多原则"，即采用异文化的价值原则进行对比参照，进行真正的"文化间"比较和"居间"性评价，得出客观的结论。只有通过这种对传统文化的反思批判和清理，才能在真正意义上对传统文化"去其糟粕，取其精华"。在此根基上，才能构建起社会主义的核心价值体系。

但是，社会主义核心价值体系的构建同时需要另一个重要维度，即普遍性和世界性。普遍性在全球化时代即世界性，是世界范围的普遍价值。普遍性对于一种文化的进步是必要的，它也是文化开放性的重要标志。文化人类学理论中的文化进化理论总体上并不是一种科学的人类学理论，它常常把一种先验的意识形态前提当作一种逻辑预设，如以欧洲中心主义为普遍进化的顶点和元标准，然后在经验中寻找证据——这实际上是选择证据。但这不能否定它的某些观点是有价值的。从文化进化论的观点来看，特殊性并不仅仅是一个文化特色的问题，它也是适应特殊环境的结果。适应产生文化的"特殊化"，达到与某一特定环境的完全匹配，从而失去了普遍性适应和普遍进化的可能性。可见，文化的"特殊化"发展到极端，则使一种文化具有保守性、封闭性：这种文化在与其他文化接触时，往往采取文化相对主义的保守策略，否认普遍价值。所以，社会主义文化及其核心价值体系的构建不能忽略普遍性的维度，只有普遍性才能打破文化的特殊化产生的保守性和封闭性，使一种文化产生普遍的"适应性"和普遍进化的可能性。

中国传统文化中存在价值普遍化的文化基因。中国古代的"天下"概念就表现了一种价值普遍化的意图："天下"不是世界，亦非自然之天，它本质上是普遍的、确定的秩序原则所支配或可能支配下的普遍空间——这种普遍、确定的秩序即儒家的"三纲五常"。这样一种普遍化的意图在人类学上，是和一个民族的整体规模与实力相关的：一个实力和规模都很弱小的民族是不可能产生普遍化意图的。当然，这种普遍化的意图是受视野局限的想象空间。超越这一视野，"天下"就失去了普遍性，变成了一种特殊性。所以，这只是一种意识形态的普遍性即"中央大国"意识，并不是通过国家和民族间交往形成的真正的普遍性。但是它形成了一种文化"基因"，在这一基础上，我们的文化才可能接受一种真正的普遍性。

社会主义文化是中华传统文化的现代性内容，社会主义核心价值体系是中华文化核心价值体系的时代性体现。作为一种现代性内容，特别是处于全球化背景下的现代性内容，普遍性必须是其所蕴含的重要维度，这也是"现代性""时代性"所固有的重要内涵。

所以，不仅社会主义文化是开放的，社会主义核心价值体系也是一个开放的体系。它们并不是封闭的给定之物，而是一个开放的生成过程。在生成过程中，不断地综合普遍性、形成普遍性、参与普遍性和贡献普遍性。

三是社会主义核心价值体系与马克思主义的关系。

社会主义核心价值体系构建的指导思想是马克思主义。如前所述，马克思主义是在中国近现代社会转型期，中国人民经过长期理论论证和现实实践，确定的最终选择。正是这一选择结束了中国现代化转型面临的犹豫徘徊，真正开始了中国传统文化的连续持久的现代化过程。

在社会主义核心价值体系研究中，学界一直有以"中"为本还是以"马"为本的争论，即构建社会主义核心价值体系是以中国传统文化为本，还是以马克思主义为本。这实际上是个伪命题。

马克思主义在中国的传播过程本身即开始了与中国革命和建设的实际乃至中国传统文化相结合的过程。这种结合有两个层面：在文化自觉层面上，中国的马克思主义者把马克思主义运用到中国革命和建设的具体实践过程中，产生了"适应性"创新——作为结果，我们产生了毛泽东思想、邓小平理论、三个代表重要思想、科学发展观以及习近平总书记系列重要讲话体现的一系列重要思想，这些理论和实践就是中国化的马克思主义；在文化无意识层面上，则主要是通过中国既有文化构成的"生活世界"背景对马克思主义进行理解和诠释的结果，这一结果会在一定程度上使马克思主义与中国既有文化结合起来，从而使马克思主义发生一定程度上的改变，成为我们通常理解的与我们的传统结合的马克思主义。这两个层面存在一定的张力：前者是自觉反思的结果，后者则是非反思的。所以，学术界出现的"回到马克思"乃至略显低调的"走近马克思"的学术思潮，表面看来似乎是主张"原教旨主义"的马克思主义，实际上从诠释学的立场上看，不过是马克思主义的又一次诠释而已。这里，唯一正确的结论是：马克思主义的中国化是必然的。

所以，那种把马克思主义同中国传统文化对立起来，与社会主义核心价值体系分离开来的想法和做法都是不正确的和事实上不可能的。由此，社会主义核心价值体系以"中"为本还是以"马"为本——以中国传统文化为本还是以马克思主义为本的争论只能是一个伪命题。

笔者认为，构建核心价值体系必须以马克思主义为指导。当然，这里的马克思主义是以其普遍原理与中国社会主义革命和建设的实际相结合的中国化的马克思主义，而不是"原教旨主义化"的马克思主义。这种中国化的马克思主义既具有中国传统文化的基因，又具有马克思主义的基因，同时是向世界各民族优秀文化开放的。只有以这种理论为基础，社会主义核心价值体系才能在文化人类学意义上既保持相对的稳定性，具有历史的深度，同时又具有生成性、生长性和开放性。

哲学思维的非日常性 *

王国有 **

日常思维与非日常思维是体现人的自在性和自为性的两种思维方式，二者处于对立统一的关联之中。一方面，日常思维是非日常思维的基础，另一方面，非日常思维是对日常思维的超越和提升。因此，非日常思维必须不断回归日常思维，并且诉诸日常思维，但是又不能等同于日常思维，要保持对日常思维的超越性。如果忽视非日常思维对日常思维的依赖性，就会使非日常思维失去根基，成为异化的思维活动，思想就会陷入虚无；反之，如果忽视非日常思维对日常思维的超越性，就会把非日常思维等同于日常思维，就会使非日常思维失去超越性的维度，失去自身的合法性，使思想陷入僵化。

哲学思维作为典型的非日常思维形式，同样处于与日常经验、传统习惯和常识等日常思维形式的互动之中。

随着现代哲学对形而上学的拒斥，回归日常生活世界成为哲学理论革命性的重要标志。这给人一个错觉，似乎日常化的哲学才是真正的哲学，人们往往强调哲学的"普及"和"应用"，从日常经验、传统习惯和常识的角度理解、阐释和建构哲学，并且以此为基础对超越日常生活的哲学进行消解。然而，问题在于哲学回归生活世界是否意味着哲学日常化，日常化的哲学还是哲学吗？哲学虽然以日常思维为基础，并且经常在日常思维中寻求自明性的

---

* 本文发表于《学术交流》2006年第1期。

** 王国有，黑龙江大学哲学学院教授，主要从事文化哲学基础理论研究。

基础，也因此常常带有日常思维的若干特征，但是这并不意味着我们可以从日常思维的视野出发理解和阐释哲学。哲学思维作为重要的非日常思维形式，具有鲜明的非日常性，哲学回归日常生活世界不等于从日常思维的视野出发理解和阐释哲学，而是要把哲学的目光从天上转向人间，把日常思维作为反思和批判的对象，作为问题来探究。如果忽视、遮蔽和消解哲学的非日常性，就会使哲学失去与日常生活的张力，失去对日常思维的批判和超越的维度，丧失自身作为"爱智之学"的合法性。本文试图从思维方式、思维对象、思维主体、思维取向和思维功能的角度出发，揭示哲学思维的非日常性特征，为防止和克服哲学的日常化倾向、确证非日常的哲学的合法性提供理论参考。

一 哲学思维方式的反思性

哲学作为"爱智"的思维活动，其本性就是反思的。哲学思维的活动过程就是思想以思想为对象反过来思之的过程，就是思想自身的无穷追问过程。黑格尔对此进行了明确的阐释，他认为："哲学的认识方式只是一种反思——意指跟随在事实后面的反复思考。"[1] 也就是说，哲学思维就是一种"后思"，它超越了日常思维的直观性，是对发生了的思想的不断追问和思索。冯友兰对哲学的反思性进行了进一步的说明，他认为"所谓反思就是人类精神反过来以自己为对象而思之。人类的精神生活的主要部分是认识，所以也可以说，哲学是对于认识的认识。对于认识的认识，就是认识反过来以自己为对象而认识之，这就是认识的反思"。[2] 哲学思维是反思的思维，这意味着当哲学思维的主体面对对象的时候，并不直接认识和断言对象，而是把对象看成思想中的对象，以关于对象的思想为对象反过来思之。当思想反身面对思想自身时，思想既是思想的主体，又是思想的对象，思想的形式和内容统一于思想

---

[1] 黑格尔：《小逻辑》，贺麟译，商务印书馆，1980，第7页。
[2] 冯友兰：《三松堂全集》第八卷，河南人民出版社，2000，第15页。

自身，这时，思想能够摆脱对象的束缚，达到思想的自觉。哲学反思就是对认识的认识，对理解的理解，哲学思维能够摆脱直观的思维对象的束缚，不断反身面对思想自身，促进思想的丰富和深化。

而日常思维是对象化思维，就是离开自我与对象的关系，直接断言对象的思维。当自我面对对象的时候，往往处在与对象的复杂关系之中，日常思维往往忽视和抹杀对象与自我的内在关联，从直观的角度出发，直接把思维中的对象看成对象本身。在日常思维中，对象往往"是其所是"，呈现自在的规定性，对象之所以"是其所是"，是因为事情"本来如此"，不是因为"在我看来"如此。日常思维对对象的直接断言包括对象的存在、属性、关系、意义、价值等方面。日常思维离开对象与自我的内在关联，直接接受对象的存在、属性、关系及价值规定，其实质在于，在思维活动中，思维的形式沉入思维的内容，被思维的内容所同化，无法达到思想的自觉。

在日常生活中，人们大都把目光投向思想之外的对象，很少自觉反省关于对象的思想，而哲学思维却自觉反思思想。哲学思维的反思性使哲学在很大程度上超越了直观的日常思维，只有当人们摆脱了执着外物的日常状态，哲学理性才能悄然起飞。如果忽视哲学思维对日常思维的超越性，从日常的对象化思维出发理解哲学，就会抹杀哲学的"爱智"本性，使思想陷于对象之中，无法实现思想的自我批判、自我超越和自我创造。

二 哲学思维对象的超验性

哲学思维方式的反思性决定了哲学思维对象的超验性。哲学反思的对象是关于对象的思想，而思想本身是不能被经验所领悟到的，思想往往是经验的界限，必须运用理性的思考才能触及。因此，哲学思维的对象是超验的，与日常生活经验没有直接的相关性，哲学思维直接关注的是日常生活中的自明性思想。哲学思维之所以把目光直接指向超验的思想，是因为在哲学思维中，思想不是虚幻的、有欠缺的存在，而是唯一真实的存在。经验的对象处于与思想主体的密切关联之中，并且只有提升到思想的高度，才是真正的存在。思想作为真实的存在，不是经验的存在者，而是超验的存在本身，就思想的超验性而言，思想本身就是无。然而，思想的无不是虚无，而是大有，是一切实有得以可能的根据。因此，哲学思维是"形而上"的思维，哲学思维的对象无法拿出来，还原为经验的对象。海德格尔为了确保哲学思维的超验性，刻意把"无"纳入哲学的问题之中，认为哲学的问题就是"为什么在者在而无反倒不在"？如果不能一跃入无，单纯追问在者在的"根据"，就容易从在者出发来回答存在问题，使哲学的合法性受到消解。①

而在日常思维中，思维的对象必须具有最大的实在性，也就是说，日常思维的对象必须是看得见、摸得着的经验对象。在日常思维中，思想的形式被内容所束缚，思想只是有欠缺的虚幻的存在，真正真实的是有利于维持个体生存、繁衍的经验对象，这些对象往往限定在特定血缘和地缘关系范围内，与人们的衣食住行、饮食男女、婚丧嫁娶等日常生活经验密切相关。这些对象都是确定的、熟悉的、能够直接为生存本能和生活经验所确证的，它们为生存提供直接的资源。日常思维倾向于把思维主体直接同化到对象之中，以在对象的实在性中获得自身的规定性。

从哲学思维对象的超验性可以看出，哲学思维注定要在思想的阴影王国里流连忘返，哲学思维的对象如果变成经验对象，哲学也就不再是哲学了。哲学回归日常生活，并不意味着哲学要研究日常经验的对象，而是说要把日常生活中日用而不自知的思想作为问题来反思，这并不能改变哲学的超验性。

三 哲学思维主体的个体性

哲学思维的反思性要求哲学思维主体必须具有个体性。一方面，哲学思维的主体必须是自我意识主体；另一方面，哲学思维主体的自我意识必须是

---

① 海德格尔：《形而上学导论》，熊伟、王庆节译，商务印书馆，1996，第3~9页。

个体自我意识。

　　首先,哲学反思活动进行的前提是思维主体自我意识的觉醒。既然哲学思维是反思的思维,那么思想既是思想的对象,又是思想的主体,这就要求思想不断超越对象,保持其作为思想主体的地位。在哲学不断反身面对思想的过程中,始终有一个自我意识主体从对象、对象意识和自身中抽离出来,保持思想的反思性。这不仅要求思想主体摆脱思想对象的限制,达到思想的自觉,而且要求思想以关于对象的思想为对象反过来思之,一旦思想完成了对对象之思的思考和审视,这一思想的结果反过来继续成为自我意识反思的对象。自我意识是反省的独立的意识,它要求人们在接受既定的思维规定之前,首先对其进行理性的怀疑、审视和批判,在此基础上确证思想的合理性。在自我意识中,不经过自我对思想的审视和追问,就无权断言和确证对象及思想的规定性,这就是笛卡尔所说的"我思故我在"。因此,哲学思维是以自我意识的不断跃迁为前提的思维活动,要想进入哲学思维的领地,思想必须从对象意识转移到自我意识,并且保持自我意识对思想的意向性。在此过程中,思想既成就了思想的主体,又创造了思想的对象,一旦思想停留于思想的既定结果,哲学反思活动就停止了。

　　其次,哲学思维主体的自我意识是个体自我意识,哲学思维主体在个体与他人、群体的关系上,体现为思维的独立性,在思维的结果上,表现为思维的独特性。哲学思维虽然常常思考民族性和人类性的问题,但哲学对这些问题的思考是以个体性的视野为基础的。哲学思维是以思维主体的独立的自我意识为基础的,在哲学思维活动中,思维主体并不是盲目依赖和认同于他人和群体的思维规定,而是以自己对问题的独立思考为基础和准绳,强调思维视野的独特性和开放性。哲学反对思想的粗疏浅薄、人云亦云、随波逐流。在哲学思维中,思想不是"事实如此""向来如此",也不是"在我们看来如此",而是"在我看来如此"。因此,真正的哲学是不能变成普遍知识的,真正的哲学不是"无我"的真理,而是"有我"的独特思考。哲学思维相对于日常思维来说,总是显得"不合时宜""曲高和寡",让人难以理解。

在日常思维中,思维主体是非个体性的,他们往往缺乏自我意识,倾向于消极认同他人和集体的思维规定。海德格尔认为,日常此在是没有个体性的存在,因为在日常此在的"与他人共在"的存在中,他人已经把"存在"从"此在"中抽离出去了。"此在作为日常共处的存在,就处于他人可以号令的范围之中。不是他自己存在;他人从它身上把存在拿去了。"[1] "他人"不是某个具体的人,不是这个人,也不是那个人,而是"中性"的"常人"。日常此在无条件认同他人的时候,就是日常"常人"展开自己"独裁"的时候:"常人怎样享乐,我们就怎样享乐;常人对文学艺术怎样阅读怎样判断,我们就怎样阅读怎样判断;竟至常人怎样从'大众'脱身,我们就怎样抽身;常人对什么东西愤怒,我们就对什么东西'愤怒'。"[2] 在日常思维中,日常主体倾向于认同和接受家人、邻里、朋友、同事、同乡、同族的观点,满足于人云亦云、随波逐流的生存状态。既定的思想传统存在于"他人"之中,日常思维主体通过日常交往,在"他人"中与传统照面,融入传统。日常思维对他人的认同最终表现为对集体的认同,日常思维受集体表象的推动。日常此在与他人的共在,就是共同生存于特定的集体之中。集体不仅是他人的代言人,而且是"我"的代言人,集体的声音就是"我们"的声音,就是"我"的声音。日常思维中,日常主体的思维往往认同于集体的思维规定,是集体表象的:一方面,日常思维依赖并且认同于集体表象,往往以集体的思维规定作为自明性的标准,衡量和规范自己的思想,凡是不同于或有悖于集体思想的思想都要受到质疑和排斥;另一方面,集体的思想在日常生活中,不断积淀、确证和强化,逐渐内化成为日常主体的"集体无意识",这种"集体无意识"规定了日常主体思维的基本结构、基本方式和基本框架,成为日常思维的基础。日常思维消极认同他人和集体的思想,最终使思想平均化,陷于

---

[1] 海德格尔:《存在与时间》,陈嘉映、王庆节译,生活·读书·新知三联书店,1999。
[2] 海德格尔:《存在与时间》,陈嘉映、王庆节译,生活·读书·新知三联书店,1999,第147~148页。

平面状态，没有可能性、偶然性，也没有例外，任何企图超越这种平面性的思想都要受到诋毁和遏制。

因此，如果从非个体性的日常思维出发理解和阐释哲学，就容易扼杀哲学思维的个体自我意识，抹杀哲学的反思性，把哲学变成普遍化的知识和教条。

四　哲学思维取向的批判性

在思维的取向上，哲学思维是批判性思维。哲学反思活动的旨趣不在于形成、学习、继承和运用思想，而在于怀疑、挑战和批判思想。

哲学思维活动之所以是批判的，是因为在哲学思维中，任何思想都是建立起来的思想，甚至那些被人们认为是"自明性"的思想也并非不证自明的，任何思想都有其得以建立起来的前提和根据。一旦哲学把目光指向思想的前提和根据，便会发现思想的前提和根据并非像人们所认为的那样牢不可破，任何前提和根据都是历史性的、有限度的，这时思想的自明性就会发生动摇。一旦思想的前提和根据受到挑战，发生转换，思想就会发生层次的跃迁。所以，哲学不是理论的教条，而是爱智的活动本身，哲学不是名词，而是动词，与其说哲学思维的旨趣是形成思想，不如说哲学思维的旨趣是挑战、批判和推动思想，为思想的创新提供可能性的空间。哲学就是自觉对思想进行前提批判的理论思维活动。哲学常常以问题开始，以怀疑见长，自觉挑战各种日常的经验、传统、习惯、常识、成见、权威和定式，反对任何教条，哲学批判的对象不仅指向日常思维，而且指向科学、宗教、艺术以及哲学本身。正是在批判的意义上，哲学活动就是"对假设质疑，向前提挑战"的活动，正如伯林所言："如果全体社会成员都是狐疑满腹的知识分子，人人都不断地检验信仰的假定条件，那就没有行动的人了。另一方面，如果不对假定的前提进行检验，将它们束之高阁，社会就会陷入僵化，信仰就会变成教条，想象就会变得呆滞，指挥就会陷入贫乏。社会如果躺在无人质疑的教条的温床上睡大觉，就有可能会渐渐烂掉。"① 正因为哲学具有批判的本性，所以哲学提出的问题远比对问题的解决更重要，一旦哲学家的思想被人们所认可，成为人们行动指南的时候，它的哲学马上又变成了哲学反思和批判的对象，因为知识化和教条化的哲学已经远离了哲学的本性，成为死亡的哲学。哲学永远是鲜活的、自我超越的，每一种哲学理论只是哲学自我超越历史的一个环节，是哲学实现自身的一个环节。

由于自我意识的匮乏，日常思维往往具有自发性和保守性，拒绝和抵制思想的独立思考和大胆创新，表现出非批判性的特点。在日常经验、传统习惯和常识思维中，日常知识是经过了人们日常生活长时间积淀下来的，其自明性已经经过了生活的检验，因此，在日常思维中，日常知识无须过多地追问和思考，只要能够拿过来、好用就可以了。在日常思维中，人们往往只知道"是什么"，但不知道"为什么"、"怎么样"和"应如何"。日常思维往往停留于事物的现象和表面以及外在关联，对事物的认识往往模棱两可，好像是把握、理解了，又没有真正理解，所以经不起推敲和追问。随着日常经验的积淀、传统习惯的传承和常识的重复性应用，日常思维对于日常生活主体来说越来越熟悉，越来越上手，日常思维主体逐渐倾向于恪守既得的知识，很少超越自己的经验和传统质疑和挑战常识，对于超越日常生活的思想往往存在本能的拒斥。赫勒对日常思维的保守性揭示得比较深刻，在赫勒看来，无论是日常思维的结构，还是日常思维的内容都具有很强的惰性，虽然表面上看来，日常思维的内容变动不居："日常思维结构的变化极其缓慢，它包含着完全停滞的方面。它的内涵的变化相对迅速。但是，如果我们把日常思维同科学思维作一比较，甚至日常思维的内容也倾向于保守和具有惰性。"②

由此看来，哲学思维与日常思维在旨趣上存在重大的差异，日常思维倾向于接受和固守既定的思想，而哲学思维倾向于挑战和批判既定的思想。哲

---

① 麦基编《思想家》，周穗明、翁寒松译，生活·读书·新知三联书店，1987，第3~4页。
② 赫勒：《日常生活》，衣俊卿译，重庆出版社，1990，第54页。

学思维常常把日常思维作为反思和批判的对象，日常思维则常常遏制哲学思维的批判性，消解哲学思维与日常生活的张力。

五 哲学思维功能的非实用性

从思维的功能上看，哲学思维不具有实用性，推动非日常思维活动的目的和动力不是现实的生存需要，而是思想的自明性和自由性。从实用的观点看，哲学是无用的，哲学以并非实存的思想为对象，经常为了思想而思想，哲学不能解决面包的问题，哲学不能给人们带来金钱、名誉和地位，哲学经常是不合时宜、抽象、虚幻的。然而，哲学具有无用之大用，哲学能够启迪人的思想，考问人的灵魂，推动思想的创新和文化的前进，正因如此，哲学才是"思想中的时代""时代精神的精华"。虽然哲学经常对假设质疑，向前提挑战，把简单的事情复杂化、复杂的事情简单化，让人们的思想混乱，失去确定性，但哲学愿意扮演不愉快的"文化医生"的角色，因为哲学所带来的思想解放和创新是意义深远的。哲学家总是高举远目，从个体性的生活境遇出发，思索时代性、人类性的问题，而哲学的深沉思索只有在超越了日常生活的实用和琐碎之后，才能够进行下去。因此，海德格尔认为，哲学超越了日常生活的兴趣和需要，"哲学活动就是对超乎寻常的东西作超乎寻常的发问"，这种发问"不会在满足紧急生计需要的圈子内提出来"，它"本来就与日常秩序无关"，如果拿哲学的实用性解释哲学的价值，就会加深对哲学的误解。① 哲学真理与日常生活实践的真理不同，前者强调逻辑的自明性、思想的开放性，后者更加强调现实的有效性。在哲学思辨中，走路先迈左脚和先迈右脚同样合理，而在日常生活中，先迈左脚还是先迈右脚取决于我们的目的和习惯。日常生活的实用性要求认识具有确定性，而辩证的哲学思维往往缺乏确定性，所以哲学往往不能用来指导人们的行动，哲学更有助于人们思

---

① 海德格尔：《形而上学导论》，熊伟、王庆节译，商务印书馆，1996，第 14~15 页。

想的解放和创新。因此，海德格尔指出，"哲学从来就不可能具有直接性的力量"，"哲学按其本质只能是而且必须是一种从思的角度来对赋予尺度和品位的知之渠道和视野的开放"。①

而日常思维却是实用性的思维，其实用性主要表现在思维的目的和标准上。首先，日常思维的对象必须满足实用的目的。在日常思维中，对象之所以是对象，就是因为它是有用的对象，对象就是它的用途。如果没有了其有用性的规定，对象就不再是日常思维的对象。"人们对自己周围的环境——只要它对人起作用——是根据其实际功用（而不是根据它的客观本质）来把握和判断的，这是必要的日常事物。"② 日常生活世界是一个生存本能起主导作用的世界，生存本能要求日常思维的对象必须是实存的、实用的而且是熟悉、切近、在手边、顺手、好用的对象。其次，衡量日常思维的标准也具有实用性。在日常思维中，判断思维真理性的标准往往不是内在的客观的规律性，而是主观经验的直接有效性。日常思维拒绝探索客观事物的内在本质，从不考虑遥不可及的事物，也拒斥抽象的思想、深远的意义。相对于日常生存的琐事来说，这些过于虚幻和遥远，非实用的思想不仅无助于日常生活，而且会降低日常生产和交往的效能，影响和阻碍日常生活的正常进行。

哲学思维是超越日常生活的实用性的，如果从日常的实用性出发理解和衡量哲学，就会否定哲学的价值。

从以上分析可以看出，哲学思维在方式、对象、主体、取向和功能上具有鲜明的非日常性。不能抹杀哲学思维与日常思维的张力，从日常思维出发，就无法理解和确证哲学思维方式的反思性、哲学思维对象的超验性、哲学思维主体的个体性、哲学思维取向的批判性和哲学思维功能的非实用性，就会造成对哲学合法性的消解。

---

① 海德格尔：《形而上学导论》，熊伟、王庆节译，商务印书馆，1996，第12页。
② 卢卡奇：《审美特性》第一卷，徐恒醇译，中国社会科学出版社，1986，第11页。

论日常思维

王国有[*]

20世纪90年代，在中国学术界兴起的日常生活批判理论把日常生活的批判、重建作为中国文化转型的现实切入点，旨在改变中国人传统的自在自发的生存方式，实现人自身的现代化。日常思维理论是日常生活批判的重要组成部分，本文以人的自在自为的生存方式为基础，在日常思维与非日常思维的关联中阐释和论证日常思维的内涵、结构、特性、运行机制及其价值定位，力图通过对日常思维问题的系统分析和论证，深化和推进日常生活批判理论。

一 人类思维的日常层面与非日常层面

日常思维和非日常思维是与日常生活和非日常生活相对应的哲学范畴。以人的对象化活动为基础，人的生活世界可以划分为日常生活世界和非日常生活世界两个领域。日常生活，就是人的自在的对象化活动领域，它包括以自然为对象的日常生产、消费活动，以人为对象的日常交往活动和以精神产品为对象的日常思维活动几个层面；非日常生活，就是人的自为的对象化活动领域，它包括非日常生产、消费活动，非日常交往活动以及非日常思维活动几个层面。日常生活和非日常生活相互渗透，处于不断的相互作用之中，

---

[*] 王国有，黑龙江大学哲学学院教授，主要从事文化哲学基础理论研究。

如果二者的发展不平衡，就会使人处于物化和神化的虚假境遇。

日常思维活动是日常生活的思维层面，它以人的自在性存在方式为基础，是指停留于既定思维规定的给定性思维。日常思维包括日常经验、传统习惯和常识三个层面。日常经验是日常思维的最低级、最原始的思维方式，这种思维方式的特征在于，人们以日常生活中的经验直觉作为自明性的思维标准，固守日常的经验直觉直接给予的思维规定；传统习惯是日常思维的次级形式，它来源于日常经验的积淀，是日常思维的固化形式，这种思维方式的特点在于，它蕴含在无意识的、重复性的活动方式之中，普遍为人们所接受和运用；常识是日常思维的最高层面，是以知识形态存在的日常思维，指日常生活中经常、持久起作用的知识。日常思维贯穿于人们的日常生产、消费和日常交往活动中，使日常生产、消费和日常交往活动呈现自在性的特点，它规范和指引着人们的日常生活，为人的生存活动提供必要的自明性基础，是在日常生活中占主要地位的思维方式。

非日常思维是非日常生活的思维层面，它以人的自为性存在方式为基础，是超越既定思维规定的创造性思维。非日常思维包括科学、宗教、艺术、哲学四个层面。非日常思维作为自觉的精神生产活动，是非日常生活的重要环节，为人的发展提供精神支撑；非日常生产、消费以及非日常交往的超越性、创造性主要来自非日常思维的超越性和创造性。

日常思维和非日常思维不是两个彼此分割的领域，而是两种主要的思维方式。日常思维中也包含和渗透着非日常思维，非日常思维中也包含和渗透着日常思维，我们对日常思维和非日常思维的划分正如对日常生活和非日常生活的划分一样，是就人的思维、对象化活动方式的总体倾向而言的，二者的划分只具有相对的意义。

二 日常思维的结构及特性

日常思维的结构是日常思维的共时态规定，这些规定是在人类思维活动的历史中积淀下来的,同时又在很大程度上规定着思维的基本方向和基本特点。与非日常思维相比,日常思维在思维的主体、对象和方式上具有特殊的结构。

在主体结构上,日常思维的主体是从属于对象的自在主体。在人与自然的关系上,日常思维主体缺乏主体性,受生存本能的驱使,被动依赖和适应自然,被同化到自然中去,是自然界向人类社会延伸的重要环节;在人与传统的关系上,日常思维主体天然地顺应和维护自己的传统,表现出极强的惰性、保守性;在个体与群体的关系上,日常思维的主体缺乏独立的自我意识,对群体消极认同,是群体本位的主体;在情感与理性的关系上,日常思维主体忽视和抹杀理性的作用,强调情感体验的至上性,是情绪化的感性主体。

在对象结构上,日常思维的对象是给定的经验对象。首先,日常思维的对象是自在给定的对象。日常思维的对象具有天然的自明性,它给日常思维提供直接的自明性支撑,更重要的在于,日常对象为日常主体的生存和繁衍提供直接的物质基础。其次,日常思维的对象是经验可感的对象。由于日常思维是维持个体生存、繁衍的日常生活的思维方式,其对象必然与人们的衣食住行、饮食男女、婚丧嫁娶等日常生活经验密切相关,在经验中确证着人的生存本能。另外,由于日常的活动具有很强的重复性,日常思维的对象都是熟知的对象。当日常思维主体面对日常的自然、住所、人群、文化传统时,不会有异己、冷漠的感觉,人们回到日常生活世界,就像回到自己的家园。

在方式结构上,与非日常思维的反省式思维不同,日常思维常常以对象化思维为主要思维方式。当思维的主体面对对象的时候,主体往往处在与对象的复杂关系之中,对象化思维往往忽视和抹杀对象与自我的内在关联,从直观的角度出发,直接把自我思维中的对象看成对象本身。日常思维主体由于缺乏自我意识,无法拉开自我与对象的距离,无从洞彻对象对自我的依赖性,往往离开与对象的关系,直接断言存在。因此,对象性思维是日常思维的主要思维方式。在日常思维中,对象往往呈现自在的规定性,对象之所以"是其所是",是因为事情"本来如此",不是因为"在我看来"如此。

日常思维的结构决定了其特性。在日常生活中，日常思维表现出自发性、重复性、非个体性、实用性和非批判性的特点。第一，日常思维具有自发性，日常思维活动缺乏自我意识，往往受本能、习惯和无意识推动，往往缺乏对事物的深入思考，直接承领事物的规定性。第二，日常思维具有重复性，从时间上看，日常思维具有循环性，日常思维的形式、结构、节奏、对象以及内容随着日常生活世界的不断重复周而复始；从空间上看，日常思维具有同一性，也就是说，日常思维在地域上具有一致性；从情感上看，日常思维具有熟悉性，日常经验、传统习惯和常识往往是人们"日用而不自知"的。第三，日常思维的非个体性表现在日常思维缺乏自我意识，受集体表象的推动，消极认同他人和集体的思维规定，导致思维结果的平均化。第四，日常思维具有实用性，这不仅表现在日常对象具有日常的实用性，而且表现在日常思维的目的、动力和标准也具有实用性。日常生活世界是一个生存本能起主导作用的世界，生存本能要求日常思维的对象必须是实存的、实用的，而且是熟悉、切近、在手边、顺手、好用的对象。同时，日常思维与日常生活实践是直接关联在一起的，并且服务于日常生活的兴趣和需要，在日常思维中，判断思维真理性的标准是日常经验的直接效用。第五，由于日常经验的狭隘性、传统习惯的惰性和保守性以及常识的直观性，日常思维拒绝和抹杀思想的独立思考和大胆创新，在功能上表现出非批判性的特点。

三 日常思维与非日常思维的互动机制

日常思维与非日常思维的主体结构、对象结构和方式结构方面的对比研究揭示了日常思维与非日常思维的静态方面，然而，日常思维与非日常思维并非两种互不相干的静态的思维方式，而是人类思维方式矛盾运动的两个方面，二者处于内在的辩证关联之中：一方面，日常思维是非日常思维的基础，另一方面，非日常思维是对日常思维的超越和提升。如果忽视非日常思维对日常思维的依赖性，就会使非日常思维失去根基，成为异化的思维活动，思想就会陷入虚无；反之，如果忽视非日常思维对日常思维的超越性，就会把非日常思维等同于日常思维，就会使非日常思维失去超越性的维度，失去自身的合法性，使思想陷入僵化。随着日常生活世界和非日常生活世界的辩证运动，日常思维和非日常思维相互依赖、相互作用、相互渗透，向对立面转化，不断实现日常思维的非日常化和非日常思维的日常化。

日常思维的非日常化表现在：日常思维是非日常思维的基础，日常思维经常发生非日常化的运动。一方面，日常经验、传统习惯和常识等日常思维是科学、宗教、艺术和哲学等非日常思维产生的前提，日常思维构成非日常思维的重要组成部分；另一方面，日常思维不断同化和变革非日常思维，使非日常思维具有日常性特征。卢卡奇在谈到日常生活与非日常的科学、艺术的关系时指出，"如果把日常生活看作是一条长河，那么由这条长河中分流出了科学和艺术这样两种对现实更高的感受形式和再现形式"[1]。诚然，无论是在科学和艺术之中，还是在宗教和哲学活动中，非日常思维都离不开日常生活的土壤，日常思维为非日常思维的产生、深化和拓展提供了自明性的基础。同时，一旦非日常的科学、宗教、艺术和哲学被赋予了日常的意义，变成了日常的经验、传统和常识，科学的创新精神、宗教的超越性、艺术的创造性和哲学的反思性就容易被淡化和遗忘，非日常思维的自为性就容易受到消解，失去其对日常思维的提升作用。

非日常思维的日常化表现在，非日常思维通过对日常思维的改造、超越和提升，发生日常化的运动。一方面，科学、宗教、艺术和哲学等非日常思维不断回归日常思维，积淀成为日常经验、传统习惯和常识的重要内容；另一方面，非日常思维不断改造和提升日常思维，使日常思维具有非日常性特征。非日常思维的日常化一般是从改变日常经验开始的，经过传统习惯的改造，最终上升到意识层面，变革人们的常识。非日常思维的日常化过程就是科学、宗教、艺术和哲学的知识背景、思维方式、思维成果和价值取向逐渐

---

[1] 卢卡奇：《审美特性》第1卷，徐恒醇译，中国社会科学出版社，1986，第1页。

日常化的过程。在这一过程中，日常思维也具备了非日常思维的基本常识，接受了非日常思维的一些价值取向，运用和验证了非日常思维的一些思维成果，由此也具有了一些非日常思维的特征。非日常思维的日常化可以在一定程度上改变日常思维的自在性，使日常生活具有活力，但非日常思维对日常思维的过度侵蚀又容易造成日常思维的混乱，人们的思维容易失去确定性，陷入虚无主义的困境。

日常思维与非日常思维既存在紧张的张力，又处于相互作用和相互渗透之中：一方面，日常思维需要不断发生非日常化的运动，为非日常思维活动提供源泉，否则非日常思维就会失去自明性的基础；另一方面，非日常思维需要不断回归日常生活，不断改造和渗透进日常思维，既丰富了日常思维的内容，也提升了日常思维的超越性，否则，日常思维就会成为人类思维的束缚。在日常思维和非日常思维的互动中，也存在非日常思维诸形式的互动，科学、宗教、艺术和哲学的互动结果同样作用于日常思维，并且整合到日常思维与非日常思维的运行机制之中，转化成为日常思维的重要内容。

四　日常思维的价值定位与当代中国的日常思维批判

日常思维在日常生活中居于核心地位，它广泛、深入地渗透进日常生活的其他环节，是日常生产、日常消费和日常交往的精神支柱。没有日常思维，不仅日常生产、消费和交往活动无法进行，而且非日常的生产、消费、交往和思维活动也难以进行。然而，对于日常思维的价值定位不能抽象地一概而论，应该从人的自在自为的存在方式出发，对日常思维的积极和消极意义进行辩证思考。从人的自在自为的存在方式出发审视日常思维的价值，就会发现：以给定性为主要思维方式的日常思维对于维护和确证人的自在性，具有积极的意义，然而，日常思维对于人的自为性规定来说，又具有消极意义。

日常思维的积极意义在于，它为日常生产、日常消费和日常交往提供自明性的基础，为人的生存提供必要的熟悉感和安全感，同时也有利于增强文化整体的稳定性。日常思维是日常生活的思维层面，无论是日常生产、日常消费还是日常交往，都以日常经验、传统习惯和常识作为行为的自明性基础。赫勒认为，"日常思维的内涵"可以理解为"我们在日常生活中以各种各样方式实际运用的知识（例如，作为行为准则，交谈主题，等等）的总体"，"每一主体欲在其特殊环境中成功地生活与活动，就必须内在化那一定数量的日常知识，这是最低的要求"。[1] 从文化心理的角度看，日常经验、传统习惯和常识具有经验习得的自明性，它们为个体的生存提供了必要的熟悉感和安全感。日常经验、传统习惯和常识是经历了长时间的历史积淀，经过数代人的验证、筛选和更新才传承下来的，相对于人的生存需要来说，日常思维具有直接性、可重复性和经验的共同性。正因为日常思维对个体的生存活动具有直接性、可重复性和经验的共同性，日常经验、传统习惯和常识才显得"熟悉""可靠"，可以不假思索地作为自明性的知识去运用。从文化认同的角度看，日常思维不仅倾向于对既定文化传统的认同和实践，而且对异己文化因素进行排斥和消解。日常思维对既定文化的认同，在很大程度上维系了文化的连续性、同一性，可以有效防止文化的断裂和文化根基的丧失，维护文化的稳定性。这对于个体融入和熟悉文化传统，维系自己的生存具有重要的意义。

　　日常思维的积极意义意味着日常思维的限度，相对于人的自在自为本性而言，日常思维的过度发展会压抑人的主体性，束缚人的创造性，阻碍文化的渗透和跃迁。首先，在日常思维中，人与世界处于未分化的状态，日常思维主体总是倾向于把自己归依于对象之中，从对象（自然和群体）那里获得规定，得到确证。在自然和群体的双重束缚和压抑下，日常思维的自我意识受到了严重束缚和贬损，人的主体性难以发展起来。其次，日常思维束缚人的创造性，因为日常思维强调思维的自我肯定性，忽视和抹杀思维的自我否定性。日常思维主体很难超越自己的自明性基础，对既定的经验、习惯和常识提出质疑，进而对其进行分析、批判和超越。最后，日常思维的过度发展

---

[1] 赫勒：《日常生活》，衣俊卿译，重庆出版社，1990，第199页。

会增强文化的阻滞力。日常思维不仅拒斥和消解外来文化,阻碍文化的渗透与融合,阻碍了文化的自我超越,而且拒斥和消解非日常文化,导致日常生活的非日常化,使非日常的科学、宗教、艺术和哲学活动失去了其创造性和超越性的特质,变成文化的肯定力量。

从日常思维的价值定位可以看出,日常思维的价值定位是双重的:当非日常生活过分发达,侵蚀了日常生活的时候,回归日常思维寻找精神的家园尤为重要;当日常生活过分庞大,阻碍非日常生活发展的时候,有必要变革日常思维,增强思维活动的自觉性和能动性。从西方现代化的发展历程来看,现代化的过程就是日常生活的批判和重建的过程,其中,日常思维的批判和重建是现代化的重要前提和核心环节。目前,中国文化正在面临从传统农业文化向现代工业文化的转型,沉重的日常生活和僵化的日常思维恰恰是中国文化现代化的最大障碍。因此,有必要把日常生活最内在的层面——日常思维的批判和重建,作为中国文化现代转型的重要突破口。

中国传统日常思维的批判重建有两条主要途径:一是外在的冲击即规范,二是内在的理性提升。外在的冲击(规范)旨在通过对日常生活的强制作用,改变日常思维的经验基础;内在的理性提升旨在通过思想的教化功能实现非日常思维与日常思维的直接对话,以此增强日常思维的自为性。

外在力量来自制度层面的变革。通过以经济体制改革为主体的制度层面的配套改革,可以外在地冲击自在自发的日常生活世界,使日常思维发生松动。经济生产方式的转变,其实质在于以利益原则直接刺激和改变传统文化的文化主体,使其自发地游离出日常生活世界,改变日常的思维方式。

内在的理性提升主要在教育。制度的外在冲击和塑造只是以经验习得的途径和利益原则自发触动传统的日常思维主体,若使日常思维发生根本性的变化,必须以现代教育对传统日常思维主体进行内在提升,使其走向理性自觉,具备主体性、批判精神和创造精神。这就要求我们,在教育理念上,要加强素质教育和创新教育,培养、塑造具有主体性、个体性和创造性的现代文化主体;在教育内容上,要注重技术理性和人文精神的培养,提升文化主体的理性和创造精神。

中国文化要想实现文化的现代转型，必须紧紧围绕日常思维的批判和重建这一核心环节，在制度化变革和现代教育的双重作用下，变革日常思维，推动现代非日常思维的发展。只有这样，才能从根本上触动传统文化的根基，实现中国传统文化的现代化。

论日常交往

王晓东 [*]

为推动日常生活批判理论的重要分支——日常交往理论的研究进一步深入，本文主张以日常与非日常相关联的范式对日常交往和非日常交往进行比较性与关联性的研究。这种研究力图实现历史哲学范式、发展哲学范式、文化哲学范式和价值哲学范式的整合性运用，凸显宏观审视和微观透视、实证方式和哲学方式的有机结合。这种研究在背景上与现代西方哲学和我国当代哲学中凸显的两个重要的理论领域——日常生活理论和交往理论的发展直接相关。

一 两个重要的理论研究领域

哲学向生活世界的回归，是哲学理论范式发生根本性变革的重要标志。这种回归在理论形态上的一个重要表现就是日常生活理论和交往理论的兴起和发展。交往是人的本质性的存在方式和活动方式，但在人类生存匮乏的背景下，哲学的目光主要聚焦于外部世界，关注人与自然、主体与客体关系问题。随着匮乏问题的相对缓解以及交往在人类历史发展进程中作用的突出，交往问题逐渐受到关注和重视。自20世纪现代西方哲学发端以来，交往理论日渐成为显学，主体间交往问题成为现象学哲学、生存哲学、哲学解释学、

---

[*] 王晓东，黑龙江大学哲学学院教授，主要从事现代西方哲学和国外马克思主义研究。

语言哲学、社会哲学、哲学人类学乃至分析哲学、后现代哲学等许多哲学流派和思潮的共同兴奋点。

从日常生活研究来看，现代西方哲学逐渐改变传统哲学对日常生活的轻视态度，并表现出越来越浓厚的兴趣。传统哲学常常以对粗俗日常生活的超越自居，将日常生活视为琐屑的、低级的、微不足道的小事，只能作为茶余饭后的谈资。哲学在本质上似乎永远远离日常生活，凌驾于日常生活，只关注"宏伟的叙事"，流连于超越的精神世界和意识世界，徜徉于人类历史之中把握终极命运。及至哲学跨入现代门槛，日常生活仍然是被忽视乃至遗忘的"飞地"。如此重要的生存领域一直是实证的文化历史科学如人类学、文化学、民俗学、社会学和历史学以及文学占据和把持的领地。20世纪上半叶，现象学哲学和存在主义问世后，尤其是在西方马克思主义进入哲学舞台后，这种情况发生了更大改观。

就日常交往与非日常交往问题的研究而言，胡塞尔生活世界和交互主体性现象学、海德格尔存在主义哲学、西方马克思主义、加达默尔哲学解释学、维特根斯坦的日常语言分析哲学以及许茨、哈贝马斯、戈夫曼、达伦多夫等人的社会学理论，他们从生活本体、语言、文化、冲突、社会结构与机制等视角和层面给予了不同的关注。其中，西方马克思主义者列斐伏尔和赫勒在日常生活和非日常生活比较研究的基础上触及日常交往和非日常交往的关系问题。但这些理论没有对日常交往和非日常交往问题实现全面性的研究，如列斐伏尔、赫勒比较集中地研究了资本主义和发达工业社会异化的日常交往和非日常交往，但是对前资本主义社会各形态的日常交往和非日常交往则较少涉及。尤其就形态学意义的比较性和关联性研究而言，还是一个尚未展开的课题。哲学范式的深刻变革、哲学主题的不断拓展，要求我们通过日常交往问题的研究来深化日常生活和交往问题的研究。

二　日常交往和非日常交往比较研究的几个核心问题

将交往现象和交往活动区分为日常交往和非日常交往，并对二者进行比较性、关联性研究，从理论意义上看是试图使人类生活交往两种不同领域、不同形态的基本类型、运行机制、演进规律以及根本意义等问题得到进一步具体的揭示。但是，一个关键的学理性问题是如何对日常交往和非日常交往给以严格的、明确的界定？

1. 关于日常交往和非日常交往的基本界定

对日常交往和非日常交往的这种界定，是建立在两种不同生活领域的区分基础上的。日常交往和非日常交往分别属于人的两个不同的生活、活动领域，即个人的生活领域和社会生活领域或类的生活领域。日常交往是指不同的主体为维持个体生存和再生产以物、语言符号、操作行为等为中介而发生和进行以及相伴随的各种相互作用活动，是人们主要在血缘家庭、天然共同体范围内围绕衣食住行、饮食男女、婚丧嫁娶、礼尚往来等事项遵照传统习俗、凭借天然情感进行和展开的相互作用、相互接触、相互沟通以及相互产生的矛盾和冲突。而非日常交往是指为维持社会再生产或类的再生产以物、语言符号、操作行为等为中介发生和进行以及相伴随的各种相互作用活动，是人们在宏观性、开放性的社会空间或社会领域围绕社会大生产、经济、政治统治和管理、文化生活以及科学、艺术、哲学等创造性活动而进行的相互作用、相互沟通、相互交流和相互理解以及相伴而生的各种矛盾和冲突。

日常交往和非日常交往分属于不同的主体生活领域，但并不意味着日常交往就是指单个人之间的交往，而非日常交往是指社会组织之间的交往。日常交往是人的私人领域。一般说来，具有突出的个体性，表现为单个人之间的交往，如夫妻之间的交往，但日常交往也存在超个体性的情形，如一个家庭同另一个家庭之间的交往。此外，个人为维持和满足个人生存需要而与社会组织、与陌生人发生的交往，如去商场购物时发生的交往也属于日常交往。而非日常交往往往表现为有组织的具有自觉性质的社会交往，其交往活动的主体可以是单个的个体，也可以是群体，如政党、单位之间的交往；也可以是一个社会整体，如国家之间的交往；等等。日常交往和非日常交往的区分与学术界有些学者所提出的"私域交往"和"公域交往"的划分存在重要的区别。

从主体生活领域的不同对日常交往和非日常交往进行区分，还只是表层的，深层根据在于这两种交往形式在活动方式和运行机制上存在根本差异。日常交往具有日常性，是由自发性的、重复性的思维支配和主导的活动领域。维持个体生存和需要的交往由自然主义、非理性主义、经验主义的生活规范调控，具有自在的非反思的特征。非日常交往具有非日常性，这种非日常性是指非日常交往不是依照自发性和重复性的方式发生和进行的，而是以自觉的、理性化的、有组织的活动方式或以主动性、创造性、超越性的实践方式进行的。所以，非日常交往可以分成两个大的方面：一是围绕社会再生产而进行的、有组织的社会交往活动；二是围绕人类的精神再生产而进行的自觉的、创造性的精神交流和精神交往。从活动方式和运行机制上看，日常交往和非日常交往的区别关键在于人的生活和活动中的"自在"和"自为"的区别。日常交往是人的自在的活动方式，而非日常交往则是人的自为的活动方式。日常交往是每一个人都必然要经历、进行的基本活动，是原初性的基础活动领域，而非日常交往则是基于人的发展和社会的生成而产生的拓展性的生活领域。

2. 日常交往与非日常交往的不同类型

从共时态的角度看，依据日常交往所围绕事项的具体内容和目的差异，可以将日常交往分为物质生活的日常交往以及人际情感性的日常交往。前者是指人们围绕衣、食、住、行等基本生存需要在物质生活资料的获取和消费过程中所发生和进行的分工和协作；后者是指人们围绕生儿育女、婚丧嫁娶、礼尚往来、休闲消遣等事项为维持和促进人际联系和情感需要而发生和进行的交往活动。依据联结纽带和发生前提，我们可以将日常交往分为血缘亲属性日常交往、地缘性日常交往和业缘性日常交往。血缘亲属关系是人们之间日常交往最主要的纽带和关系中介，这种交往在原始社会时期和自然经济时代，是绝大多数人最主要的甚至是全部的交往生活。地缘关系也是迄今为止人们之间最主要的日常交往纽带，这种纽带是指没有血缘亲属关系的人们之间由于居处的生存空间的比邻而发生的日常交往。业缘关系纽带是现代社会人们基于社会化大生产和有组织的社会、文化生活而建立起来的交往关系，主要目的是维持社会再生产和社会整体的非日常交往活动。在业缘性的工作关系、社会关系基础上，人们之间也形成了个人化的日常交往关系。

从日常交往活动的基本性质和结果上看，可以区分常规态的日常交往和非常规态的日常交往。在通常情况下，人们在日常生活中总是能自发地遵守传统习惯、社会习俗、道德规范和天然情感进行积极的、正常的、无冲突的交往。但由于排他主义特性，人们总是要发生基于特性差异和利益的争执与分歧，从而形成疏离性的人际矛盾关系，即日常冲突。就非日常交往的类型来说，从共时态上看，依据非日常交往的根本内容和领域的不同，我们可以将非日常交往划分为政治领域中的非日常交往、经济领域中的非日常交往与文化领域的非日常交往。这是一种最为基本的、一般性的划分。从主体来看，可以将非日常交往分为个人之间的非日常交往和社会组织之间的非日常交往。从性质和结果来看，可以将非日常交往分为整合性非日常交往和离散性非日常交往：前者是指通过合作、互助、交流等形式以实现和谐、统一为目标的交往活动和交往关系；后者是指通过竞争、斗争和战争等形式以求维持自身一方利益、排斥甚至消除他者为目的的交往活动和交往关系。

3. 日常交往与非日常交往的历史发展轨迹

人类社会可以大致分为三个阶段：古代社会或原始社会阶段、传统社会阶段和现代社会阶段。在古代社会，人的生活在总体上和根本上围绕着日常生活旋转，古代社会的日常生活是人类生活的原生形态，非日常生活没有明显分化出来；传统社会仍然保持着庞大的日常生活结构，不同的是这一时期非日常生活已经分化出来，但非日常生活为日常生活因素所影响和渗透；到现代社会，非日常生活凸显，成为人类生活的主导和重心，传统日常生活日益退缩到狭小的领地，新型日常生活日益扩展。在这种背景下，日常交往与非日常交往的形式与内容不断发生着变化，在总体上表现为以传统的血缘亲属关系为主的原始日常交往和传统日常交往日渐萎缩，以政治、经济和自觉的精神文化为内容的非日常交往类型则日渐凸显。

从人类日常交往的发展轨迹来看，与日常生活的发展趋势相适应，人类日常交往呈现为传统的血缘亲属型日常交往日渐萎缩、新型日常交往日渐拓展的发展变化过程，这一过程具体表现为古代以单纯的血缘亲属关系为主的日常交往、传统社会以血缘关系和地缘关系为主的日常交往到现代社会以血缘、地缘、业缘以及趣缘关系相杂合为基本内容的发展；从非日常交往的发展来看，与非日常生活的发展变化相应，非日常交往呈现为社会不平等、政治不平等日益削弱，经济不平等日益凸显的发展，呈现为非日常交往日益影响、渗透日常交往的发展，也呈现为非日常交往领域日渐拓宽、分化、断裂以及不确定性的发展，同时非日常交往也呈现为日益形式化、非人性化和异化的发展。但是，这种发展呈现民族性、区域性、多样性特征。

4. 日常交往与非日常交往的构成和运行机制

日常交往和非日常交往作为主体之间的相互作用，其实现必须借助各种中介因素，包括动力中介、纽带中介、手段中介、调控中介四种中介形式。无论是日常交往，还是非日常交往都包含着这四种中介因素的参与，但是各中介因素的具体性质、表现形式和作用方式具有重大的区别。

需要是交往的动力。日常交往是为了维持个人生命的再生产进行的，个体生命最基本的需要就是衣食住行、安全归属和休息的需要。非日常交往主要是围绕社会再生产的需要或类的再生产的需要而进行的，这些社会性需要随着社会的发展逐渐产生。

纽带对于日常交往和非日常交往的形成发挥重要的联结作用，为交往提供了直接性的前提条件。血缘关系和地缘关系是形成家庭和天然共同体的直接因素，是日常交往结构内部最为主要的纽带因素。业缘、学缘关系构成维持社会再生产的非日常交往的主要纽带。非日常交往纽带在经济领域、政治领域、文化领域中主要表现为各种具体的制度、结构和社会体制，如在社会化大生产和市场经济领域，人们之间的交往主要是由现代工厂制度、商品经济和市场运行体系、法律制度所决定和制约的。

日常交往和非日常交往由可能性变成现实性，都必须借助实际的手段包括物或物品、语言符号、操作行为，三者既可以分别作为独立的中介手段，也可以相互结合，共同发挥作用。在日常生活交往中，物成为交往手段主要是为了表达情感、维护、改善和促进人际关系，具有价值理性意义。而非日常交往中作为交往手段的物，主要具有工具理性意义。

无论是在日常交往还是在非日常交往中，都要使用语言符号。日常交往主要表现为对日常语言的自发的、无意识的使用。日常语言的使用直接就是一种实践意识。在交往中对于日常语言的使用和理解依赖于日常语言本身的直接性、自发性。在非日常交往中，语言符号的表现形式是日常语言和非日常语言的共存。非日常语言能力需要自觉的培育。

在日常交往中，能够起到调控作用的因素主要是传统自发性的道德和宗教以及天然情感，人们的活动呈现明显的"自在性"，人们按照一种盲目的、自发的、非理性的、不自觉的行为模式来行事。在非日常交往中，主要是规范化的社会制度与社会规则以及自觉的精神化因素和理性因素，人的活动则表现出较为突出的"自为性"，也就是在这一领域中总是有理性因素的介入，有自觉的意识因素的参与。因而，日常生活交往领域要强调情感和道德的力量，而对于社会性的日常交往来说，必须突出制度化和理性化。

5. 日常交往与非日常交往的价值

日常交往具有重要的历史价值，主要涉及三个方面：衣、食、住、行等物质生活资料的生产；个体生命和他人生命的再生产；社会关系的再生产。日常交往是物质生活资料生产尤其是前现代社会的物质生活资料生产得以进行的必要条件。生殖或生育活动从古至今始终是日常生活世界的重要的内在组成部分，属于日常交往活动的重要内容，这种交往活动在根本上维持人自身生命的再生产。日常生活是人类历史的原发性的、潜在的基础，日常交往也是历史的潜基础性因素。日常交往对于个体的人来说，具有直接的生存论意义，主要包括满足肉体生命的需要和精神情感的需要。日常交往情感性的生存价值在于，日常交往能为人们提供生存所必需的熟悉感、安全感和在家的感觉，从而能够为人们提供一个自在的、原初的价值与意义的世界。同时，对充满竞争和张力的非日常活动领域而言，这种自在的价值和意义具有重要的调节和缓冲作用。但是，日常交往对于个体和社会发展都具有消极作用，主要表现为压抑或抑制人的主体意识和创造性的倾向，它往往阻碍人的个体化、理性化进程。从社会整体发展的角度来看，日常交往的图式和运行机制具有侵蚀政治、经济、经营管理活动等社会活动领域和科学、艺术、哲学等自觉的精神生产领域的倾向，往往使社会缺乏足够的发展动力或内在驱动力，呈现"以过去为定向"的状态。在日常交往模式占据主导地位的传统社会中，有时日常生活的交往原则直接成为非日常社会活动领域的组织原则。这种情形在历史上最典型的表现是家庭的宗法等级制被引入传统社会中的政治交往领域。

非日常交往的历史价值在于，非日常交往极大地促进了人类历史的发展和社会的进步，这种发展和进步表现在，非日常交往极大地促进了生产力的发展和社会进化。社会化的经济交往和制度化的社会交往对生产力的发展起到了基础性的作用。在历史的实际进程中，引领着生产力本身的进化和发展。由交往所引发的这种社会进步大大地提高了人们征服自然和改造自然的能力，为人类从根本上解决物质匮乏和基本生存提供了重要基础。非日常交往在人类社会进入文明时代以来成为维持和促进社会整合和一体化的根本力量。人类社会的交往生活正是在政治制度和法律制度的调整和支配下，不断地再生产出社会所需要的秩序，实现社会的整合，为社会发展提供基本的稳定性条件。而非日常交往形式的进一步发展，如全球化的到来，将为人类的发展提供更大的空间。

对于日常交往和非日常交往进行比较研究具有重要意义。第一，这种研究将使我们更深入地走进历史观的"飞地"。日常生活是人类历史的真正源头，而日常交往是人类交往生活的原生形态。日常生活和日常交往，在我们以往的历史观研究中，是常常被忽视的问题领域。日常生活和日常交往在历史上常常发挥重要的作用，是历史的不可忽视的重要前提。第二，个人与社会、个体与类的关系问题是人生存发展、实现自身解放的内在性、本质性的问题，而日常交往和非日常交往的划分，在内涵上具体体现着个人与社会、个体与类之间的内在关系。因而，这一视角有助于我们从深层和细节上把握个人与社会、个体与类的关系的理论内涵，揭示个人与社会、个体与类之间的矛盾统一关系。第三，日常交往和非日常交往是人类交往活动中二元对立、有机整合的内在性结构。在比较、整合的意义上考察和研究日常交往和非日常交往各自不同的类型、结构、历史演进及其相互关系，将为我们从结构上、整体上、微观上揭示和理解人类的实践活动及其历史发展提供重要的视点。

日常交往与日常思维的生成

贺 苗[*]

把日常生活世界从背景世界拉回到理性的地平线，是20世纪哲学的重大发现之一。在日常生活批判的视域内，我们将日常思维的基本图式概括为两大类，一类是从人与自然的关系出发而形成的经验图式或常识图式，另一类是从人与人的日常交往出发而形成的习俗性图式或礼俗性图式。正是在人与人之间的日常交往活动和生平情境中，人们逐渐积淀起礼俗化的、习俗化的、情感性的日常思维类型。在这个意义上，我们探讨日常思维的生成机制，尤其是日常交往中的思维类型就不能离开日常交往这一深刻的理论背景。

一 日常交往相关理论资源

随着20世纪哲学向生活世界的转向，日常生活和日常交往问题逐渐受到重视，像许茨、赫勒等一些国内外学者纷纷将视线转移到这一领域。现象学社会学创始人阿尔弗雷德·许茨（Afred Schutz）始终关注日常生活世界的内在意义结构。他认为，生活世界是由众多"有限的意义域"构成的一个层化结构，而日常生活世界是所有层次中最基础的前提预设，也是最高的实在。他在《社会实在问题》及相关著作中，反复强调日常生活世界本质上是

---

[*] 贺苗，黑龙江大学文化哲学研究中心兼职研究员，主要从事哲学、中国文学和社会学及统计学研究。

一个主体间性的世界，是一个社会文化的世界。在他看来，这个日常生活世界"在我们出生很久以前就存在，被其他人（Others），被我们的前辈们当作一个有组织的世界来经验和解释"①。在这里他主要区分了"前辈"、"同时代的人"、"后来人"和"合作者"四种不同的交往方式。对于前辈，我无法影响他们，但他们过去的行动及其结果可以影响我自己的行动；对于同时代的人，我可以和这些人在思想和行动上相互影响、相互作用；对于后来人，"我不可能对他们进行体验，但是，我却可以通过一种多少徒劳的期望，针对他们调整我的各种行动"②；对于合作者，他们既是我的同时代的人，又是我直接经验的伙伴，他们不仅和我共享一个时间共同体，而且与我共享一个空间共同体，呈现一种"面对面"的社会关系。共享时间共同体，意味着每一个伙伴之间能够彼此知觉、彼此参与到对方的生活里，共同分享对于未来的计划、希望或者焦虑。"这些伙伴互相包含在对方的生平之中；他们是一起变老练的；正像我们可以称呼的那样，他们生活在一种纯粹的'我们关系'（We-relationship）之中。"共享空间共同体，"意味着外部世界的某一部分同样处在每一个伙伴力所能及的范围之内，并且包含着与他们有关、他们共同感兴趣的客体"③。由此可见，前辈、同时代的人、合作者、后来人这四种交往方式构成了日常生活世界过去、现在和未来三个不同的时间向度。在许茨看来，我与伙伴之间呈现的面对面的关系是人们日常交往的最基本形式。

东欧新马克思主义代表人物阿格妮丝·赫勒（Agnes Heller）将日常生活理解为自在的类本质对象化领域，是"使社会再生产成为可能的个体再生产要素的集合"④。在此基础上，她明确地提出了日常交往的范畴，并将其视为社会关系的基础。她说："'日常交往'并不是指'人'同另一个'人'处于交流、交往之中，它是指社会劳动分工中一个位置的占有者，同另一位置的占

---

① 许茨：《社会实在问题》，霍桂桓、索昕译，华夏出版社，2001，第284页。
② 许茨：《社会实在问题》，霍桂桓、索昕译，华夏出版社，2001，第42页。
③ 许茨：《社会实在问题》，霍桂桓、索昕译，华夏出版社，2001，第43页。
④ 阿格妮丝·赫勒：《日常生活》，衣俊卿译，重庆出版社，1990，第3页。

有者处于交流与交往之中：庄园主同他的奴隶或农奴交往，总经理同各公司经理或部门负责人、售票员同乘客、小业主同雇工交往，等等。甚至在涉及血缘关系之处，交往的形式、内涵、习惯和规范方面，也为劳动分工中的相对位置所决定（父子关系和兄弟关系在整个历史中常常改变）；更不必说男人和女人间的交往形式，它取悦于约定的和禁止的习惯，它无限地变异。"① 依据劳动分工中的位置，她将日常交往区分平等交往和不平等交往。其中不平等交往包括两种关系：一是从属关系，一是等级关系。此外，她还分析了日常交往的四种主要类型：偶然或随机交往、习惯性交往、依恋、有组织的交往。在这四种类型中，如要从社会的观点来看，出现于家庭、工会、宗教团体、政党之中的有组织的交往最深入；如果以情感强度为尺度，则依恋占据首位。

我国日常生活批判理论专家衣俊卿教授在《现代化与日常生活批判》一书中，明确地将人类的交往活动区分为日常交往和非日常交往，并在两者的对照中对日常交往进行了理论上的界定。"所谓日常交往就是衣食住行、饮食男女等日常领域中主体间的交往活动；而非日常交往则是政治经济、经营管理、社会化大生产等非日常的社会活动领域和科学、艺术、哲学等自觉的精神生产领域中主体间的交往活动。"② 他从日常交往和非日常交往的空间特征、主体特征和图式特征等三方面得出这样的结论。"日常交往是日常生活个体在相对封闭的空间中所进行的具有自在、自发、非理性（情感）、自然性色彩的交往活动；而非日常交往则是活动主体在开放的空间中所进行的具有自为、自由、自觉、理性特征的交往活动。因此，日常交往世界是一个相对封闭、自在自发、缄默共存的世界；而非日常交往世界是一个开放的、自由自觉的、能动的世界。"③

简言之，许茨关于日常生活中主体间性的研究、赫勒关于日常交往模式的研究及国内学者关于日常交往和非日常交往的对比研究都是我们进一步判断和推论日常思维生成机制的理论基石。实际上，从日常交往的内在机制和

---

① 阿格妮丝·赫勒：《日常生活》，衣俊卿译，重庆出版社，1990，第233页。
② 衣俊卿：《现代化与日常生活批判》，人民出版社，2005，第137页。
③ 衣俊卿：《现代化与日常生活批判》，人民出版社，2005，第142页。

思维运行方式来看，它主要受两方面因素的制约：一是表现为传统的风俗、习惯、礼仪制度、道德规范、自在的活动规则等，这些因素主要是通过家庭、家族、村落、社会环境的熏陶而内化于人们的日常交往活动中，从而形成日常交往的习俗性思维类型；二是表现为以血缘关系为基础的天然情感，这些带有本能和非理性色彩的因素在人们进行日常交往活动中常常十分顽强有力且根深蒂固，我们将其归纳为日常交往的情感性类型。

二 日常交往中的思维类型

（一）习俗性思维类型

习俗，即风俗与习惯。据《辞海》解，所谓风俗，是指历代相沿积久而成的风尚、习俗，其中由自然条件不同而形成的习尚叫"风"，由社会环境不同而形成的习尚叫"俗"。[①] 而习惯往往是指一个社会中通过长期历史积淀而形成的作为规范而存在的、为人们无意识地遵循和重复的行为规范、倾向或社会风尚。作为一种典型的历史文化现象，习俗是人类长期的历史文化积淀与约定俗成的结果。一提及习俗，我们总是可以列举出许多相关或相近的术语，如传统、习惯、风俗、民俗、礼俗等。这些文化要素在内涵上相互交叉、彼此涵盖，本质上都属于与宽广的日常生活世界相匹配的民间文化形式。当人们在日常生活和交往中自然而然地遵循这些传统习俗去认识和把握世界时，就形成了我们所说的习俗性思维。大量的风俗、习俗、民俗、礼俗及各种礼仪凝结成的文化精神潜移默化地对社会成员的行为起指导和制约作用，并成为人们在日常生活和日常交往中自觉遵循的标准和尺度。经过漫长的岁月积淀，不同的国家、民族和地区孕育出千姿百态的土风土俗。从最基本的衣食住行、婚丧嫁娶到岁时节令、娱乐生活，从社交礼仪、卫生保健到家族祭祀、社会信仰，包罗万象的文化习俗就像一面镜子，折射出社会文化的风貌和每

---

① 《辞海》，上海辞书出版社，1979，第3498页。

个普通人地道的心理感受。在有限的篇幅中笔者不可能面面俱到地详细阐述每一类型的习俗性思维，仅是出于本文的旨趣所在，主要从血缘和地缘两个层面对日常交往中的习俗性思维进行论述。本文认为，血缘关系和地缘关系构成了日常生活中最主要的交往活动。依据血缘关系建立起相互关联的就是家庭或家族，依据地缘关系建立起相互关联的就是村落或社区。如果从中国传统的日常生活和日常交往来考虑，以血缘为纽带建立起来的家庭或家族，相对应的习俗性思维类型主要为家礼、家训、家规、家法、族规等；以地缘为基础建立起来的村落或社区，相对应的思维类型主要为村规、乡规、民约、乡约等。通常在传统的日常交往中，血缘与地缘是融合在一起，无法分隔的。将依血缘关系建立起来的家庭放大，就可以形成一个由家庭聚居而成的村落；如果一个家庭的家规经过实践的检验，就可以保存下来，上升为族规、村规，成为人们普遍遵循的规范。

家庭是日常生活的最恒定的寓所，血缘关系也是日常交往最基本的关系。日常生活和交往活动的正常运行，主要依靠世代相传的家法、家规、家礼、家训、家风等。这些范畴在本质上具有内在的一致性，都是在社会习俗的濡化与熏陶下渐渐形成的。一般说来，家法家规主要是指家庭成员共同遵守的一系列法则、条文、行为规范，它们通常以量化的规章制度为表现形式。家法家规的主要功能就是调整家庭内外的人际关系，指导和约束家庭成员的行为。传统的日常生活是典型的礼俗社会，以家庭为本位，传统的家法家规明确地规定了家庭成员之间的上下等级关系。父子之间，讲究父慈子孝：父母要承担起对子女抚养、教育的责任，所谓"养不教，父之过"；子女对父母要恭敬孝顺，赡养父母，让父母衣食无忧、心情愉悦。夫妻之间，讲求夫义妻顺；兄弟之间，讲究兄友弟恭。中国自古有"长兄为父，长嫂为母"的说法，很形象地说明了兄弟之间长幼有序，长者为尊的特点。如果将家庭基本关系向外拓展，还有祖孙之间、叔侄之间、婆媳之间的关系等多种关系。总之，无论是哪种亲属关系，都强调的是尊卑有序、长幼有别的等级的不平等的关系，凸显父权、夫权的绝对权威和重要影响。

依据地缘的关系，许多个家庭、家族聚居在一起就形成了村落。村落有固定、清楚的边界，是一个相对封闭、与外界隔离的社会群体。在传统的日常生活中，村落的管理并不依靠法律制度，而是一些世代相承的，约定俗成的行为规范，一般称为村规、乡规、民约、乡约等。应该说，村规、乡约是一种比家法、家规更高一级的乡村制度，"从根本上讲，它是用习俗和惯例这些没有文字记录的法律进行统治的"①。正是在这个意义上，林语堂先生认为乡村地方政府是无形的，它使人们发展了一种"乡村意识"，人们"从热爱自己的家庭，发展到热爱自己的宗族；从热爱自己的宗族，发展到热爱生我养我的土地"②。正是这种"乡村意识"使乡里人能够建立一种公共的管理制度。

村规乡约的一项重要的职能就是调解乡村成员间的纠纷。在村落里，纠纷的解决很少是诉诸司法机关，而是通过村长、族长或一些权威人士如乡绅等出面加以调解，评判是非曲直的。这些年长者或乡绅通常是有身份、有地位、有知识的人，因而受到村民的尊敬。因此，纠纷的解决、事态的调停，主要"是由年长者凭借自己的年岁从精神上予以领导，也由绅士们凭借自己对法律及历史的知识从精神上予以指导"。在村民们心里，打官司、提请诉讼，是一件极不光彩、没面子、使家族蒙羞的事情，"体面的人们都以自己一生从未进过衙门或法庭而自豪"③。从这个意义上，费孝通认为，乡村中国是一个"无讼"的社会，现代的司法制度是很难彻底推行的。

（二）情感性思维类型

不言而喻，人与人之间的日常交往总会引发各种各样的情感。正因为有无数爱恨交织的情感的浸润，平淡无奇的日常生活才充满意义。应该说，以爱与恨为定向的天然情感是日常生活画卷中最富有色彩的一笔，构成了支撑日常主体间交往体系的两大轴心。其中，以爱的情感为轴心而建立起来的是

---

① 林语堂:《中国人》，学林出版社，2005，第208页。
② 林语堂:《中国人》，学林出版社，2005，第207页。
③ 林语堂:《中国人》，学林出版社，2005，第208页。

一种和谐的日常交往，这是人们重视和期待的交往类型，它产生的是一种肯定的、积极的、平等的思维；以恨的情感为轴心而建立起来的是一种冲突性的日常交往，这是人们极力回避的交往类型，它产生的是一种否定的、消极的、不平等的思维。当然，这种区分只是相对意义上的，并不能完全涵盖无限丰富的日常交往世界和复杂变化的情感性思维世界。如果说日常交往世界是一个以家庭为本位、以血缘为纽带编织而成的狭小而封闭的网络，那么亲情、爱情和友情则构成了日常情感交流世界的三个最稳定的支撑点。在这个意义上，日常交往本质上是一种情感性的交往活动，而我们要展开日常的情感性思维类型研究，必须首先考虑日常交往世界特殊的关系结构。

日常交往世界是一个以"我"为中心建立起来的伸缩性很强的网状结构，是根据各种各样的主体间关系组织起来的世界。许茨在《社会实在问题》中就曾多次提到，日常生活世界从一开始就是一个主体间际的世界，它绝不仅仅是我个人的世界，而是一个我与同伴或者他人共享的世界。在这个世界中，个体总是自然而然地以"我"为中心观察客观世界，将客观世界纳入我实际力所能及的范围之内。他说："作为出生在这个世界上，并且在其中朴素生活的人，我在我实际的'现在和此在'的历史情境中就是这个世界的中心，我就是它的构造所取向的零点。这就是说，这个世界首先由于我并且对于我来说具有重要性和意义。"[1] 许茨突出了个体"我"在主体间际的世界里的中心位置，并将我与同伴之间的"面对面"关系作为最主要的社会关系。实际上，这种社会关系结构在中国传统的日常交往活动中最为典型。费孝通曾用"差序格局"来描述中国独特的社会关系结构，他说："人和人往来所构成的网络中的纲纪，就是一个差序，也就是伦。"[2] 伦重在分别，是有差等的次序。差序格局形成的就是以"我"为中心向外一圈一圈推出去的社会关系网络，而日常交往中最重要的亲属关系就是这种同心圆式的结构。这种结构关系自然决定了家庭成员之间如父子、夫妻、兄弟、祖孙、婆媳、叔侄之间情感交流处

---

[1] 许茨：《社会实在问题》，霍桂桓、索昕译，华夏出版社，2001，第189页。
[2] 费孝通：《乡土中国》，上海人民出版社，2006，第23页。

于一种不对等的境地，存在上下、尊卑、贵贱之别。如果对应于爱恨两种不同的情感，则表现为后者对于前者的敬重、倾慕与依恋等肯定性的情感，或者是后者对于前者的畏惧、不安、恐慌、痛苦等否定性的情感。

这种以家庭亲情为核心的网络伸缩性很强，它进一步延伸和扩展，就形成一种普遍存在的人情化的交往图式。传统中国的日常生活世界就是这样一个以血缘、家庭、伦理为核心的人情化世界。传统社会中，祖祖辈辈都在固定的土地上生存繁衍，人们很少走出生于斯、长于斯也死于斯的村庄或家乡。在相对孤立和封闭的阈限内，大家都是"自家人""熟人"，很少与陌生人打交道。家庭成员之间讲亲情，家庭之外就是街坊、邻居、亲朋好友，都是日常生活中经常接触的熟人，熟人之间需要讲人情。在这个意义上，人情本质上是维系人与人之间正常关系的行为规范，也是人们情感交流的一种方式。所谓"有来有往，亲眷不冷场"，亲朋好友相见需问候、致意、寒暄、客套一番；乡里乡亲有个大事小情、红白喜事都要相互协助、帮忙；逢年过节，亲戚邻里间需要相互走访、馈赠礼物等。因此，在传统中国，凡人总是要讲人情的，"不近人情"则有对人的品德进行贬损的意味。

不难发现，在传统中国，人与人之间的关系主要通过"家"这个伸缩自如的结构来调整。费孝通曾举了一个非常生动的例子，"'家里的'可以指自己的太太一个人，'家门'可以指伯叔侄子一大批，'自家人'可以包罗任何要拉入自己的圈子，表示亲热的人物。自家人的范围是因时因地可伸缩的，大到数不清，真是天下可成一家。"[①] 既然家的范围有很强的伸缩性，那么人与人之间的人情往来也变得极有伸缩性。不用说是亲属、老乡，就是朋友，或朋友的朋友，只要一攀上关系，就成为"准亲戚"的关系，连称呼都换成亲属性的称谓，可谓"四海之内皆兄弟"了。如果结构中心势力削弱了，人情也会发生冷暖变化。所谓"人情比纸薄"，"一朝马死黄金尽，亲者如同陌生人"，这是中国人对人情冷漠、世态炎凉的一份内心体察。在社会交换中，人

---

① 费孝通：《乡土中国》，上海人民出版社，2006，第21页。

情充当了重要的媒介。我们常听说"欠个人情"、"送个人情"或"卖个人情",这实际上就是一份人情交换的平衡表。当然这种交换并不像商品交换以金钱为媒介那样精准,恰恰是很难计算的。"钱债好还,人情债难还",在通常情况下,人们非常不愿意背负人情债,因为这要比欠别人钱财承受更多的精神负担。俗语说得好,"拿人家的手短,吃人家的嘴软",欠了人情,则在社会关系上失去了自身的平衡。为了弥补失衡状态,最有效的办法就是回报别人更多的人情,也就是"你敬我一尺,我敬你一丈",让对方反欠了自己一笔人情。这样一来,人情就在你我之间来来往往,往复流动,共同维持着人和人之间的互助合作。

当个人为了某种特殊的功利目的进行人情往来,人情就不再以纯粹的情感交流为目的,而成为人们获取某种利益或者资源的手段或工具。由此,人与人之间的交往关系出现了异化,发展出"讲人情、拉关系、走后门"等一系列不正常、不健康的交往关系。主体间的这种不平等的交往关系的弊端与危害是很严重的。一方面,它造成了人情的困境,双方都要为此付出代价,比如沉重的经济负担、法律的制裁、内心的压力与不安的情绪等。社会中时有因私徇公、因私枉法的情形发生,这很可能就是触犯了法律而就了人情的结果。另一方面,无所不在的人情化交往图式极大地侵蚀和消解了理性化的、契约化的、平等的非日常交往特征。显而易见,人情化的社会往往是一个法治缺失、规则失灵的社会。社会生活愈发达,人与人之间的关系仅仅靠人情是不能维系相互间权利和义务的平衡的。在非日常交往中,理性支配着人们的活动,法律保障每个公民的权利,契约合同是权利义务的体现。应当说,在现代社会关系中,随着工业化、商品化、都市化的发展,人情在人与人之间的功能与作用会逐渐减弱,社会组织也应该越来越趋向于科层化。

然而,当西方文化或其他异质性的文化与中国传统文化相互碰撞时,中国文化总是能展现出惊人的同化作用,并以其超稳定的结构在人类社会运行中发挥威力。具体说来,一方面,传统中国本质上是一个礼俗性社会,主要依靠家法家规、乡约村规等世代相袭的习俗、礼俗来调节和约束人的行为,这种传统社会的制度和结构顽强抵制着法律，使法律体系和司法制度不能彻底推行。另一方面，以理性化和契约化为标准的现代性要求建立公平、正义、平等的法律规范，以体现生命的价值和意义。这两种不同社会机制碰撞、杂糅到一起，就出现了"传统的复活与反弹、现代城市的乡村心灵、虚伪现代性"[1]等一系列极为复杂的问题。同时，无所不在的人情化模式也潜移默化地渗透到政治活动中，直接导致了合法化的危机。"一方面是德才兼备、任人唯贤的理性的民主的用人原则和机制，另一方面则是金钱、利益和关系相混合的人情化'潜规则'，这种'二律背反'的现象把社会转型期现代性的困境和'文化虚伪'问题淋漓尽致地暴露无遗。"[2]由此可见，人情化的交往模式严重阻碍了中国社会的发展，成为阻碍中国现代性生成的最大羁绊之一。

综上所述，人们无论是通过家规家法调整家庭成员之间的关系，还是以村规乡约协调村里乡里的纠纷，无不深刻地受着世代相承的传统、习俗、礼俗的影响和制约。在这个意义上，日常思维表现为习俗性思维和礼俗性思维，这种思维类型凝结在大量的传统、习俗、风俗、礼俗中，具有无形的约束力和威慑力，对人们的日常生活和交往活动施以潜移默化的影响。同时，日常交往世界是一个以血缘关系、家庭本位、伦理纲常为特征而建立起来的情感化、人情化世界。日常交往活动的类型化自然使日常思维呈现情感性的特征，这种情感特征并不是抽象存在的，是和特定时期的社会结构联系在一起的。由于日常交往世界展开的是一个以"我"为中心向外扩散的同心圆式的社会关系结构，这种社会结构最终导致主体间关系的不平等、情感的不平等以及人情泛滥的严重后果。

---

[1] 衣俊卿：《现代化与文化阻滞力》，人民出版社，2005，第331页。
[2] 衣俊卿：《现代化与文化阻滞力》，人民出版社，2005，第358页。

非日常思维向日常思维转化机制研究
——基于中国日常生活批判的视角

贺 苗[*]

在日常生活批判的视域内，我们将人的生活世界划分为日常生活与非日常生活，将人类的现代思维相对应地分为日常思维与非日常思维。从思维的基本规定性出发，日常思维的基本图式主要表现在两个方面，一是日常思维的经验图式或常识图式，二是日常思维的习俗性图式或礼俗性图式。在人与自然的关系上，人们在日常生活中往往凭借经验思维和常识思维自在自发地进行维持个体生存与再生产的各种活动，它以重复性、自发性、实用性为基本特征，这与非日常思维的自觉性、反思性和创造性特征相区别。在人与人的主体间关系上，人们基本上遵循世代相承的各种风俗、习俗、礼俗等进行日常交往活动，它具有礼俗性、情感性、不平等性的特征，这与非日常交往活动所具有平等的、契约化的、理性化的思维特征相区别。无论是在人与自然，还是在人与人的关系上，非日常思维都较多地体现出对日常思维的超越，具有自觉性、平等性、反思性、创造性和理性化的特征。[①] 实际上，日常思维和非日常思维并不是两种截然分开和对立的思维方式，二者始终处于相互作用、相互渗透、相互融合的矛盾运动中，一方可以向另一方转化和生成。日

---

[*] 贺苗，黑龙江大学文化哲学研究中心兼职研究员，主要从事哲学、中国文学和社会学及统计学研究。

[①] 贺苗、王国有：《论日常思维基本图式》，《吉林大学社会科学学报》2012年第1期，第38~43页。

常思维是非日常思维的根基和基础，它为非日常思维源源不断提供最真实、最丰厚的给养；当非日常思维不断向纵深拓展时，日常思维也随之不断地变革与重建。日常思维和非日常思维的双向互动机制构成我们进一步探究非日常思维向日常思维转化机制的基础。

在知识爆炸、信息膨胀的当今时代，非日常思维的每一根触须已经渗透到生活的每一角落，对人们的日常观念和认知活动发生着旷日持久的影响。在众多的非日常思维类型中，科学、艺术、哲学等非日常思维代表着人类理性和文化的最高成就，它推动社会进步，促进人类思维的整体跃迁。特别是随着现代化进程的推进，大众教育的普及，人们的日常思维观念中已经融入越来越多的非日常的知识，大家不仅对这些知识耳熟能详，而且自觉不自觉地将它们视为理所当然。在这里，本文主要结合科学、艺术、哲学三种最为典型的非日常思维形式来考察非日常思维向日常思维转化的机制。

一 非日常思维的技术化、实用化

非日常思维向日常思维的转化，通常是随着科学的技术化、实用化而展开的。科学的技术化、实用化、工具化已经成为这个时代最为突出的特征。现今科学，主要是指近代西方科学，也称为实验科学或实证科学，其内涵已不是一般的自然知识，而是一种意识形态体系。"它是在16、17世纪以来形成的一种特定的意识形态，包含着对事物特定的看法、处理问题特定的方法、知识制造特定的机制；它为人类规定了如何看待自然、研究自然、征服自然和改造自然的方式。"[1]事实上，近代科学的出现并不是一跃而成熟的，它最初总是依附在别的传统之上。"科学是源远流长的，可以追溯到文明出现以前。不管我们把历史追溯多远，总可以从工匠或学者的知识中发现某些带有科学性的技术、事实和见解；不过在近代以前，这些知识或服从于哲学传

---

[1] 吴国盛：《科学的历程》，北京大学出版社，2007，第54页。

统,或服从于工艺传统要求。"①追溯科学的起源,我们可以很清晰地看出科学本身所固有的双重传统:一是起源于哲学家纯粹理性的思辨,二是起源于工匠的实际操作和经验积累。科学思维这种理性精神和实践功能的交互作用是我们理解科学的实用化、技术化、工具化的一把钥匙。从哲学家传统来看,最初的科学知识是由有身份、有地位的如巫师、僧侣或哲学家这样的人所掌握和支配的。他们一般不会承认科学有任何实用的功能,科学本身就是目的。因而,他们追求真理、蔑视功利,这主要以古希腊时期科学理性为代表。从工匠传统来看,各种实用的技术、技艺或技能则由普通的工匠、手工艺者代代相传。他们往往根据实践经验来应用种种技术或技艺,主要目的在于解决实际问题。因而,他们主要是追求实用,并不讲"理"(科学道理),这主要以中国古代发达的技术为代表。随着近代实证科学的崛起,科学与技术逐渐从最初相互排斥的两极走向融合,并且彻底消融以至于无法将二者截然分割开来。技术就是科学的技术,是科学的某种应用;科学也因技术的刺激,开始向社会生产和日常生活广泛渗入。

随着科学技术化、实用化进程的推进,越来越多的科技成果应用到人们的日常生活中。在现今的世界,科学技术几乎规定了我们日常生活世界的每个细节。我们吃的东西,如肉、蛋、蔬菜、水果及各类加工食品都是经由科学饲养、科学栽培或者科学工艺烹制而成的。我们对服装的追求已经远远超出了遮体、保暖的基本需求,更多的是一种审美的需求。纤维、人造丝等各种富含高科技成分的面料大规模生产和花样翻新的制作,几乎无限度地改善着我们的衣着。我们的住房,也不仅仅是一个藏身之所,具有各种用途的新型建筑材料和装饰材料像机器零件一样按照我们的需要用于房屋的建设。特别是负载着多种信息技术的互联网的出现,使人类一下子步入了一个数字化的虚拟世界。时空的界限消失了,地球变小了,人类梦幻般地生活在小小的"地球村"中。

然而,科学思维的广泛渗入并没有改变日常思维的本质特征,日常思维的保守性与顽固性使科学知识不断被同化进日常思维,并成为其内在的组成

---

① 梅森:《自然科学史》,周煦良等译,上海译文出版社,1980,第1页。

部分。因此，卢卡契指出："科学因素的不断增加并没有把日常思维转变到一种真正科学的态度。"①科学的技术化、工具化往往以服从日常生活的实际需要为目的，它更多的是通过传统或习惯将成果或方法渗入日常生活，其结果就是科学成果虽然应用于生活，却不会引起日常思维的根本变化，从而使科学思维丧失了它本身所固有的特性。"不言而喻，这种为人所掌握的科学成果的社会历史积累也会改变日常的一般世界图像，但是这种变化就像毛细孔作用一样表面上几乎无法察觉。它逐渐改变着日常生活和日常思维的视野、内容等，但基本上不会改变它们的结构。"②科学技术化、实用化的程度越高，人们对科学技术和专业人员所组成的"专家系统"就越发信赖，而这足够的信赖就代替了科学证明。举例来说，我们可以选择火车或者飞机出行，享受交通工具给我们带来的便利，却很少有人清楚火车或飞机的工作原理，更不用说开动火车和驾驶飞机了。然而，这些并不影响我们的日常生活，只要根据我们的经验积累和对"专家系统"的信赖就够了，根本不需要从原理的层面进行科学的探究。这正如卢卡契所认为的那样："科学对日益广大的生活领域的支配并没有取消日常思维，日常思维也并没有被科学思维所取代。"③恰恰相反，日常思维在吸收科技成果和方法的基础上不断发展。

二 非日常思维的通俗化和大众化

随着经济的全球化和信息传媒技术的扩展，大众文化已经日益成为深刻影响世界的全球性人文景观。大众文化或文化工业传播速度之快，应用之广，影响之深，恐怕是其他任何文化样态都望尘莫及的。特别是文化工业凭借互联网巨大的信息量和无远弗届的撒播功能，更加广泛而深入地扎根到人们的日常生活中。

---

① 卢卡契：《审美特性》第 1 卷，徐恒醇译，中国社会科学出版社，1986，第 10 页。
② 卢卡契：《审美特性》第 1 卷，徐恒醇译，中国社会科学出版社，1986，第 94 页。
③ 卢卡契：《审美特性》第 1 卷，徐恒醇译，中国社会科学出版社，1986，第 76 页。

20世纪40年代，法兰克福学派代表人物霍克海默和阿多诺首次用"文化工业"一词对大众文化所带来的负面效应进行了激烈的批判。他们认为，文化工业凭借现代的科技手段大规模地复制和传播商品化的、非创造性的文化产品，利用影视、广播、音乐、杂志、广告等大众传播媒介欺骗消费者，行使意识形态的统治功能。"整个世界经过文化工业这个过滤器全部走样，都失去了自己的独立存在，成为这个不停运转的巨大机器中的一个标本，一个产品。而所有人从一开始，在工作时，在休息时只要他还进行呼吸，他就离不开这些产品。没有一个人能不看有声电影，没有一个人能不收听无线电广播，社会上所有的人都接受文化工业的影响。文化工业的每一个运动，都不可避免地把人再现为整个社会所需要塑造出来的那种样子。"[1]文学艺术变成纯粹的商品，从生产到流通到消费，每个环节都严格地按照产业化方式进行生产和营销。以现代科技为依托，一切文化都是相似的，就像从工厂生产出来的零件一样，可以批量生产、大规模复制，艺术所内在的独特性和创造性完全淹没在大众文化的汪洋之中。更为严重的是，文化工业极具欺骗性和"催眠"效果，操纵着大众的思想和心理，使人们沉溺在虚假的"幸福意识"中。琳琅满目的广告，使用了文化工业所特有的语言和风格，令人眼花缭乱；精彩刺激的影片，让人们默默欣赏和模仿影片中的内容，消除了机械工作的紧张和疲劳。"欢乐意味着满意"，"享乐意味着全身心的放松，头脑中什么也不思念，忘记了一切痛苦和忧伤"。[2]

随着大众文化全球化大幕的徐徐拉开，中国社会也被毫无例外地卷入了这一文化大潮中。只要环顾一下我们周围的现实生活，就不难感受到大众文化迅猛扩张的强劲势头。从20世纪80年代以来，包括畅销小说、流行音乐、影视、舞蹈、广告、时装、选美等如潮水般涌入日常生活，对人们日常的观念、心态及日常行为产生了深远影响。其中，电影、电视、网络无疑是大众文化传播最便捷、最理想的平台。仅以电视传媒来看，如20世纪80年

---

[1] 霍克海默、阿多尔诺：《启蒙辩证法》，洪佩郁等译，重庆出版社，1990，第118页。
[2] 霍克海默、阿多尔诺：《启蒙辩证法》，洪佩郁等译，重庆出版社，1990，第136页。

代流行的电视连续剧《射雕英雄传》、90年代热播的《渴望》都曾激起大众前所未有的观看热情。21世纪初泛起的韩剧热潮均以青春偶像明星为主打品牌,用高度唯美的形式,为观众建构了一个超越平庸的情感乌托邦,满足了一大批少男少女青春幻梦的期待。近两年来频繁出现的电视选秀节目,如湖南卫视的《超级女声》,央视的《非常6+1》《星光大道》,浙江卫视的《全国麦霸英雄汇》,江苏卫视的《非诚勿扰》等以其娱乐性、平民化的姿态,赢得了很高的收视率。再如"草根英雄"郭德纲、"小品王"赵本山以及近年迅速蹿红的"小沈阳",他们都以自己独特的方式演绎了小人物的喜怒哀乐与悲欢离合,让大众在"笑料""包袱"中依稀可见自己熟悉的生活原生态。从这个意义上,我们不能否认大众文化正面的积极意义,它大大加速了文学艺术向日常生活的渗透强度,使文学艺术作品更加贴近日常生活,反映生活。特别是大众文化所具有消遣娱乐元素,有减压、缓解疲惫、放松身心的功效,迎合了被各种压力包裹的现代人内心孤寂、焦虑,情绪无从排遣,情感无处归依的矛盾心态。

三 非日常知识的普及化和常识化

非日常思维向日常思维的渗入,很重要的一个途径就是教育的普及使非日常的知识变成一种常识,从而成为个体的知识储备自在自发地影响人们的日常观念。赫勒曾说:"日常思维可以或者的确采纳某些科学事实,但是它不能接受科学知识本身。当一个科学事实渗入日常思想中,它是被以逐条列记的方式,即以同其自身基质相分离的方式而同化到日常知识的基质中。科学信息的片段以这种孤立的形式,同它们自身的同质媒介相分离而出现于日常知识之中,成为日常思维的实用主义的牺牲品。它们部分地成为某种日常行为的出发点,部分地提供异质信息;最后,它们可以有助于日常生活的非拜物化。"[①] 这段话清晰地为我们描述了非日常知识是如何与自身剥离,以"片

---

① 赫勒:《日常生活》,衣俊卿译,重庆出版社,1990,第203页。

段"的形式渗入日常思维的过程。

一方面，非日常的知识往往以记忆的方式固定到日常思维中，内化为人们内心潜在的认知结构。由于教育的普及，人们从小学、中学、高中直到大学都自觉或不自觉地学习或被灌输了大量的知识。尽管这些诸如哲学、数学、物理、化学、生物等知识会随着时间的流逝逐渐被淡忘，但仍有一些零散的片段作为必要的知识储备被保存下来，从而潜移默化地扩大着日常思维的表现形式。同时，大量的科学知识也为日常生活提供了大量异质的信息，极大地满足了人们的好奇心，它们就像世代传承下来的传说、神话、风俗、习惯一样，普遍被人们所接受。随着科学教育的普及，人们不仅已经在日常生活中讨论相关的科学知识，即便是与我们的日常观念极为矛盾的科学知识也会不加分辨地全部接受下来。例如，地球并不像我们想象的那样是静止不动的，而是一个围绕太阳旋转的行星；太阳也并不是像我们看到的那样真的在"升起"，而是地球旋转到了它的光照之下。今天，我们的知识框架已经可以承担这些与常识相抵触的异质信息，可这在过去的很长一段时间内是根本无法想象的。不过，我们只是简单地接受了这些现成的知识，就和童年听到的那些遥远的历史掌故、神话传说一样，共同支撑起对世界的认知图景。一旦个体对某个领域的知识产生兴趣，并试图深入地挖掘和研究，那就在一定程度上扬弃了日常思维本身固有的自在性和惰性，跃升到了自觉的理性化的科学境界中。

另一方面，非日常知识失落了"为什么"的维度，凝固为既定的常识或教条。关于这方面，哲学教科书体系的教训无疑是非常深刻的。在过去相当长的时期内，只要一提及马克思主义哲学，人们就会很容易地想到马克思主义哲学原理教科书，即所谓的"教科书体系"，这曾是我们理解和掌握马克思主义哲学的重要依据。20世纪60年代初，艾思奇主编了全国高校统一的哲学教材《辩证唯物主义和历史唯物主义》，其整体框架基本上沿袭了20世纪30年代苏联的教科书模式。从"艾思奇本"出版到80年代初，教科书体系的"板块结构"一直作为"钦定"的统一标准被广泛使用，成为普通大众从不加以反思和质疑的思想标准和行为准则。人们把教科书体系看作马克思主义哲学的"圣经",其不仅在哲学领域内享有至高无上的地位,也是指导国家政治生活和社会生活的重要的理论依据。在体系哲学的大一统之下,哲学的方方面面都烙印下教科书型的"图章",任何逾越体系之外的尝试和努力都被视为"异端"。特别是在日常生活中,人们总是倾向于把哲学视为某种现成的原理或结论,往往以贴标签的方式去套用哲学。结果,哲学理论在大众化和通俗化的过程中失落了自身的批判精神和反思维度,也失去了哲学对个体生存和社会发展的重要作用,逐步演变成一种日常思维式的自在自发的教条,凝固为某种带有最大普遍性的既定的常识,从而极大地压抑了非日常思维的创新性和超越性的维度。

总之,日常生活并不是一个封闭的、静态的体系,而是面向历史、面向未来不断生成的。从古到今,日常思维与科学、艺术、哲学等非日常思维始终处于不断的相互作用中。"以日常生活为一方,以科学或艺术为另一方的这种矛盾的辩证法,始终是一种社会历史现象。这是一种具体历史的、受社会制约的情况。"[1]一方面,科学、艺术、哲学等非日常领域的成果不断注入并丰富着日常生活和日常思维的基本图式,并成为日常实践中积极的因素发挥作用;另一方面,"日常思维保持着对于更高的对象化活动进行思考的权力"[2],并最终会成功抵制某些非日常思维的渗入,致使它们的本质发生严重变形,被同化进日常思维中。我们只有考虑到二者之间双向互动的机制,才能把握这两个领域的相关性和差异性,才能更加深入地认识整个生活世界。

---

[1] 卢卡契:《审美特性》第1卷,徐恒醇译,中国社会科学出版社,1986,第40页。
[2] 卢卡契:《审美特性》第1卷,徐恒醇译,中国社会科学出版社,1986,第40页。

中国语境中的日常生活批判理论的阐释与思考
——国外马克思主义日常生活批判理论与中国现代化的有机结合

杜红艳[*]

日常生活批判是20世纪西方哲学一个重大的理论主题，许多西方思想家（胡塞尔、维特根斯坦、海德格尔）以及国外马克思主义理论家（卢卡奇、列斐伏尔、科西克、赫勒）都对这个问题进行了系统的研究，而20世纪90年代在中国生发的日常生活批判则直接与这些理论相关，是在国外马克思主义日常生活批判理论基础上结合中国的现代化进程形成的。日常生活批判在中国受到关注是以处于社会转型时期的中国传统社会日常生活结构阻碍了现代化的进程这一判定为理论前提的，由此引发了理论家从文化哲学角度对日常生活批判这一主题的关注和研究。在这方面，衣俊卿教授发起的现代化与日常生活批判理论最具代表性，是日常生活批判理论研究与应用的主要范式。这一理论主要从国外马克思主义日常生活批判理论中吸取理论资源，运用文化哲学的理论范式对现代化日常生活问题进行研究，这是中国语境中的日常生活批判理论，是结合中国历史现实状况对国外马克思主义日常生活批判理论的具体应用和拓展，在中国一时引发了广大学者的讨论，逐渐辐射到了各个理论学科，形成了一种观照现实的新的理论视域和思考范式。

---

[*] 杜红艳，黑龙江大学马克思主义学院副教授，主要从事国外马克思主义研究。

一 理论结合点：人的生存方式的变革

国外马克思主义日常生活批判理论是在微观层面对人的生存方式的解读与批判，中国语境中的日常生活批判也与人的生存方式相关，是从文化哲学角度对现代化进程中人的生存方式的审视。探索人的生存方式的变革可以说是国外马克思主义日常生活批判与中国语境中的日常生活批判的理论结合点。

卢卡奇意义上的日常生活是人存在和发展的基础，是人类一切文化的起源，而非日常生活则是由在日常生活基础上发展而来的政治、法律、宗教、哲学、艺术、科学等高级对象化形式系统构成的。"如果把日常生活看作是一条长河，那么由这条长河中分流出了科学和艺术这样两种对现实更高的感受形式和再现形式。它们互相区别并相应地构成了它们特定的目标，取得了具有纯粹形式的——源于社会生活需要的——特性，通过它们对人们生活的作用和影响而重新注入日常生活的长河。"[1]在此基础上赫勒直接将日常生活界定为"那些同时使社会再生产成为可能的个体再生产要素的集合"[2]。个体的再生产指的就是人在日常生活中所从事的生产、消费、交往等一系列使人的再生产能够持续下去的活动，在这些活动中往往会凝结成一种稳定的生存方式，稳定的生存方式就是在日常生活中表现出来的。科西克阐释的"伪具体世界"描述的是建立在自在的功利主义实践和重复性日常思维基础上的日常生活领域，这一领域也与人的生存方式有关。"平日（everyday）首先在于把人们的个人生活组织成每个一天（everyday）。他们的生活功能的可重复性固定在每一天的可重复性中，固定在每一天的时间安排表中……在平日中，活动与生存方式都变为本能的、下意识的和不假思索的机械过程。"[3]在列斐伏尔的思想

---

[1] 乔治·卢卡契：《审美特性》第1卷，徐恒醇译，中国社会科学出版社，1986，"前言"第1～2页。
[2] 阿格妮丝·赫勒：《日常生活》，衣俊卿译，黑龙江大学出版社，2010，第3页。
[3] 卡莱尔·科西克：《具体的辩证法》，傅小平译，社会科学文献出版社，1989，第53页。

中，日常生活展现的也是人的生存方式："日常生活是一切活动的汇聚处，是它们的纽带，它们的共同的根基。也只有在日常生活中，造成人类的和每一个人的存在的社会关系总和，才能以完整的形态与方式体现出来。在现实中发挥出整体的作用的这些联系，也只有在日常生活中才能实现与体现出来，虽然通常是以某种总是局部的不完整的方式实现出来，这包括友谊、同志关系、爱、交往的需求以及游戏等等。"① 可见，在国外马克思主义理论中，日常生活与科学、艺术等高级对象化形式不同，是直接性的、经验性的，展现的就是人在现实生活中的生存样态。

中国语境中的日常生活批判理论的范式来源于国外马克思主义理论，对于日常生活的界定及对日常生活和非日常生活的区分是建立在赫勒、列斐伏尔等人的日常生活批判理论基础上的。"一般说来，所谓日常生活，总是同个体生命的延续，即个体生存直接相关，它是旨在维持个体生存和再生的各种活动的总称。"② "非日常活动是同社会整体或人的类存在相关，它是旨在维持社会再生产或类的再生产的各种活动的总称。"③ 现代化与日常生活批判的理论逻辑就是：现代化首先是人的现代化，而在中国，人的日常生存方式受传统的影响，只有人自身摆脱传统日常生活方式的羁绊，使自在自发的生存方式向自由自觉的生存方式提升，才是真正的现代化，所以实现现代化需要进行日常生活的批判与重建。可见，中国语境中的日常生活批判与人的生存方式直接相关，是与国外马克思主义的日常生活批判理论一脉相承的。

二 理论范式：人的现代化与文化阻滞力

国外马克思主义的日常生活批判理论和中国语境中的日常生活批判都建

---

① Henri Lefebvre, *Critique of Everyday Life*, Volume I, trans.by John Moore, Verso, London &New York: Verso, 1991, p.97. 转引自刘怀玉《现代性的平庸与神奇——列菲伏尔日常生活批判哲学的文本学解读》，第103页。
② 衣俊卿：《现代化与日常生活批判》，人民出版社，2005，第12～13页。
③ 衣俊卿：《现代化与日常生活批判》，人民出版社，2005，第13页。

立在马克思思想的基础上。马克思思想是使人类摆脱私有制生产关系的束缚、摆脱异化受动的存在、实现个性的全面发展的理论，异化劳动批判的就是人在日常生活中异化、受动的存在状态。国外马克思主义日常生活批判理论就是在马克思对人是异化的、受动的这一判定基础上进一步发展而来的，但是并未局限于马克思所批判的资本主义初期人的异化的生存状况，而是结合自己的历史现实更深层次地挖掘和揭示了人的异化，在微观层面对人的异化的存在方式进行了批判，卢卡奇、列斐伏尔等人强调了异化不仅存在于政治、经济领域而且渗透到了日常生活当中。这种微观视角的转变为中国语境中的日常向生活批判所继承，但是中国社会也有其特殊的历史文化状况，面临的不是技术理性操控下的人的异化状态，这种批判更接近于赫勒与科西克所批判的前市场经济条件下人的生存方式。中国语境中的日常生活批判理论揭示了传统日常生活的封闭状态对人具有的根深蒂固的影响，虽然市场经济试图打破中国传统封闭的日常生活世界，但是人的生存方式却没有随着经济的变革而变革，传统生活方式依然影响着人的日常生活，成为现代化和文化转型的障碍。"造成中国现代化进程和社会转型过程中现代性本质上'不在场'或'无根基'状态的根本原因在于，现代性遭遇了中国社会内在的深层的文化阻滞力，而且同其他民族相比，这是异乎寻常顽固的文化保守力量，是我们很难铲除的文化基础和甩不掉的传统尾巴。"[1]在这种情况下，现代化与日常生活批判基于文化转型过程中所遭遇的文化阻滞力应运而生。文化阻滞力在中国表现为经济发展与文化发展的不同步，文化即人的存在方式没有随着经济的变革发生变化，人依然固守着传统自在自发的生存方式，长期以来阻碍了经济的发展，不能成为推动经济发展的推动力量。"传统农业社会与生活世界本质上是契合的。只是到了近现代，商品经济和工业文明的大潮才猛烈地冲击着日常生活的自在图式和结构，使日常生活世界消隐到背景世界中，成为狭小的私人领域和消费领域。与此同时，在历史舞台上建构起日渐丰富发达的

---

[1] 衣俊卿：《现代化与文化阻滞力》，人民出版社，2005，第47页。

非日常生活世界。"① 可见，现代化进程虽然在宏观的政治、经济层面展开了，但是微观层面的人的现代化未能充分展开，要真正实现现代化就要在微观层面改变人的生存方式，而这需要进行日常生活的批判与重建。

中国语境中的日常生活批判是在本土文化基础上发展起来的，提出在中国"日常生活是以个人的家庭、天然共同体等直接环境为基本寓所，旨在维持个体生存和再生产的日常消费活动、日常交往活动和日常观念活动的总称，它是一个以重复性思维和重复性实践为基本存在方式，凭借传统、习惯、经验以及血缘和天然情感等文化因素而加以维系的自在的类本质对象化领域"②。在中国，日常生活表现为一个相对凝固与封闭的天然共同体，以自在的重复性思维与重复性实践为活动方式，因为中国传统农业文化孕育了稳固的日常生活结构，即自在的日常生活世界。人们在日常生活中凭借传统、习俗、习惯、经验、天然情感、血缘等自在的文化基因生活。这种日常生活结构在文化层面上阻碍了中国的现代化。"中国是一个自然经济和农业文明的历史十分悠久的文明古国，它拥有十分强大和沉重的日常生活结构，绝大多数人一直沉溺在衣食住行、饮食男女、生老病死、婚丧嫁娶的日常生活之中。而且，这一沉重的日常生活结构虽然屡经历史事变，却始终未有受到真正的触动和打击，这成为传统中国人走向现代化的沉重的制约因素，它几乎使千百万仁人志士的现代化实践化为百年梦想，梁启超的'新民'和陈独秀的'新青年'在古老的中国大地上迟迟不肯生长与繁衍。"③现代化需要进行日常生活的批判和重建，日常生活批判的核心是人自身的现代化，需要在人的生存方式上下功夫，改变人的生存方式、推动现代化的进程，清除现代化进程中的文化阻滞力。日常生活重建也不是完全如解决发达工业社会日常生活危机那样单纯使非日常生活回归日常生活，而是使中国的日常生活文化得以现代化，创造有利于发展自由、平等的日常生活的制度环境。"这一变革和重建从总体上是

---

① 衣俊卿：《现代化与日常生活批判》，人民出版社，2005，第35页。
② 衣俊卿：《现代化与日常生活批判》，人民出版社，2005，第31页。
③ 衣俊卿：《现代化与日常生活批判》，人民出版社，2005，第5页。

要打破传统社会中日常生活结构和图式的专制统治,从而使自然主义和经验主义的社会关系和结构逐步为合乎理性的和合乎人的发展需要的真正属人的社会关系所取代,使日常生活从纯粹自在和封闭的王国逐步走向自觉和自为,向以科学理性和人本精神为核心的现代文明世界开放,从而使日常生活世界和非日常生活世界相互渗透、相互作用、协调同步发展。"①

三 理论拓展:现代化进程中的日常生活批判

1. 对中国传统日常生活方式的准确断定

国外马克思主义日常生活批判定位于实现人的生存方式的变革,而且与西方哲学家批判的被工业化和科学技术所分化的生活世界不同,他们挖掘的不是异化了的自由自觉的人、异化了的生活世界,而是未达到自由自觉的人、未达到总体的人,以及自在的、未分化的日常生活世界。这种理论恰好契合了中国现代化进程中的社会历史现实,在中国"日常生活的自在性、自发性与传统文化的惰性、保守性达到了契合:重复性和自在性的日常生活为具有稳固性和惰性的传统文化因素提供根基和寓所,而传统文化的稳定性和保守性反过来进一步加强了日常生活的重复性与自在性"②。中国由于没能与西方同步开启现代化进程,科学技术的发展对人的影响还未充分体现出来,所以社会转型时期人的生存方式与西方不同,不是异化、受动而是自在自发,所以中国语境中的日常生活批判是结合了自己的历史现实在国外马克思主义基础上的发展和创新。对于日常生活重建,卢卡奇提出通过非日常生活向日常生活的回归促进日常生活向更高的层次发展;赫勒也提出通过特性的人向个性的人的提升、日常知识态度与日常交往模式的改变促进日常生活的人道化;列斐伏尔日常生活批判就是要"让日常生活成为艺术品",促进"总体的人"的生成。中国语境中的日常生活批判的变革与重建也不是从异化、受动走向

---

① 衣俊卿:《现代化与日常生活批判》,人民出版社,2005,第347页。
② 衣俊卿:《现代化与日常生活批判》,人民出版社,2005,"总序"第4页。

自由自觉或单纯从自在自发向自由自觉提升而是使日常生活和非日常生活协调发展。可以说，中国语境中的日常生活批判理论就是国外马克思主义的日常生活批判思想与中国现代化历史现实的有机结合，是在国外马克思主义日常生活批判中吸取理论资源，运用这种方法对中国自己的问题的反思，准确地定位了中国传统的日常生活方式。

2. 日常生活的新型架构与结构、图式的揭示

中国语境中的日常生活批判理论区分了日常生活与非日常生活，搭建了人类社会的金字塔结构，金字塔最上层的是非日常精神生产领域（包括科学、艺术、哲学），中间的是非日常社会活动领域（指代政治、经济、技术操纵、经营管理等），最下面的是日常生活领域（包括日常消费、日常交往、日常观念）。这不同于马克思主义搭建的经济基础与上层建筑的人类社会结构，这种思考更细致和深层地区分了人类社会，是从文化角度直接在人的现实活动基础上所做的思考，这种对人类生活习俗的细微描述反映了活生生的人类社会和人类生活。此外，现代化与日常生活批判对中国日常生活世界结构与图式的界定十分恰当。从空间上看，日常生活世界是狭窄、封闭、固定的天然共同体；从时间上看，日常生活领域是相对凝固、恒长的世界。日常生活的解构和图式分为自在的活动方式、经验主义的活动图式、自然主义的立根基础、自发的调控系统，造成了日常生活的自在性、重复性和非创造性。这恰当地描述了中国向现代社会转型过程中的缓慢步伐。结果是过分发达的日常生活领域和相对不发达的非日常生活领域，这也是中国语境中的日常生活批判和重建的出发点，旨在达到日常生活与非日常生活的协调发展。

3. 以日常生活批判为主题的深层启蒙

中国语境中的日常生活批判是以现代化进程为背景的，并且提出现代化首先是人的现代化，而要实现人的现代化就需要创造有利于人的现代化的文化环境，而文化环境的建造有赖于非日常生活的作用，这在某种程度上说就是一种启蒙。日常生活批判在中国的重建是要打破中国传统日常生活对现代化的阻滞力。可以说，中国语境下的日常生活批判理论是现代化进程中一种

新的启蒙方式，与中国近代过程中的维新变法、新文化运动提倡西方的民主与科学以及新儒家的"内圣开出新外王"等方式不同，不只限于表层启蒙、不仅凭外在教化、不只通过内在修为，而是从微观入手，从个人的实际生活出发，真正深入人的日常生活中去，改变日常消费、交往和思维方式，达到一种深层次的启蒙。这是中国现代化进程中启蒙的一种方式，不是一种纯粹思辨的理论活动，而是从文化出发的一种新的启蒙方式。

中国语境中的日常生活批判产生于20世纪90年代，那时中国还处于改革开放初期，人的思想观念亟须解放，与社会发展到今天这个阶段不同，在现代化发展受阻的时期反思现代化的恶果不是主要问题，推进现代化进程才是主要目标，现代化与日常生活批判就是在这种背景下产生的。对一种理论的思考要结合其产生的历史背景，现代化与日常生活批判曾经引发了广大学者的讨论，因为它是属于那个年代的哲学，具有重要的时代意义这一点是不可抹杀的。经过了二十多年的发展，中国社会飞速发展，历史现实也发生了变化，现代化与日常生活描绘的中国人的生存方式虽然发生了变化，但是内在于人的传统力量在某种程度上依然存在，所以重要的不是抛弃现代化日常生活批判，而是要深入文化现实的内部揭示当下人的生存方式及存在的问题，在新的历史条件下展开日常生活批判。当然现代性的负面影响已经渗透进了中国社会，进行讨论时不能忽视这一点，重要的是与时俱进地以理论联系实际，像现代化与日常生活批判一样从国外马克思主义理论出发观照我们自己的问题，这样理论才有价值，才有生命力。可见，目前的问题是如何联系现当下的社会现实，进一步深化和拓展中国语境中的日常生活批判。

日常生活批判理论与现代化

论发展的多重内涵

隽鸿飞[*]

对于"发展"这一重要概念内涵的确定，可以说是一件比较麻烦的事。尽管很多人都使用这一概念，却极少有人对这一概念的内涵进行过具体的分析。大体来说，目前人们主要是在这样几个含义上使用"发展"这一概念：其一，是客观主义的含义；其二，是发展经济学的含义；其三，是发展的人本主义的含义。对发展含义的这三种不同理解并不是截然对立的，而是存在内在的关联。在某种意义上可以说，它们正体现了人类对发展本质的认识的逐步深入的过程，是人们对于发展概念内涵认识的不同的阶段。具体来说，发展概念的内涵最初主要来源于两方面：其一，是理性主义的进步观念；其二，是达尔文的生物进化论。因此，对发展内涵的探讨必须从分析进步、进化与发展这三个概念的关系入手。

一 进步、进化与发展

"发展"一词有两个相互关联的含义：其一，是进步；其二，是增长、生长。前者来源于西方文明中传统的理性主义进步观念，而后者则源于达尔文

---

[*] 隽鸿飞，黑龙江大学马克思主义学院教授，主要从事马克思社会历史理论与国外马克思主义基础理论研究。

的生物进化论。正如拉德克利夫 - 布朗指出的，社会发展理论"可以说是根源于斯宾塞自己称作'综合哲学'的两种观念，而这种观念又是18世纪的产物，一种是有机体生命演化的观点，或者像斯宾塞所说的，'有机体进化'。另一种是人类社会进步的观念"[1]。这两个方面相互影响，共同催生了客观主义"发展"概念的基本内涵。

广义而言，发展问题的研究最早出现于哲学家们关于宇宙的形而上学的思辨之中，表现为一种世界目的论的倾向。古希腊的哲学家们就认为，世界是一个依据理性或"逻各斯"而运行的合理的存在结构，其发展表现为向着一个终极的"善"的运动过程。亚里士多德的实体理论为我们描绘了宇宙万物由质料到形式，从潜能到现实的发展过程和统一过程，从而形成了从最低级的、纯粹的质料到最顶端的"纯形式"，即"绝对的现实"这样一个合乎理性的世界发展的过程。而人作为一种理性的存在，是可以通过对世界的"逻各斯"的认识来把握世界的本质，进而推动世界向前发展的。正是在这种理性主义的基础上进步的信念得以形成。进步是指人类社会将在一个令人满意的方向上运动着，它是内在于自然或人的，通过一个有规则的在过去、现在或将来发展的阶段系列的倾向，后一个阶段，也许偶尔有延误，或较少的压抑，但后一个阶段一定优于前面的阶段。也就是说，按照进步的观念，历史是单向度地向前发展的，进步的规律就像自然规律一样是必然的，进步就是人类的命运。这种观念与现代的自然科学技术相结合，就形成了对人类社会发展无限的乐观主义信念，它相信人性永远进步、历史永远向上。有了进步的信仰，现代人觉得自己所做的一切都是有利于人类的福利，都是在替天行道。加上对科学无限的依赖，现代人更是觉得自己无所不能，无所不该。正如F.佩鲁所指出的，"随着19世纪科学、技术和基础教育唤起的热情，人们持有这样一种观点：进步是一种'带来幸运的必然性'和一种自我维持和积累的过程"[2]。正是基于这种理性主义的进步观念，人们对社会的发展抱有一种

---

[1] 拉德克利夫 - 布朗:《社会人类学方法》，山东人民出版社，1988，第149页。
[2] F.佩鲁:《新发展观》，华夏出版社，1987，第21页。

必然性的观念，即认为人类社会的发展是必然的、自然的历史过程。

"进化"这一术语是从拉丁文字"evolvere"演变来的，其最初的含义是伸展、展开。最初人们将如下过程称为"进化"：事先在雄性的精子里，或在雌性的卵子里，存在一个完全成形的微小机体，然后由它逐步发展或"展开"成完全成熟的有机体。对于进化的这种理解，也成为客观主义发展概念的形成的根源之一。虽然这一概念后来成了达尔文理论和宏观生物学领域的同义词，但是达尔文的生物进化论却具有完全不同的内涵。

"进化论"通常指生物界的进化理论，亦称"演化论"，旧称"天演论"。"进化论"一词最初由法国博物学家拉马克所提出。英国博物学家达尔文的《物种的起源》一书奠定了进化论的科学基础。近代生物科学的发展，使生命起源、物种分化和形成等进化理论有了进一步发展，认为生物最初是从非生物发展而来的，现代生存的各种生物，有共同的祖先，在进化过程中通过变异遗传和自然选择，生物从低级到高级、从简单到复杂，种类由少到多。在达尔文看来，生物进化论仅仅是一种自然科学理论，并不包含所谓"进步"或"发展"的内涵。因为根据"自然选择，适者生存"的原则，我们并不能比较不同的时期、适应于不同环境中的生物是低级还是高级的，因为它们都是不同生存环境的适应者。正如丹皮尔所说的，"进化论在达尔文谦逊的心目中，仅仅是科学上的一种学说，……但后来竟变成了一种哲学，甚至在有些人看来差不多变成一种信条了。……但是这种科学学说的正当影响，并不足以使它变成一个哲学体系，去说明实在的基础与意义"[①]。但是，由于在近代以来西方文明精神发展的过程中，科学的发展始终是主要的推动力，任何新的科学的发现都必然被用于社会科学，由此达尔文的生物进化论也同样被用于解释人类社会的发展。

斯宾塞将生物进化论引入社会学领域，用于解释人类社会的发展问题。他认为，人类社会就如同生命有机体一样，它的发展与生命有机体的进化遵

---

① W.C. 丹皮尔：《科学史——及其与哲学和宗教的关系》，商务印书馆，1987，第589页。

循相同的规律。因此，进化一方面是有机体生命，另一方面是社会生活的进步潜在性的实现。在有机体进化中，具有更复杂的结构和功能的有机体是沿着进步的阶梯，从那些较简单的结构和功能的有机体发展而来的；在社会进化中，具有更复杂结构或组织的社会是从不太复杂的形式中逐步发展而来的。因此，进化就像这个理论所表达的，既是有机体或社会生活形式多样化的过程，又是有机体或社会"组织进步"的过程。这种观点在朱利安·赫胥黎那里得到了进一步的发展。他认为，进化可以被看成一种过程，通过这个过程，生命体对地球资源的利用可以得到不断增进的更佳效果。因此进化的演进过程是一个适应形式的发展问题，适应包括内部和外部两方面：外部适应的演进就是生物学效能上限的提高，即对环境增加了支配能力和独立性；内部适应的演进则是多方面的功能、效能和内部调适和谐的水平得到进一步提高。在人类社会的进化中，外部适应的演进不是得自人类有机体的改善，而是得自前面所说的进步，即人类对他们生活于其中的环境调适过程中的演进；内部适应的演进，得自有秩序的关系体系化与个人之间的调适。

这种观点实际上是把作为进化的源泉的生物的天赋与作为历史中的进步的源泉的社会获得特性混淆起来，认为自然界原来和人类社会一样，归根到底是进步的。但是这种情况却为一种严重得多的误解开辟了道路，即彻底地在发展的观念中排除了人的因素。

其原因具体来说主要有以下两个方面。其一，是由于人类思想中所固有的种族中心主义。因为在人类思维形成之时，人类是从自身的社会关系出发去认识外部世界的，人对世界的认识和对自身的认识毫无差别地统一在一起。"如果说事物的全体被构想为一个单一的体系，这是因为社会本身看上去就是那个样子的。社会是一个整体，进一步说，社会就是那个与之相关的所有事物所组成的独一无二的整体。因而，逻辑等级就是社会等级另一个侧面，而知识的统一性也不过就是扩展到宇宙的集体的统一性而已。"[1] 由此出发去看待

---

[1] 爱弥尔·涂尔干、马塞尔·莫斯：《原始分类》，上海人民出版社，2000，第90页。

生物进化的过程，人就必然把自身视为生物进化的终点，认为人是高于所有其他生物的最高存在物。从而整个生物进化的过程就成为一个不断的由低级到高级发展的过程。也就是说，进化的过程就是进步的过程。

其二，在达尔文的生物进化论中，对生物的进化起关键作用的因素就是"自然选择"，它也就成为人类社会发展的根本原因。埃米尔·诺埃尔就曾指出，"当人们谈到达尔文的时候，通常想到的就是这个理论观点（自然选择），这是可以理解的。因为有了它，才能够近乎'机械'地理解一个物种是怎样产生另一种的。人们撇开了令人费解的'进化趋势'，而是了解了进化是如何以一种几乎自发地方式进行的"。因此，人们在以生物进化论来解释人类社会的发展时，自然的原因就代替了人的因素在社会发展中的作用。

正是在这种进步观念的基础上，形成了客观主义所理解的发展的概念。客观主义认为，发展是指事物由小到大、由简到繁、由低到高级、由旧质到新质的运动变化过程。事物的发展是量变和质变的辩证统一，是事物内部矛盾斗争的结果。因此，人类的历史是不自觉的但必然是为了实现某种预定的理想目的而努力的。对发展问题的研究这一任务，"归根到底，就是要发现那些作为支配规律在人类社会的历史上为自己开辟道路的一般运动规律"。而近代以来兴起的进化论则为客观主义的发展观提供了一个"科学的"基础。因此在中国的《辞海》中对于"进化"一词的解释中就指出，"进化"一词的第二个含义是"哲学名词，即发展"。

二　发展—增长

对发展概念的另一种理解是从经济学角度提出的，即认为增长就是发展。这是近代以来发展理论普遍认同的一种理解方式。就实质而言，这种理解与上述客观主义的解释是一致的，只不过它们关注的是人类社会存在的不同领域。

对于发展概念的这种经济学解释，是与发展经济的兴起密切相关的。一般认为18世纪末19世纪初，受社会变革的影响，发展问题的研究与现实结合起来，成为一种实证研究，这首先体现在英国古典政治经济学中。英国古典经济学家亚当·斯密在其著作《国富论》一书中，首次将发展等同于国民财富的增长，并研究和分析了国民财富增长的条件和促进或阻碍财富增长的原因等。斯密的研究为以后的发展经济学的研究奠定了方向。但是，对这种经济学含义的发展概念的普遍认同，却是在第二次世界大战之后的事。1951年，联合国发表了一份题为《欠发达国家经济发展应采取的措施》的报告。在当时欧洲国家开始战后的经济恢复、广大的第三世界国家面临如何发展的情况下，这份由诸多著名的经济学家参与起草的报告对世界的未来发展充满了乐观主义的信念。其基本观点为：只要取得了投资和资本就能解决发展的主要问题。因为在他们看来，经济增长与按人口平均的资本的增长是联系在一起的，资本及其积累是"发展"的动力。发展中国家的根本问题就是如何加速资本的形成的问题。根据他们的看法，增长、发展、进步三者是同义词，在不同的场合使用这些名词只是为了"照顾到多样性"。在这种观点之下，出现了一大批研究发展的经济学家和发展经济学著作，如 A.W. 刘易斯和他的《经济增长理论》、H. 莱本斯坦及其《经济落后与经济增长》和 W. 罗斯托及其《经济增长阶段——非共产党宣言》等，从而形成了在当时发展研究中起主导位的发展经济学理论。这种理论的基本出发点是：发达国家的经济增长率模式具有普遍性，发展问题就是发展中国家如何加快经济的增长速度，赶超发达国家的问题。

这种"增长=发展"的观念对广大的第三世界国家产生了重大的影响。这是因为西方人在他们自身的现代化进程中根据自己所取得的成就，推出了一个无限进步和日趋完善的未来。虽然这个未来并不是现实，而只是一个未实现的理想，却筑就了西方人无限的乐观主义信念。尽管近代以来的两次世界大战已经使西方人的这种乐观主义受到打击，但他们仍然保留着这种乐观主义，并把它们传给了广大的第三世界国家。而对于第三世界国家的大部分人来说，这个无限进步、不断完善和美好的未来不只是理想，也是现实，只不过这个现实不在他们自己的国家，而是在西方。因此，对于经济发展的信念使他们对进步的信仰就更加简单，也更加坚定。正是这种信仰构成了他们改变现实的决心和动力，却浑不知已经将事实和理想混为一谈。正如 I. 沃勒斯坦所指出的，"获得'更多'，就是发展，这是普罗米修斯式的神话，是一切欲望的实现，是享乐与权势的结合，也可说是两者的融合。每个人的内心深处都有欲望。作为一个历史体系的资本主义世界经济，使这些欲望在社会上首次合法化。'积累，再积累！'是资本主义的主旨，事实上，在这个资本主义体系中，科学——技术成果创造了人皆可见、因庞大积累而产生的壮观景象，让世界人口百分之十至二十的人享受令人瞠目的消费水平。总之，实现无尽积累的梦想已经不仅合法化，而且在某种意义上貌似可行"[1]。

正因如此，经济增长优先的发展模式被发展中国家普遍采用。但是，在广大的发展中国家，"经济增长优先的模式在经济和社会两方面都是失败的，因为它并未加强第三世界本身的经济结构，倒是做了大量损害农村生产者的物质利益和社会利益的事"[2]。事实表明，有些国家经济增长速度虽然很快，但仍然未能取得普遍的社会进步，出现了所谓"没有发展的增长"的状况。因此，在 20 世纪 60 年代末 70 年代初，这种经济优先的发展模式受到了来自多方面的批判。正是在对发展经济学的批判之中，一种新的发展概念逐渐受到了人们的重视。这种新的发展概念要求把人类社会作为一个整体来研究，强调对社会发展的考察应以揭示特定形态社会（国家、民族是其具体表现形式）自身的要素、结构、功能的变化状况为目标。而且在这种研究中，作为社会活动者的人，始终处于活动的中心。正如 F. 佩鲁所言，"我个人的信念是，对发展的注意预示着经济学及其所应用的分析工具领域中的各种根本变革。其要点在于发展同作为主体和行为者的人有关，同人类社会及其目标和显然正在不断演变的目的有关。一旦接受了发展的观念，就可望出现一系列新的发展，与之相应的是人类价值观念方面的相继变革，在历史上，这些价

---

[1] 沃勒斯坦：《发展是指路明灯还是幻象？》，载许宝强、汪晖编《发展的幻象》，中央编译出版社，2001，第 4~5 页。
[2] 安德鲁·韦伯斯特：《发展社会学》，华夏出版社，1987，第 15 页。

值观念正是以这种方式转化为行为和活动的"①。这样，对发展问题的价值研究，就使作为发展主体的人的意义得以体现，从而为揭示发展的本质创造了条件。

三 人：发展的最终目的

上述对发展内涵的分析表明，发展首先是一种事实，即人类社会自身现实的变迁过程。因此，发展问题的研究首先是一种事实的研究，即对人类社会变迁的动力、过程及未来的研究。但也正因为这是人类社会变迁的过程，在其中包含了人活动的内容，因此它就与纯自然的过程不同，而是一种蕴含着价值的判断，在其中展示了人生存的意义。因此，发展又是人的多种价值要求的集合，发展研究过程中对人类社会不同层面的关注，所揭示的实质上就是人的生存的不同层面。人类社会的发展，最终表现为人类自身生存方式的变迁。因此，只有当人类社会的发展作为一个整体展现出来之时，发展的深层内涵才有可能得以显现。历史上出现的诸多对发展内涵的不同理解，构成了一个人对自身存在和发展认识的一个完整的序列。人们的理解之所以不同，主要是因为不同的时代人类社会的发展状况以及面临的主要任务不同。

就客观主义的发展观来看，可以说它是西方的进步观念与近代自然科学的一个复合体，是那个特定时代的产物。在人类尚不能够理解自身的存在和发展问题时，对人类社会的发展问题的解释也就只能求助于外部世界的客观必然性。在古希腊表现为一种世界目的论，而在中世纪则表现为对上帝天国的永恒追寻。这种"哲学史上的发展虽然在最终的意义上是与现实相关的，但在直接意义上则产生于哲学家之平静的、无时间性的哲学思辨，与现实的社会运动无直接联系。所以这种发展观具有一种理想主义和乌托邦色彩"②。自文艺复兴以后，随着人类对自身生活的世界认识的逐步深入，人们对社会发

---

① F. 佩鲁：《新发展观》，华夏出版社，1987，第1~2页。
② 丁立群：《发展：在哲学人类学的视野内》，黑龙江教育出版社，1995，第2~3页。

展的关注逐渐转到移现实中来。在当时,"自然科学不仅是在时间上的先行部分,而且也是决定性的主导部分。与此相适应,哲学却是借助数学自然科学的方法原则构画一个清楚明了的现实图画的目标。因此,需要将自然科学中已经获得证实的方法有效地运用于哲学,并将其扩展为所有认识领域中对客观现实认识的有效的工具"①,即哲学对于世界的解释是建立在自然科学的基础之上的。而进化论是当时所有的自然科学中唯一把世界作为一个过程来阐述的自然科学理论,因此它自然就成为解释人类社会发展的基础。这种客观主义的发展观的贡献在于:它把整个世界的发展视为一个现实的过程,并力图在世界之内对世界的发展做出解释。

发展经济学的发展概念是客观主义发展观的进一步现实化。经济增长模式的发展观从表面上看是以物为中心来看待发展问题的,但就其深层内涵来看,其基础仍是客观主义的。只是由于其兴起之时,社会发展主要体现在经济领域之中,从而使其以经济领域的分析来替代整个社会的发展,无论是对18世纪的古典经济学来说还是第二次世界大战之后兴起的发展经济学来说都是如此。可以说,发展经济学对社会经济发展的研究,对于社会的经济发展特别是西方社会经济的发展确实起到了重大的推动作用。但是,由于它把经济的发展作为终极的目标,从而导致一种"畸形的发展"。正如F.佩鲁所指出的,"在整个人类发展中,社会和个人都曾沉浸于定性价值中。它们把一种有意或无意传达的意义赋予语言中的各种符号和隐喻,这种东西或者构成能以文字交流的东西的基础,或者超越了文字的含意。对平均值进行统计、加减和计算并把它们组合起来的经济学家和社会学家身不由己,都把全部注意力集中于物和物质对象上。但此路不通,因为不论社会还是人,都不是物"②。

正是在对这种发展经济学的批判中,逐渐形成了一种全新的人本主义的发展观。

---

① 《马克思恩格斯全集》第2卷,人民出版社,1957,第118~119页。
② F.佩鲁:《新发展观》,华夏出版社,1987,第38页。

这种人本主义的发展观的核心在于从作为社会活动主体的人出发来看待发展问题。任何发展都不是脱离主体的抽象发展，而是同人的进步和完善分不开的，社会的进步和发展实质上是人进步与发展的表现。因此，"必须牢牢记住，个人的发展、个人的自由，是所有发展形式的主要动力之一。这种个人的发展和自由能够在每个人所赞成的和在其各种活动中所感受到的各种价值范围内充分实现他们的潜力"[1]。但是，"人的身体是稳定的，以下理由可以说明：人的工具属于身体之外。一个不制造工具的动物，在改变机能时必须去适应，换言之其机体必须改变，以执行新的功能。而人改变机能时，无须适应，因为工具在身体之外，他只需制造新的工具。因此人类的未来绝不是身体解剖或外部形态的变化，而是其思想、意识形态、技术等等的发展。这产生了一个重要的、可以说相当严重的后果：人类成为其自身命运的主人。亚人类的进化现象可能是由自然选择和环境的作用导致的；而对人类而言，这种进化现象的发展则受到自身行为的影响。目前人类必须引导生命的进程。而正是这一点赋予问题以严肃性，因为人类对生命负有责任"[2]。这就意味着在人的发展的过程中，只有人作为一个独立的个体的主体能够自由自觉地把握自身的命运，人的发展才能真正得到实现。而且在发展过程中所能改变的并不是人之肉体的存在，而只能是由人通过自己创造的文化所建构起来的人之生存方式。因此，就社会发展的三个主要的层面而言，精神层面的发展是根本，其目的就在于人之主体性的实现；制度层面和物质层面的发展次之，其主要是促进人自身发展的手段。这三个层面是相互制约的，物质和制度层面为精神层面的发展提供前提和基础，而精神的层面则必须引导前两者的发展。社会进步的真正实现并不在于物质和制度层面，而在于人的精神层面，没有人的精神层面的进步，社会制度层面的变革就不可能完成，物质层面的进步也是不可能实现的。物质层面的发展如果没有精神层面的规约，正如一句俗话所说的，"盲人骑瞎马，跑得越快所造成的伤害就越大"。

---

[1] F. 佩鲁：《新发展观》，华夏出版社，1987，第175页。
[2] 埃米尔·诺埃尔：《今日达尔文主义》，北京大学出版社，2000，第71~72页。

因此，我们可以说，发展既是一种事实，也是一种价值。就其作为一种事实，发展是人类社会生活本身的变化，例如物质产品的丰富、居住条件的改善、政治参与范围的扩大等，是可以用指标体系来标示出来的变化。而作为一种价值的发展，则是寓于发展的事实之中的，正是在考察发展事实的指标体系中，标示出对于发展的价值判断。"指标会给人一种假象，仿佛它在价值方面是中立的。然而，指标与之有关的那些事实都是社会现实，在任何有组织的社会中，它们的内容都是规范的，……无论明显与否，各种指标体系都是规范的，甚至早在因使用方式使它们成为规范之前，它们就由于其主体而成为规范的了。"[1] 也就是说，对发展事实的每一方面的分析，都包含着一种确定的价值。因此，发展就不仅仅是人类社会某一方面的变化，而是人之生存方式整体的变迁，它涉及人类社会生活的一切领域，无论是在物质生活领域，还是在精神生活领域。而且一切领域的变革都是以人的生存方式的变迁为起点的，并最终归结为人的生存方式的变迁。

---

[1] F. 佩鲁：《新发展观》，华夏出版社，1987，第34页。

现代性与中国日常思维变革

贺 苗[*]

一 日常思维基本图式和文化转型

日常思维作为人类最普遍的一种思维活动,一直是自在自发地指导着人们的日常生活实践。日常思维作为与日常生活相对应的哲学范畴,总是或隐或显地持续贯穿在人们的日常生产、日常消费和日常交往过程中。在日常生活批判的视域内,本文认为日常思维本质上是一种具有普适性的非定型化的综合思维,它以重复性的、给定性的、自在自发的特征为主,又兼收并蓄地分有各种思维的共性,从而不拘一格地描述着日常生活中深浅不同的秩序。日常思维的基本图式主要表现在两个方面,一方面是在人与自然或人与物的关系上,人们在日常生活中往往凭借经验思维和常识思维自在自发地进行维持个体生存与再生产的各种活动,这是日常思维的经验图式或常识图式,它以重复性、自发性、实用性为基本特征,这与非日常思维的自觉性、反思性和创造性特征相区别。另一方面是在人与人的主体间关系上,人们基本上遵循世代相承的各种风俗、习俗、礼俗等进行日常交往活动,因此日常思维的基本图式主要表现为礼俗性思维或习俗性思维,它具有礼俗性、情感性、不平等性的特征,这与非日常交往活动所具有平等的、契约化的、理性化的思

---

[*] 贺苗,黑龙江大学文化哲学研究中心兼职研究员,主要从事哲学、中国文学和社会学及统计学研究。

维特征相区别。

基于对日常思维及其基本图式的这些理解，我们需要对日常思维的转型加以限定。根据不同国家、不同地区现代化的程度，我们至少可以区分出两种性质不同的日常思维转型机制，一是由传统的农业文明向现代的工业文明转型的过程中，现代的非日常的理性思维不断超越、不断更新传统的日常思维，使个体从传统思维方式的束缚中摆脱，主动去接受富有创造性和自觉性的非日常思维观念。二是在高度发达的工业文明或后工业文明中，现代性的消极后果日益突出和显露，日常思维随着日常生活的不断异化变得更加破碎、模糊和不确定。如何扬弃日常思维的异化，重建人类的精神家园，业已成为21世纪人类共同面对和亟待破解的难题。

考虑到中国社会异常发达的传统日常生活世界，本文主要以前工业文明条件下的传统的日常思维为基本模式，以日常思维与非日常思维的划分为理论前提，对以自在自发性、给定性、重复性、实用性、保守性为主要特征的日常思维进行批判与变革，试图从人类内在的思维层面探寻一条人类由自在自发的生存状态向自由自觉的生存状态跃迁的道路。从根本上说，现代化不仅仅意味着经济的增长和科技的进步，而应当是人自身的现代化，特别是人的观念和思维的现代化。而人自身的现代化绝不是少数精英分子思维观念的现代化，而是广大的普通民众思维观念的现代化。正是在这个意义上，本文将日常思维与现代性进行关联，探讨现代性思维机制对传统日常思维的改造或变革。

二 现代性与思维的反思性

（一）现代性的多维视野

现代性（Modernity），是一个极为复杂、包容性极强的范畴，涉及哲学、政治、经济、社会与文化等不同领域。随着全球化时代的来临，现代性问题日益成为一种世界性的文化现象。对"现代性"的反思、批判与重建自然也成为中西方哲学相互融合、相互借鉴的一个极富生命力的交汇点。然而，人们迄今为止仍然很难给出一个确定无疑的"现代性"概念。这是因为现代性这一概念并不是孤立存在的，它总是与其他概念，如"现代化"（modernization）、"现代主义"（modernism）、"后现代主义"（post-modernism）、"前现代性"（pre-modernity）、"后现代性"（post-modernity）等不可分割地交织在一起，构成一个交相辉映、扑朔迷离的概念"星丛"。正如有的学者对现代性概念所分析的那样，"因为它所指或能指的都不只是一种时间性向度，还是一种极其复杂、充满内在矛盾的文明或文化过程，一种悖论式的实践价值取向，一种交织着内在紧张和冲突的存在结构，一种看似透明却又诸多暧昧的生活样式，以及一种夹杂着乐观主义想象与悲观主义情结、确信与困顿的人类精神状态"[1]。实际上，只要浏览一下在世界范围内产生重大影响的思想家和理论家有关现代性的阐释，就可以发现现代性所包含的多维视野。

第一，从时间跨度来看，现代性标志着西方历史中一个特定的时期。美国学者凯尔纳和贝斯特就曾指出，"现代性一词指涉各种经济的、政治的、社会的以及文化的转型。正如马克思、韦伯及其他思想家所阐释的那样，现代性是一个历史断代术语，指涉紧随'中世纪'或封建主义时代而来的那个时代"[2]。对于马克思来说，现代性代表着"每个毛孔都散发着铜臭和血腥"的资本主义世界；对于韦伯来说，现代性是西方自启蒙运动以来发展出的一套有关资本主义精神不断世俗化、理性化的理论。

第二，现代性是一种独特的社会生活或制度模式。吉登斯明确地将现代性理解为一种社会制度，他说："现代性是指社会生活或组织模式，大约十七世纪出现在欧洲，并且在后来的岁月里，程度不同地在世界范围内产生着影响。"[3]"它涉及：(1) 对世界的一系列态度、关于实现世界向人类干预所

---

[1] 万俊人：《现代性的伦理话语》，黑龙江人民出版社，2002，第133页。
[2] 道格拉斯·凯尔纳、斯蒂文·贝斯特：《后现代理论》，张志斌译，中央编译出版社，2001，第2~3页。
[3] 安东尼·吉登斯：《现代性的后果》，译林出版社，2000，第1页。

造成的转变开放的想法;(2)复杂的经济制度,特别是工业生产和市场经济;(3)系列的政治制度,包括民族国家和民主。"①从这个意义上,现代性包括了世界观、经济制度、政治制度等一系列制度性的转变。

第三,现代性是一项"未完成的设计"(哈贝马斯语)。在哈贝马斯看来,现代性是一项包含着尚未实现解放潜能的未竟事业。"启蒙和理性提供了一份既具有进步的一面同时又具有倒退的一面的双重遗产:对哈贝马斯来说,民主、文化分化以及批判理性等都是进步的,而工具理性向所有生活领域的扩张则是破坏性的。"②哈贝马斯对现代性采用的是一种重建而非解构的方法,他提出从工具理性到交往理性,从意识哲学到交往哲学的现代性重建路线,旨在用新的模式和标准批判现代性压迫和破坏的一面,保持和发扬其内在的基本价值。

第四,现代性是一种对客观历史巨变的特定体验。马歇尔·伯曼在其著作《一切坚固的东西都烟消云散了》中强调,"所谓现代性,就是发现我们自己身处一种环境之中,这种环境允许我们去历险,去获得权力、快乐和成长,去改变我们自己和世界,但与此同时它又威胁要摧毁我们拥有的一切,摧毁我们所知的一切,摧毁我们表现出来的一切。现代的环境和经验直接跨越了一切地理和民族的、阶级的和国籍的、宗教的和意识形态的界限:在这个意义上,可以说现代性把全人类都统一到了一起。但这是一个含有悖论的统一,一个不统一的统一:它将我们所有的人都倒进了一个不断崩溃与更新、斗争与冲突、模棱两可与痛苦的大旋涡"③。现代的人,就是要在这个不断崩溃和重生、麻烦和痛苦的大旋涡中,去寻求和体验"那猛烈而危险的大潮所允许的实在、美、自由和正义"④。

---

[1] 安东尼·吉登斯、克里斯托弗·皮尔森:《现代性——吉登斯访谈录》,尹宏毅译,新华出版社,2001,第69页。
[2] 道格拉斯·凯尔纳、斯蒂文·贝斯特:《后现代理论》,张志斌译,中央编译出版社,2001,第310页。
[3] 马歇尔·伯曼:《一切坚固的东西都烟消云散了》,徐大建等译,商务印书馆,2003,第15页。
[4] 马歇尔·伯曼:《一切坚固的东西都烟消云散了》,徐大建等译,商务印书馆,2003,第461页。

第五，现代性是一种关注现在的"精神气质"。对于现代性问题，福柯更倾向于采用系谱学和考古学的方法，他将现代性理解为一种批判质疑的态度或精神气质。他说："所谓态度，我指的是与当代现实相联系的模式；一种由特定人民所作的志愿的选择；最后，一种思想和感觉的方式，也就是一种行为和举止的方式，在一个和相同的时刻，这种方式标志着一种归属的关系并把它表述为一种任务。无疑，它有点像希腊人所称的社会精神气质（ethos）。"① 对于福柯来说，现代性不是一个历史分期，也不是一个社会学概念，从本质上是一种对现实进行"批判性质询"的时代精神。

从以上关于现代性有限的论述中，我们可以发现这样一个事实，即不同的学科、不同的流派、不同的研究者对现代性问题的理解存在很大的分歧。因此，现代性本身就是一个不确定的多义性的总体性范畴，也是一个悬而未决的难题。随着国内外学者将现代性问题日益"课题化"，对现代性的多元阐释也不断地衍生出来。在这里，我们仅从一种整合的视角，将现代性理解为西方工业社会启蒙运动和现代化进程中形成的社会运行机制和文化精神，它代表着迄今为止人类在政治、经济、文化等方面最为深刻的转型。在这个意义上，现代性更多地体现为一种理性的、启蒙的、民主的、契约性的、批判性的文化精神，而这些特征无疑构成了现代性思维机制的本质内涵。

（二）现代性的思维机制

现代性蕴含着极为丰富的文化内涵，造成了人类历史进程中一次最为深刻的"断裂"，给人们的心理、思维模式带来了前所未有的冲击和震撼，引发了人们日常生活和日常思维最深层的变革与重建，它"以前所未有的方式，把我们抛离了所有类型的社会秩序的轨道，从而形成了其生活形态"②。

吉登斯在《现代性的后果》中用"时空分离""脱域"（disembeding）等

---

① 福柯：《何为启蒙》，引自汪晖等主编《文化与公共性》，生活·读书·新知三联书店，1998，第430页。
② 安东尼·吉登斯：《现代性的后果》，译林出版社，2000，第4页。

概念来解释现代性与传统之间的深刻断裂,从而揭示现代性的动力机制。吉登斯认为,时间与空间的分离,是理解现代性的关键环节。在前现代社会,对于大多数人来说,时间一直和空间(地点)相联系,空间和地点也总是一致的,社会生活的时空维度均受"在场"(presence)支配。这是典型的传统社会所固有的生存和思维方式。在现代性社会,时间的"虚化"与空间的"虚化"造成了时空的分离。这种时空分离,使主体从"在场"走向"缺场",为社会系统的"脱域"创造了条件,开启了变迁的多种可能性。吉登斯说:"所谓脱域,我指的是社会关系从彼此互动的地域性关联中,从通过对不确定的时间的无限穿越而被重构的关联中'脱离出来'。"[①] 当社会关系穿越了无限的时空从自然的地域性关联中脱离出来的时候,需要用新的理性化的社会运行机制再嵌入(re-embedding)。"所有的脱域机制都与再嵌入之行动的情境发生互动。"[②] 吉登斯主要区分了两种脱域类型,一是以货币符号为代表的象征符号(symb1ic tokens),一是由技术成就和专业队伍组成的专家系统(expert system)。在吉登斯看来,时空分离和重组导致社会关系的"脱域"和"再嵌入",这是现代性生成的动力机制。通过对这一过程的分析,我们可以看到,传统社会与现代社会之间这种全方位的特殊的断裂,也正是这种深刻的断裂将现代性自身规定为一种超越于传统、与传统根本不同的文化精神。在这个意义上,理性、自由、民主、平等、总体性、自我意识、批判精神等不仅仅是现代性的根本特征,也成为现代性的思维机制的应有之义。实际上,现代性的思维机制所表现出来的人类精神不断理性化的过程,就是科学和哲学等所代表的非日常的理性思维不断普遍化和极端化的过程。

随着全球化、信息化、数字化时代的到来,人们无时无刻不处在现代性的后果中。现代性的话语和理性化的现代思维在人类实践的各个领域都发挥着无所不在的影响。从哲学的意义上看,理性或理性主义无疑是现代性的思维机制中最核心的概念。上启古希腊哲学下至近代哲学,理性主义一直在西

[①] 安东尼·吉登斯:《现代性的后果》,译林出版社,2000,第18页。
[②] 安东尼·吉登斯:《现代性的后果》,译林出版社,2000,第69页。

方哲学中占有重要地位。特别是启蒙运动以来，哲学家们对理性的作用有了更加深刻的认识。黑格尔非常强调理性的绝对力量，将理性视为人类精神的最高表现。他说："凡是合乎理性的东西都是现实的；凡是现实的东西都是合乎理性的。"① 而这种合乎理性的原则在韦伯那里，则突出表现为工具理性和价值理性的对立和冲突。他在《新教伦理与资本主义精神》一书中集中分析了西方现代资本主义社会全面理性化、世俗化的过程，再现了资本主义精神即资本主义的现代性在政治、经济、科学、文学艺术等各个领域内的理性成就。政治方面的理性化主要表现为行政管理的科层化、制度化，拥有一套可靠的法律体系和按章行事的行政管理制度；经济方面的理性化主要表现为以营利为目的的资本主义企业出现，实行以精确的计算为基础的合理的簿记制度；在科学方面，科学技术的发展依赖于现代科学的独特性，尤其是以数学和准确而合理的实验为基础的自然科学；在艺术方面，现代音乐作品如交响乐、奏鸣曲和歌剧，包括旋律、音节、和声、伴奏及记谱系统等都是合理计算的结果，诸如哥特式建筑的拱顶和空间透视的绘画技巧等无不体现着理性思维的特征。简言之，现代性的思维机制引发了政治、经济、社会、文化等各个领域的重新整合与相互关联，彻底改观了个体的生存和实践方式，改变了人与自然、人与人之间的关系，造成了人类思维观念的根本转变或转型。

由于理性的分化，现代性的影响已经辐射到人类实践的各个领域。通过上面的例子可以看出，虽然现代性在不同的领域中的外在形式和最终结果并不相同，但是它们内在的理性化思维或文化精神却是相通的，都带有非日常的理性思维那种不断超越、不断变化、不断更新的本质特征。一般说来，前现代的或传统的日常思维机制展现的多是血缘关系、家庭本位、等级观念、人情特质、依附关系，具有鲜明的给定性、重复性、经验性、常识性、习俗性、稳定性、保守性和自在自发性等；而现代的理性化的非日常思维机制则表现为追求真理、崇尚自由、个人本位、主体意识、民主契约、公平正义等

---

① 黑格尔:《法哲学原理》，范扬等译，商务印书馆，1961，第 11 页。

现代性的根本特征。在这个意义上，现代性及现代性的思维机制的崛起、兴盛乃至迅猛拓展，其根本原因在于它对自在自发的传统的日常思维的改造和超越。

三 现代性对日常思维的改造

现代性作为一种时代精神或思维观念，其本身就包含着对传统思维方式的否定、质疑和批判。现代性或现代性思维机制所张扬的理性自觉、文化启蒙和人本精神等都极大地冲击了传统文化最顽固的精神堡垒，使整个社会的普遍心理、价值取向及日常思维发生了根本性的变革。在这种全球化的大趋势下，处于同一个"地球村"的中国人也别无选择地迎接现代性的洗礼。然而，古老的中国在被迫接受现代化，并实现它的本土化的同时，却出现了一系列复杂的问题，致使现代性的真正精神在中国的境遇中并没有全方位地普遍植入，仍然处于"不在场"或尚未生成的状态。随着现代性在全世界范围内的推进，传统的日常思维方式的超稳定性对于中国现代化的阻滞作用越发凸显。

一般说来，中国传统文化从总体上属于一种自然主义或经验主义的文化模式，而作为凝结着传统文化精髓的思维方式无疑也具有自然主义或经验主义的特征。与西方崇尚理性、追求自由的精神相比，中国传统的日常思维在本质上更多地表现为自在自发性、重复性、经验性、习俗性、礼俗性的特征。这些特征不是表层的、外在的，而是融入血液中、深刻到骨髓里的，因而它具有一种特殊的牢固性和超稳定性，既能够顽强地抵御外来的侵入势力，也能消极地阻滞一切变革和转型的力量。我们不妨结合日常思维的基本图式来做如下分析：一是从日常思维的经验图式或常识图式来看，传统的日常思维鲜明地体现为自发性、重复性、保守性和持久性。中国传统日常思维模式根植于成熟的农本社会，自给自足的自然经济使人们日复一日、年复一年地从事基本物质资料的生产与再生产。如果没有大的自然灾害或者动乱，日常生活的主体即广大农民基本上过着一种重复单调却安宁稳定的自然生活，很少有较大的流动和变化。二是从日常思维的习俗性图式或礼俗性图式来看，传统日常思维的人情化、礼俗性、习俗性的特征也是同样突出的。中国传统的农本社会是培植中国人家庭伦理观念最为直接的摇篮，是一个以血缘关系、家庭本位、伦理纲常为特征而建立起来的情感化、人情化世界。虽然这两种思维范式在人与自然、人与人这两种基本关系上表现的具体特征各有所侧重，但是它们都不约而同地体现出中国人思维观念中最根深蒂固的愿望，即追求一种安宁、稳定、和谐的生存方式。这种生存方式一旦内化到思维观念中就会形成一种极其稳定甚至异常顽固的思维定式，从而不仅仅塑造着个体的日常观念与行为，而且对整个民族的文化模式都将产生深远影响。因此，中国传统的日常思维的超稳定性特质，成为中国的现代性生成和日常思维转型最顽固的羁绊之一。

更为复杂的情况是，中国现代性尚未生成，即面临前现代的、现代的、后现代的多元文化景观共同作用的局面。不同的观点、观念、思想、意识新旧并举，使日常观念世界杂糅成一个"不安分"甚至有些混乱的复合体。处于最底层的是以"天人合一"为内涵的传统文化和以血缘关系为基础人伦观念，二者以自发的无意识的方式积淀下来，它们所产生的负面因子如顽固不化的经验模式、无所不在的人情模式、根深蒂固的思维定式等，严重地阻碍了日常思维的变革。处于中间一层的是包含着多维向度的现代性精神，往往通过异化、畸变的形式变成日常思维中最实用的主体部分，它所带来的如工具理性、大众文化、消费主义等造成了人类身心不同程度的异化与盲从。然而，现代性的文化精神还未在人们心中立稳根基之时，后现代文化精神又以削平深度、解构、差异、游戏等另类姿态形成对现代性的消解，成为日常思维中最"浮躁"的表层。面临传统的、现代的、后现代的错综复杂的文化因素的层层制约，日常思维的转型与重建变得异常艰难而复杂。但是不管是什么样的文化阻滞力，有一个确定无疑的事实是不会改变的，那就是以现代性为核心的文化转型，这也是中国百年来别无选择的选择。在这里，本文拟从日常思维的基本图式入手，有针对性地来探讨现代性思维机制对日常思维的改造问题。

第一，个体的主体性和自我意识的确立。

主体性和自我意识是现代性的本质规定性之一，也是个体超越自在自发的思维状态的重要标志。在中国传统思维形态中，从本质上说是没有主体位置的。无论是日常思维的经验思维图式还是习俗性思维图式，人们往往在家庭、血缘、纲常、伦理等交织而成的关系网络中进行交往活动，按照世代相传的经验、常识、习俗、习惯、礼俗等自在自发地进行生产和实践。从这个意义上，在传统日常思维中，主体性或自我意识是根本不在场的，现代意义上的人并没有出现。

人作为主体而存在是近代以来才真正确立起来的。换言之，主体性和自我意识从根本上是现代性应有的本质特征。西方社会自文艺复兴、宗教改革、启蒙运动和法国大革命以来，人的主体性和自我意识不断高涨。这一趋势反映在哲学上，就是历来为哲学家或认同或批判的主体性原则。从笛卡尔的"我思故我在"到康德的"人为自然立法"再到黑格尔的"实体即主体"的论断，我们可以清晰地看到人的主体性地位一路攀升、壮大的趋势。总体说来，主体性和自我意识的确立，是个体由自在自发生存状态进入自由自觉生存状态的标志，它突出了人和自然、人和世界的关系中人作为主体的优先地位。人是目的而不是手段，人的最高本质在于人本身，人是为自由而去追求真理，去进行自我创造的。在这个意义上，作为现代性思维机制的本质规定性之一，主体性和自我意识无疑是推进日常思维的转型与变革的积极力量。

第二，平等的、民主的、契约的公共文化精神。

与传统那种经验化的、人情化的日常思维相比，平等的、民主的、契约的公共文化精神毫无疑问地成为现代性思维机制的本质特征。随着个体的主体性、自我意识、创造性、批判精神的成长，一个以平等交往和普遍同意为基础的公共生活领域开始形成。显而易见，在前现代社会中并不存在这种介于国家与社会之间的相对独立的公共领域，只有以血缘关系为基础而形成的私人家庭生活领域和集权专制的国家。

相对独立的公共生活领域的出现，构成了理性化的公共文化精神的寓所。换言之，平等的、民主的、契约的公共文化精神不仅仅是现代性思维机制的本质规定性，也是现代化进程中公共生活领域的产物。实际上，很多哲学家、思想家像卢梭、黑格尔、马克思、葛兰西、哈贝马斯等都从不同侧面关注到这一重要问题。哈贝马斯通过对资产阶级公共领域运行机制的分析，确立了一个处于私人领域和公共权力领域之间的相对独立的中间地带，即公共领域。在他看来，公共领域首先是一个以契约关系为前提的批判领域，它营造出一种平等的、自由的、批判的公众舆论氛围。在这个领域中，人们始终保持公开讨论、批评监督的权利，可以对共同关注的话题进行平等的对话和交流，从而形成一种不掺杂个人偏好的自由的、民主的公众舆论氛围。从这个意义上说，公共文化精神所具有的自由、平等、民主、契约等特征，从根本上超越或变革了传统经验思维和习俗性思维所带有的自在自发性、重复性、保守性、依附性、人情化等特征。

第三，用科学、艺术、哲学等现代的非日常思维不断改变、提升、超越日常思维的世界图景和价值观念，自觉抵制日常思维的同化作用，促进日常思维和非日常思维的和谐发展。

在现代化的文化启蒙中，现代教育无疑是帮助人们走出传统的日常生活世界，以现代人的崭新姿态接受新观念、新知识的重要途径。赫勒在《日常生活》一书中指出，"在以未来为定向的社会中，有关日常思维内涵的最显著的东西是它变化的迅速。在这种社会中，不仅青年人为他们的知道内容越来越多地寻找其他来源，而且老年人也被召唤去'重新学习'和掌握用于日常生活的新知识"[1]。现代的教育要确立个体主动学习、自觉学习、终身学习的理念。

个体需要适时地按照现代性的需求调整、更新知识结构，使个体现有的知识储备主动地"收缩"或"膨胀"。一方面，当个体固有的知识体系、思

---

[1] 阿格妮丝·赫勒：《日常生活》，衣俊卿译，重庆出版社，1990，第201页。

想观念、理论方法等已与时代精神不相符合时，要抛弃落后的、僵化的、不合理的知识系统，从而使自己的知识库存得到有效的"收缩"，使思维观念得以更新。另一方面，个体的知识库也要适时的"膨胀"，"知识可以从'自为的'类本质对象化领域渗入，或被有意识地引导入日常生活领域"[1]。这意味着科学、艺术、哲学等非日常的知识向日常生活的渗入，但这应是非日常思维即现代性本质精神的完整渗入，而不是片段的或以异化的形态进入日常生活领域。

不过，需要指出的是，现代性并非完美无缺，其也面临不可避免的危机。正如有的学者评论的那样，"现代性越显得无畏、无休与创新，它的问题就越大。它越把自己当作人类成就的高峰，它的阴暗的一面就越明显"[2]。面对这个矛盾重重、异常复杂的现代性问题，我们不能盲目地全盘接受，也不能完全拒斥。就本文的主题而言，一方面，现代性或现代的非日常的理性思维构成了对传统日常思维方式的最彻底最有效的冲击与颠覆，造成了日常思维的深刻变革或转型；另一方面，现代性本身也具有难以消融的痼疾，需要不断地反思、调整、续写和重建。

---

[1] 阿格妮丝·赫勒：《日常生活》，衣俊卿译，重庆出版社，1990，第202页。
[2] 周宪主编《文化现代性精粹读本》，中国人民大学出版社，2006，第52页。

范式的悖论与决定论批判

——马尔库什的范式理论述评

孙建茵 *

20世纪五六十年代，在匈牙利境内，一批青年学者师从西方马克思主义著名学者卢卡奇，从事哲学、社会学等领域的研究。他们用集中讨论、合作研究的形式交换意见、借鉴思想，形成了一种对话性的、积极的学术氛围。后来，这个团体因理论诉求与旨趣的相似性和统一性，被国际学界命名为"布达佩斯学派"。作为学派的主要成员，乔治·马尔库什（Georg Markus）从青年马克思的思想中汲取了力量，开始了对人类现实问题的哲学思考。20世纪70年代，迫于时局的压力，赫勒、马尔库什等学派的核心成员选择移居国外并开始了微观的研究转向。正是在这种东西方语境的碰撞与融合的过程中，马尔库什构建了自己的文化批判理论，范式理论就成为其中重要的批判主题之一。

"范式"概念是现代哲学中的一个重要的议题。根据托马斯·库恩（Thomas S.Kuhn）在《科学革命的结构》一书中对范式概念的基本论述，我们可以归纳总结出人文学科中的范式所具有的内在含义。[①] 概括地说，范式是一种有关信念、思想、认识的共同理解和价值判断。从更广泛的意义上说，就是人类共同的生存和活动模式。因此，从一种范式理论中可以发现文化现

---

* 孙建茵，黑龙江大学马克思主义学院教授，主要从事国外马克思主义研究。
① 托马斯·库恩（Thomas S.Kuhn）:《科学革命的结构》，金吾伦、胡新和译，北京大学出版社，2003。

象背后蕴藏的世界观和方法论。马尔库什从语言与生产这两种范式之间的悖论关系入手，以波普尔的语言－知识范式为代表，批判了语言范式中的进化论特征以及可能导致决定论思维的困境，同时肯定了生产范式在解释社会历史发展模式时对人的实践性的张扬。马尔库什的范式理论一经提出便引起了学界的广泛关注，围绕着生产范式、语言范式和交往范式之间的关系，他与包括哈贝马斯、赫勒在内的多位哲学家展开了深入的探讨和理论交锋。作为东欧新马克思主义的代表，马尔库什的理论不仅凸显了反教条主义的理论诉求，也融合了对现代性危机以及人类生存方式的思考。因此，本文将力图展示马尔库什范式理论的核心思想，并对其中蕴含的东欧新马克思主义的理论特色予以评述。

一 语言范式与生产范式的悖论

正如前文提到的那样，从广义的角度来看，一种范式理论能够反映思想家对人类的活动方式以及历史发展模式的理解。在马尔库什看来，今天在我们的哲学中存在两种主要的范式：语言与生产。这两种范式代表了当代哲学和社会学思想解说人类处境的不同方式。事实上，两种范式理论分别代表着在实际的社会生活和交往的世界中人类活动存在的可能性，与此同时，也显示了各自不可避免的局限性。正如鲍曼所言，处于悖论关系的两个方面是有着同一根源的。[①] 马尔库什认为，语言与生产同样肇始于启蒙这一伟大的计划。因此，从总体上说两种范式理论都是在现代性条件下对同一问题的探讨，那就是在个体彼此以及与周围世界的交互活动中所形成的主体间结构到底是怎样的一种关系。然而，探讨的主题虽然是一致的，但是在结论上，围绕着两种范式的理解则产生了根本上的分歧。语言范式认为主体间的关系隶属于语言学上的行动模式，而生产范式则认为人与人之间的关系是物质生活制度

---

① 参见齐格蒙特·鲍曼《作为实践的文化》，郑莉译，北京大学出版社，2009。

化的再生产过程中的相互作用。这种不同的理论立场和阐释所产生的后果绝不仅仅局限于理论范围之内。正如马尔库什所言:"虽然把范式上的功能归于'语言'或者归于'生产',并不能在这样界定的过程或活动中把什么才是范式的内容作以决定(因为对于同一种范式存在各种概念阐释的可能性),但是基本的选择为我们打开,或强加给我们明显不同的方式,也就是对于个人和他们的集体与历史变革过程之间关系的不同理解。这些范式在有意识地反思和积极地干预历史发生的方式上,代表了两种大相径庭的条件和限定。而根据这些不同的解释框架,我们人类自由之意义的可能性也由此发生了根本改变。"[1] 因此,马尔库什从发展脉络上梳理了两种范式所代表的不同的研究倾向。

一方面,语言范式的产生与"反主体主义"的哲学转向是密不可分的。如果要用一些关键词来描述 20 世纪哲学复杂而又富于革命性的图景的话,那么"反主体主义"便代表了其中一个主要的发展趋势。概括地说,主体主义哲学的内涵就是指现代形而上学,就是以"主观意识"、"我思"或"自我意识"为核心的哲学建构。从这个意义上说,笛卡尔的哲学一直到黑格尔的绝对精神理论都属于主体主义的哲学范畴。反主体主义意味着对两种概念框架的拒斥,一方面是反对传统形而上学在主体与自然的客体世界之间的关系,另一方面反对超出主体的构成客体世界的认识论理论。因此,反主体主义的哲学反思不再是从个体意识的必然性出发,而是转而从主体间性的角度研究各种历史中个体之间的交往形式。在这种反主体主义的浪潮中,科学主义和人本主义都在理论中发生了语言学的研究转向。

对此,马尔库什将 20 世纪的反主体主义哲学转向归纳为两种形式:一种形式是主体主义哲学内部的自我转变,另一种形式是主体哲学之外的语言学转向。虽然这两种趋势具有不同的来源和思想谱系,但是它们彼此交织形成了一种特征,那就是:这些理论普遍认为,语言和语言学的交流变成一切人类交往和人类对象化形式的一般范式。这种共同的研究转向,使许多古老

---

[1] Gyorgy Markus, *Language and Production: A Critique of the Paradigms*, Dordrecht: D. Reidel, 1986, xiii.

问题在新的概念框架下得以重新讨论和阐述。也正是基于这种转向,语言范式得以最终提出。正如马尔库什所言:"语言,相应地,不是简单地被当作哲学研究的中心或唯一保留的主题(正如在早期的逻辑实证主义和分析哲学中那样),而是作为起点和导向性的模式,对它的研究将以一种有意义的方式重拾并收复传统哲学中许多意识形态的、人类学的和社会的关注点。"①

另一方面,生产范式是马克思唯物主义理论转向的重要内涵。毋庸置疑,马克思的唯物主义最主要的特征就是一种实践的品格。纵观马克思早期思想的发展,可以发现促使马克思从唯心主义向唯物主义转向的动力,不是形而上学的思辨或者认识论上的反思,而是努力寻找解决现实社会问题的方案。因此,在实践的唯物主义理论中,社会的物质生活条件和人类的物质生命活动不再是唯心主义理论中的一种可以变革的原则,而是为了迎接即将到来的、根本的社会改革而必然发生决定性社会斗争的现实领域和地带。事实上,马克思的唯物主义理论虽然最终要导向一种实践,但是在理论上同样具有一种"打破"传统的重要的转向意义。因此,马克思唯物主义基于上述的变化,必然涉及重要的概念框架的变革和转向。观念已经不再被认为是特殊的存在(Seiende)形式,所以马克思主义理论的基本问题不再是传统形而上学所关注的问题,而是变成澄清观念与现实物质实体的关系。也就是说,观念开始被理解为一定的、历史上特殊的人类活动的产物。由此,新的概念框架要回答的问题首先是这种特殊的"生产活动"与人类所有结构上分化的社会活动之间是一种什么关系。在这个方面,马尔库什指出,马克思在《经济学哲学手稿》中就曾经明确表述过,宗教、家庭、国家、法律、道德、科学、艺术等都不过是生产的特殊形式,而且都要受控于生产的一般规律和法则。这一论述说明,马克思主义理论其实设定了一个更广阔、潜在的前提,那就是物质生产范式上的特征对于理解所有人类社会生活现象都是有效的。由此,马尔库什指出,马克思在历史唯物主义理论中提出了解读人类活动的生产范式。

---

① Gyorgy Markus, *Language and Production: A Critique of the Paradigms*, Dordrecht: D. Reidel, 1986, p.3.

正是这种生产范式，最终使马克思的唯物主义从直接的传统、从黑格尔哲学、从德国古典唯心主义中分离。

如果从两种范式理论的发展背景出发，生产范式和语言范式其实体现了一种现代性的悖论关系。从共同的根源上看，语言与生产范式的提出都是对现代性文化景观反思的结果。事实上，为了反对启蒙现代性对于主体概念的论述，语言范式与生产范式都是从强调主体间性的概念出发，对哲学传统展开了批判。然而，诞生于同一逻辑的两种范式却选择了根本不同的解释方式。这些差异性决定了它们不可能由一种统一的思想体系来统摄。必须指出的是，对于一对处于悖论关系的两种范式理论，马尔库什并不是要强调两者的对立性、否定语言范式，从而得出一种简单化的价值判断；恰恰相反，在他看来，每一种视角本身都是具有合法性的，不仅如此，两种范式的关系也不是非此即彼的尖锐对立，不仅因为从反主体哲学的角度上说，马克思的生产范式理论与语言范式理论具有某种亲和性，而且在某些方面两者甚至可以共存互补。例如，在我们的日常生活中，两种范式都是人类不可缺少的存在方式。一方面，在人类社会环境下，我们始终处于交流性的彼此理解的过程之中；另一方面，我们也同样通过实践活动参与在物质条件的生产和再生产的劳动分工的社会组织当中。也正是因为这个原因，马尔库什明确指出，简单地将生产范式与语言范式的对立描述成唯物主义与唯心主义的对立是非常肤浅的区分。这样的特征描述既是不够充分的也是误导性的。因为，从某种意义上说，所有这些哲学都是关于对象化的理论，都试图对人类生活的产物以及主客的和主体间的关系给出一种内在的解释。正如马尔库什所言："因为，主体主义把孤立的个人的意识界定为确定性的最终源泉和所有知识的可靠基础。因此，在这个方面，所有这些理论都是反唯心主义的。"[1]从这个角度上看，两种范式并不存在逻辑上的矛盾，只是两种重要的人类活动模式。两种范式理论的存在恰恰说明了历史生活形态的多样性和多重性。然而，这并不能说明可以对

---

[1] Gyorgy Markus, , *Language and Production: A Critique of the Paradigms*, Dordrecht: D. Reidel, 1986, p.38.

两种范式进行随意的调和与汇总，更不代表马尔库什对于两种范式没有明确的主张。语言范式对于人类历史的发展和人类社会活动的解释方式与生产范式是完全不同的。马尔库什不是要在两种范式之间做出优劣的判断，而是要批判语言范式中存在的理论困境，尤其是其中可能导致决定论思维的内在倾向。

二 对波普尔的语言范式的批判

马尔库什批判语言范式的指向之一就是反对其中隐含的决定论的思维导向和研究理路。因此，他以卡尔·波普尔（Karl Popper）的理论为代表展开了对实证主义哲学的语言范式的批判。在对马尔库什的实证主义批判展开论述之前，有必要做出两点说明。其一，从严格意义上说，波普尔对世界和历史的解释应该是属于一种"问题解决"的方式，也就是知识范式。但是在波普尔对知识的论述中，语言成为其中最有代表性的重要范畴，因此马尔库什将波普尔的理论划归于"语言范式"之中，针对其语言-知识范式进行了批判性研究。其二，马尔库什选择波普尔晚期的理论著作作为实证主义研究的对象并不是因为这些论著中的观点代表了实证主义理论典型特征。事实上，波普尔本人完全反对实证主义者的命名。马尔库什对波普尔产生研究兴趣的主要原因在于，波普尔的思想中体现出一种明显区别于后来实证主义科学哲学的特点，那就是认识论上的现实主义和对知识问题所采取的历史研究方法。但是，波普尔仍然认为，对社会现实和历史问题的理论理解可以根据一些普遍性法则进行逻辑推导，从而得出相应的结论。在马尔库什看来，波普尔的语言-知识范式的主要特征就是对世界采取一种生物进化的理解，这种特征是围绕着波普尔的"三世界"理论基础而产生的。

在波普尔看来，存在三个世界："第一，物理客体或物理状态的世界；第二，意识状态或精神状态的世界，或关于活动的行为意向的世界；第三，思想的客观内容的世界，尤其是科学思想、诗的思想以及艺术作品的世界。"[1] 从波普尔的这种论述中可以明确，波普尔强调的是第三世界的客观性，也就是知识的客观性。在马尔库什看来，波普尔对第三世界这种客观性的高度强调，其实体现了一种进化的发展观念。具体来说，第三世界的知识虽然是人类的产物，但是一旦被表述，它就独立于物理世界和第二世界中的人类意识，具有内在的逻辑，因此也成为一种可以批判性讨论的对象，是可以对其进行正确和错误的判断的客观存在。

同时，主观的知识也是通过与这种客观的、对象化的知识的相互作用而产生的。马尔库什指出，波普尔认为这种积极个体与客观知识之间的相互关系构成了人类历史的基本特征，使人类的发展具有一种进步的可能性。按照波普尔的理解，所有人类活动都是可以通过试错机制而解决和学习的问题。然而，马尔库什认为，事实上在客观知识领域，人类排除错误不是一种生存机制的结果，而是有意识地批判相关理论的结果。因此，人类的发展不能简单地理解为一种生物的进化，因为人类发展具有一个更积极的维度，人类有意识的批判代表了一种人类特殊的实践，这种实践使得合理的推动历史发展成为可能。

当转向波普尔的社会理论时，就会发现，这些语言－知识范式理解上的生物学进化特征产生了更为严重的影响：本质上，导致他把自然科学和社会科学的方法视为同一。也就是说，波普尔不认为在科学方法之外还有其他专门的方法来研究社会独特的发展方式。这样一来，科学的方法论便限定了社会发展的合理内容。具体地说，一种社会的发展模式被认为是合理的，也就意味着可以对其发展做出起码的预设和控制。这种预设和控制应该是在给定的广泛的制度框架内，对一定时期的社会行为做出可以辨别的判断。然而，在社会中新的处境和条件不断出现，首先就是知识增长的结果。而由于科学的、批判的过程无法预见知识的未来增长，那么我们也就不能预见人类历史的未来发展。

---

[1] 卡尔·波普尔:《客观世界：一个进化论的研究》，舒炜光等译，上海译文出版社，2005，第123页。

在马尔库什看来，波普尔的这种观点存在致命的悖论。因为，虽然波普尔表示反对历史决定论，但是他将知识和语言的特征和进化的发展方式照搬到历史解释模式之中，不仅具有极大的不适用性，而且最终将无法逃脱决定论的危机。

马尔库什指出，波普尔对知识客观性的描述与马克思对人类活动基本特征的对象化的分析之间存在基本的相似性。因此，从这一点看，波普尔在语言学上表述的知识其实就是一种描述人类历史特征的范式。"人们可以把波普尔的概念描述成一种思想体系，其中语言学上表述的知识，在预设的－演绎的自然科学体系中达到了它最高的形式，被当作所有社会对象化的范式和模式。"① 但是，在波普尔语言－知识范式理论的认知中存在一种基本观点，即行为主体有意识的目的与其行为的客观结果之间存在巨大的不一致性。马尔库什指出，在波普尔看来"一种科学的前提始终多于，而且往往相当不同于它被创造者设想的那样。每一种对象化的理论意味着一连串逻辑后果和新的问题，这些是作者不可能意识到的"②。也就是说，作为对象化的知识的根本特性在于，它把主观心理的和直觉的专断、不可靠性和限制性的特征置于一种独立于人类的非个人的逻辑必然性的控制之下。马尔库什认为，波普尔的这种理解直接导致的一个后果就是"人类不可能完全充分理解他们的本质"③。那么，人类的期望与有意向的活动在波普尔那里只能是自发的、盲目的。马克思所探讨的拜物教的物化意识等社会问题在波普尔那里直接被理解为人类的愚昧和无知。马尔库什把波普尔的这种认识讽刺为"天真的历史唯心主义"。马尔库什指出，即使在科学领域里，这种非意向性的逻辑规律可以控制一切的状况也是不合情理的。以现代农学科学为例，农业科学的发展直接由大陆

---

① Gyorgy Markus, *Language and Production: A Critique of the Paradigms*. Dordrecht: D. Reidel, 1986, .p.7.
② Gyorgy Markus, *Language and Production: A Critique of the Paradigms*. Dordrecht: D. Reidel, 1986, p.8.
③ Gyorgy Markus, *Language and Production: A Critique of the Paradigms*. Dordrecht: D. Reidel, 1986, p.8.

的农业问题所指导，而对于热带农业问题就没有帮助也甚少研究，并且这种类似的现象绝不是偶然的。在给定的历史条件下，决定科学研究的优先性中的作用，无论如何也不可能忽视特定意向性的社会关系和社会制度所发挥的作用。因此，马尔库什指出，这些非偶然的事实证明了波普尔的知识范式对于解释这些社会问题的严重缺失。

更为重要的是，波普尔这种对客观的逻辑必然性的强调使人类社会和历史的发展笼罩在一种宿命的决定论的阴影之下。因为，波普尔并不是完全否定人类需要和价值选择的存在，但是这种选择仍然受制于语言和客观知识的控制力。客观化的知识在反作用于人类的过程中，创造了新的、超越了单纯生物学意义上的需要、兴趣和价值，这就导致了在波普尔的语言－知识范式中，社会现象世界似乎是一个由两极构成的领域：一方面是个体的心理的偶然性，另一方面是客观的逻辑必然性。这两极是所有社会发展进程和行动最终不可还原和消减的组分。在波普尔看来，正是它们相互作用的方式决定了不同社会生活类型和发展的特征。相应的，自由只是一种可以塑造的和具有选择性的逻辑力量对任意的主观性的控制。也就是说，自由可以通过大胆的假设和辩驳的方式成为一种批判性讨论的对象。马尔库什指出，波普尔对社会问题的这些理解都是其语言－知识范式的结果。波普尔把社会和历史的动态描述为一种逻辑理论和一种非理性的实践之间的相互作用，"知识最终的生长，作为人类进步的最终的动力，将反作用地保证人类目标、需要和价值的积累增值"。

马尔库什对波普尔实证主义的理论批判，实质上是对其以语言学表达为代表的知识范式的批判。波普尔的知识理论体现的生物进化的特征使波普尔将人类社会的发展同样视为一种受到逻辑关系制约的进化过程。马尔库什深刻地批判了波普尔的知识范式对社会问题的解读所存在的重要缺陷——忽视真正的社会问题。因为波普尔对知识客观性的过度重视，他忽略了历史发展过程中真正决定社会特征的人类需要、价值和选择等问题。这样一来，波普尔的范式便根本无法认识到生产关系和社会主体间的相互作用在历史发展过程中可能产生的影响。不仅如此，马尔库什对语言范式的深层困境进行了批判式解读，指出波普尔在历史研究领域表现出来的知识进化特征以及对语言学逻辑的依赖。这种范式理解不仅无法适用于人类社会的发展模式，更存在最终导向历史目的论和决定论的危机。

三 对决定论的批判指向

从马尔库什对语言范式的批判可以注意到，马尔库什的范式理论从根本上表达了一种对决定论思维的坚决抵制，代表了东欧新马克思主义鲜明的理论诉求。概括地说，东欧新马克思主义反对所有对马克思思想进行简单化、片面化处理的思想观念。这与东欧新马克思主义崛起的现实历史因素是密不可分的。从20世纪50年代开始，由于不满苏联模式对本国的束缚，东欧各国在不同程度上展开了"反斯大林化"的现实运动。作为对现实主张的反思和回应，要求自由、个性，反对专制和单一便成为东欧各国的马克思主义理论在人文社会科学领域研究中的根本立场。在此基础上，对教条主义、因果线性思维、历史目的论和决定论的批判，对维护人的尊严、尊重个性和主体性的人道主义的呼唤也内化为整个东欧新马克思主义的理论诉求。综观马尔库什的著述，对决定论的批判始终是他理论研究中的基本立场。

1965年，马尔库什在专著《马克思主义与人类学》[1]中通过对"人的本质"这一概念的论述和分析，最终论证了青年马克思思想与晚年马克思思想的内在逻辑联系，并对那些把马克思的理论解读为"历史目的论"的思想进行了批判。马尔库什指出，人的本质主要体现在"劳动"、"社会性"和"意识"三个范畴之中。因为在这三者中可以找到作为人的类本质的普遍性内涵。然而，人的本质的最终实现需要在人类历史不断克服异化的过程中逐渐实现，其方向就是向着人的普遍性与人的自由最终的统一而前进。这个过程

---

[1] Gyorgy Markus, *Marxism and Anthropology*., Assen, Van Gorcum, 1978.

没有所谓线性的、被预设的历史线索可循,而是在人的自由的实践活动中生成的。在这个过程中,人类虽然要以前人所创造的物质与精神财富水平作为基础,但是历史的走向是在人类自由的选择和具体的活动中展开的。这个向未来敞开的历史包含着丰富性和可能性,依赖于人类共同体的文化模式、知识范围、科技水平、现实需要等众多因素。因此,马尔库什认为,把马克思的历史理论解读为决定论或目的论的观点并没有真正理解他的历史观。

在文化批判理论的另一重要主题"经济基础与上层建筑"概念中,马尔库什又一次呼应了对决定论思维的批判宗旨。[①] 经济基础与上层建筑是马克思唯物主义、历史主义中的重要概念,在马克思所处的历史时代产生了积极和重要的影响。然而,这一概念却几乎从其诞生之初便被一种简单化的"经济决定论"的教条主义思想所转换,并且在后来的所谓"正统马克思主义理论"中被编撰成文并制度化为官方的意识形态,最终导致了对这一理论概念长期的误解。总的说来,马尔库什批判的是教条主义对马克思思想的歪曲。这种歪曲一方面表现为片面化了马克思思想,完全漏掉了马克思对于上层建筑所具有的独主性因素的论述;另一方面,教条主义对马克思思想进行了"本体论"的概念偷换,把经济基础与上层建筑直接偷换成"物质"与"意识"的绝对对立。由此,马尔库什强调了对经济基础与上层建筑观念可以从以下几个方面来理解。首先,"经济基础"与"上层建筑"并不是简单的经济结构与政治、法律等文化形式,更不是被夸大范围和偷换概念的"物质"与"意识"。它们是人类活动的两个不同领域。经济基础是劳动、生产等人类活动及其产物,而上层建筑则是人类对生产活动的解释和理解方式以及形成的哲学、科学理论等文化性的对象化。其次,"经济基础"与"上层建筑"的关系不是单向的因果关系。它包含两个方面,一方面经济基础对于上层建筑具有限定性的作用,另一方面上层建筑对于经济基础提供一种全体社会成员共享的解释方式。而且上层建筑领域中的现象在变化发生的时间等方面并不一定与

---

① 参阅 Gyorgy Markus, The End of a Metaphor: The Base and the Superstructure, C.C. Gould-R.S. Cohen(eds), *Artifacts, Representations and Social Practice,* Dordrecht, Kluwer, 1994.

经济基础相平衡。一言以蔽之，经济基础对上层建筑的作用不是强烈的"决定"，而是一种较弱意义的限定，而上层建筑也具有自己相对的独立性。最后，马尔库什更倾向于从动态发展的角度来理解这一概念。他认为，作为马克思历史理论的一部分，经济基础与上层建筑概念也应该从历史发展动态的过程性角度来理解，而不是从静态的角度来谈论二者的差异或联系。

正是从这种一贯的价值立场出发，马尔库什敏锐地发现了语言范式中潜在的决定论危机并予以尖锐批判。同样是基于对历史开放性的认识，马尔库什肯定了生产范式在理解人类历史时更加符合人类发展的现实和需要的积极意义。马尔库什从生产范式中发现的积极意义就是，对于人类来说，有可能通过他们有意识的活动并且根据他们自己的需要的目标，激进地改变他们生活的总体条件。在这种范式的理解中，人类成为自己和历史的主人。人类不再只是被历史掌控的被动参与者和命运的承受者，更应该是历史的、自觉的缔造者和改造者。因此，依据重视人的实践品格的生产范式，马尔库什对人类历史的解读将跳出决定论的泥淖，在具有开放性的历史中，人类社会将是一个更加丰富和多样的存在。

结　语

如前所述，马尔库什的范式理论是其文化批判理论体系中的重要内容。马尔库什认为，在现代性的视域下，悖论是文化存在的独特方式，悖论双方的张力与差异也为现代性的进一步发展提供了自省和反思的动力。因此，马尔库什从根本上反对任何一种主张优先性的文化，他指出，只有提倡和保护多样性，才有可能避免走向单一、专制的危机。从这一点看，马尔库什对现代性文化的研究与东欧新马克思主义反对教条主义、反对决定论的理论诉求在根本上是一致的。因为，一旦人类历史被理解为一种预设了目标和走向的必然过程，那么，多样性的文化和需求也将受到压抑甚至被完全抹杀。奥斯威辛和古拉格的历史教训已经为这种单一模式的极端化思路敲响了警钟。因此，马尔库什同样在语言范式与生产范式之间的悖论关系中找到了积极力量。马尔库什反复强调对语言范式的批判绝不是要颠覆这种理论框架。作为对人类发展模式的解读方式，语言范式与生产范式的并存为对方提供了可供借鉴的参照。与批判式的分析语言范式一样，马尔库什虽然肯定了生产范式的积极意义，但是他同样指出了生产范式本身存在的一些困境，这些问题从另一面说明了语言范式对于生产范式具有积极的补充意义。为了修正这些困境，马尔库什专门提出了以多元激进需要为核心的激进主义道路来保证生产范式的当代有效性（限于篇幅，这个问题无法在本文中详细探讨）。从总体上说，马尔库什的范式理论不仅体现了东欧新马克思主义的理论特色，也切入了现代性危机这一前沿话题，体现了深刻的反思精神，具有重要的理论价值。但是也应该指出，虽然马尔库什在范式理论中述及交往范式是当代理论中产生的一种作为生产范式补充的解释模式，但是他并没有就生产与交往的关系等相关内容进行更为深入的剖析。对交往范式的忽视限制了马尔库什范式理论的广博性，不失为一种研究缺憾。

论亚里士多德的实践性道德及其对现代文化的意义

高来源[*]

在近代哲学视域之下，尤其是在传统形而上学式的思维模式影响之下，道德哲学总是被简化为对各种道德范畴（善、幸福等）以及道德本身成立的合法性问题的推演和论证，也即只是不断地论证道德得以成立或者得以被普遍认可的"概念"式的道德规范，而完全忽视了道德生活实践与理论沉思之间所具有的张力性，进而也没有看到从行为发生到其应有目的——善——这一过程中所发生的各种现实的可能性因素。然而我们知道，伦理道德的本质旨向在于现实实践行为之域限和走向，也即伦理道德理论的核心问题应是在现实境遇下如何促使人们的行为"生成"为一种善、如何能"获得"现实的幸福，并针对这一问题进行实践性的探究。从这点出发，对于道德问题我们就不能仅限于一种形而上学式的思考，而更要在现时的生活境遇下来深入地审视行为、善、幸福之间的实践性关系及其背后的隐性指引，进而找出作为行为目的的道德之善和幸福得以生成的现实性因素。在此基础上，本文认为集中展现人之现实性精神维度的社会文化就成为一个不可逾越的视域点。故此，对作为一种"生活样法"的"文化"之发展与道德建设之间的关系的探讨就成为一个至关重要的课题。

---

[*] 高来源，黑龙江大学哲学学院教授，主要从事西方实践哲学和美国实用主义研究。

一 亚里士多德实践之善生成的文化性因素及其偏向

在生活世界的境遇下,伦理道德与社会文化之间总是会保持着一种极为紧密的关系,甚至我们无法把这两者分开。然而当我们把道德问题放在近代哲学视域之下来进行研究的时候就会发现,他们由于受传统形而上学思维方式的影响,总是会把道德问题囿于纯粹概念思辨的境遇之下,而遮蔽其原本关联性、丰满性的特征。如此,道德哲学本身就时常会表现为一种独断性。如果从哲学史的角度来追溯这一问题之渊源的话,我们就会发现此问题早已包含在亚里士多德的道德哲学中。而蕴含于传统实践哲学发展进程中的这种思维视域本身的变化性和差异性,从一种更为深刻的层面展示了实践道德与文化习俗之间的这种关联性所具有的重要意义。

亚里士多德在其代表性著作《尼各马可伦理学》中集中展示了自己的道德哲学观:最高的实践之善是与幸福相统一的,幸福的获得在于合德性活动的完满实现。他认为人的每种实践活动,包括选择在内都是以善为目的的。当然,行为的目的是多种多样的,进而善也有所区别,也就是说善有高低之分。按照他的说法,"善事物就可以有两种:一些是自身即善的事物,另一些是作为它们的手段而是善的事物"[1]。显然"自身即善的事物"是高级的,而幸福作为目的恰恰就是这样一种因为自身而被追求的属人之善,"因为我们永远只是因为其自身而从不因为它物而选择它"[2]。但是这里我们必须明白,亚里士多德这里所说的作为实践之目的的幸福或最高的善是德性行为的结果,也就是通过"实践智慧"(Phronesis)指引下的德性行为才能获得的。而从这种阐述中我们可以引出两种解释:一是道德之善或幸福是现实实践性的而不是抽象形而上学性的,二是实践哲学的目的是明确的,即为了获得属人的幸福。因此实践哲学本身的目的是查究"善"或"幸福"在现实层面上得以产生的机缘,而非其得以成立的根基。本文认为也正是因为这样,他把伦理学

---

[1] 亚里士多德:《尼各马可伦理学》,廖申白译,商务印书馆,2003,第15页。
[2] 亚里士多德:《尼各马可伦理学》,廖申白译,商务印书馆,2003,第18页。

和政治学统称为"实践哲学"才是可理解的,也才能够明白他为什么把实践哲学看作与探究知性本体论的"形而上学"不同的另外一种思维方式。从这个角度出发,亚里士多德道德哲学的实践文化性就获得了展示。对此,我们还可以从《尼各马可伦理学》中的两个重要概念——直接决定实践之善生成的——德性和实践智慧的内涵及其与善的关联中获得某种证据。

亚里士多德在《尼各马可伦理学》的第一卷中就明确说明,实践哲学的目的就是获得属人之善。但是实践如何能够获得善、通过什么手段获得善?德性的拥有和实践性智慧的获得是两个必不可少的条件。

在亚里士多德的道德哲学中,德性被划分为两种:理智德性和道德德性。"理智德性主要通过教导而发生和发展,所以需要经验和时间。道德德性则通过习惯养成,因此它的名字'道德的'也是从'习惯'这个词演变而来。"[①] 从这个论述中我们可以非常明确地得知,在亚里士多德的道德哲学中,"德性"是一个与经验和习惯相关的概念。而无论是"经验"还是"习惯",都不是抽象的,而是归属于现实生活世界中的包含历史文化因素的两个行为结果。如此,既然道德之善是通过符合"明智"的德性行为而获得的结果,而德性本身又是行为习惯的结果,那么道德之善显然不是形而上学性的超验之善,而具有一种历史文化性的内涵。或者我们也可以说,亚里士多德虽然使自己的伦理学超越了约定俗成的传统习俗式,但是这并不意味着这二者的完全决裂,相反他考虑到了文化习俗对于道德生成所产生的重要影响,进而在很大程度上仍然保持着这二者之间的连续性。这样,亚里士多德对于历史文化性的实践行为和道德之善的生成之间关系的保持和肯定就从另外一个方面否定了知性形而上学在实践哲学中的地位,而实践智慧的经验性也进一步说明了这个问题。

对于实践智慧的理解本文认为应该首先从对实践概念本身的理解开始。"实践"(praxis)这个词在古希腊早期就已经存在了,但直到亚里士多德时期它才真正进入哲学视域,以此来表示人的一种和德性、幸福相关联的目的性

---

① 亚里士多德:《尼各马可伦理学》,廖申白译,商务印书馆,2003,第35页。

活动，也即在亚氏看来实践本身的目的就是道德之善。这里需要澄清一下，在亚里士多德的哲学中，"实践"概念并不同于近代以来的实践概念，而是包含着德性的维度在内的，用他的话说，"人的每种实践与选择，都以某种善为目的"①。因此研究善之生成的道德性为和政治活动才是亚里士多德实践概念的真实含义。而亚氏哲学中的这种实践概念显然与近代以来的"实践"概念不同。相比之下，近代以来的实践不仅少了"德性"的维度，而且多了一种与理论相对立的特性，因此往往表现出更多的功利性和被动性。这一点在培根之后的哲学中表现得尤为明显。所以亚里士多德的"实践"概念并不是一个中性词，而更多的是一种褒义词。而从这种理解出发，亚氏"实践性"的"智慧"显然与近代以来的"存在者"式的理性也不相同，前者所关注的以及与其所关联的是意识性的行为对于德性的拥有和对属人之善的通达，而非广义的"知"。所以亚里士多德说实践智慧是"一种同善恶相关的、合乎逻各斯的、求真的实践品质"②。其特点在于"深思熟虑，判断善恶以及生活中一切应选择或该避免的东西，很好地运用存在于我们之中的一切善的事物，正确地进行社会交往，洞察良机，机敏地使用言辞和行为，拥有一切有用的经验"③。而具有实践智慧的人的特点"就是善于考虑对于他自身是善的和有益的事情。不过，这不是指某个具体的方面的善和有益，例如对他的健康或强壮有利，而是指对于一种好生活总体上的有益"④。从这些相关的论述中我们可以得知，实践智慧（phronesis）并不是一种先验的、以不变事物为对象的"理性"（Reason），而"是同具体的事物相关的"、"需要经验"的、⑤成长性的智慧。它虽然是灵魂分有逻各斯的部分，却是在经验积累的过程中逐渐拥有的。所以实践智慧的指引性必然是在历史性的实践行为发展进程中成长起来的。道德德性是符合逻各斯的行为习惯所体现出来的一种品质，但行为对于逻各

---

① 亚里士多德：《尼各马可伦理学》，廖申白译，商务印书馆，2003，第3页。
② 亚里士多德：《尼各马可伦理学》，廖申白译，商务印书馆，2003，第173页。
③ 苗力田主编《亚里士多德全集》第8卷，中国人民大学出版社，1994，第460页。
④ 亚里士多德：《尼各马可伦理学》，廖申白译，商务印书馆，2003，第172页。
⑤ 亚里士多德：《尼各马可伦理学》，廖申白译，商务印书馆，2003，第178页。

斯的符合却必须要通过实践智慧才能达到。也就是说,"严格意义的德性离开了明智(实践智慧)就不可能产生"[①]。所以无论是道德德性还是实践智慧,其生成的基础都是具有历史性的实践进程,进而也就与社会性的文化习俗有着连续性的关联。

但是对亚里士多德道德哲学的这种理解也只是一个方面,其道德实践性的理解并不彻底。如果综观其整个伦理学,就会发现其中还包含着与此相对的另外一个方面:对理论理性和形而上学思维模式的偏向。亚里士多德虽然明确申明伦理学是归属"实践"范围内的,而非其形而上学思维视域下的事情。但是另一方面,他又无法割舍"沉思生活"的那种自足、圆满的充足性,认为最好的生活是"沉思生活"。因为"神的实现活动,那最为优越的福祉,就是沉思"[②]。所以亚里士多德最终又把理论智慧放到了高于实践智慧的位置上。这样实践智慧就不再是与形而上学性的理论智慧相并列的一种思维模式,而成了一种衍生品。"明智(实践智慧)并不优越于智慧或理智的那个较高部分。这就像医学不优越于健康一样。……明智(实践智慧)优越于智慧,就像说政治学优越于众神。"[③] 所以从理论智慧最为接近神的意义上,"亚里士多德最终不但认为实践性的推理和理论性的推理是相似的,而且认为理论性的推理是高于实践性的推理的"[④]。那么按照这个逻辑,最高的善或幸福在实践范围内是无法达到的,其最终的指向仍然是形而上学性的本体论。所以他虽然提出实践哲学的概念和不同于理论智慧的实践智慧,但是并没有把它贯彻始终,而是最终又回归到形而上学的思维理路。尽管我们也可以把沉思看作一种"实践",但这种实践显然是指向知性本体论的,是其形而上学中的应有之"行"。

亚里士多德实践哲学中的这种矛盾性对后来的哲学产生了极大的影响。虽然后来的哲学家们看到了这种矛盾性,进而也力图解决这个矛盾,

---

① 亚里士多德:《尼各马可伦理学》,廖申白译,商务印书馆,2003,第189页。
② 亚里士多德:《尼各马可伦理学》,廖申白译,商务印书馆,2003,第310页。
③ 亚里士多德:《尼各马可伦理学》,廖申白译,商务印书馆,2003,第190页。
④ Gabriel Richardson Lear, *Happy Lives and the Highest Good: an Essay on Aristotle's Nicomachean Ethics*, Princeton University Press, 2004, p.95.

但是他们的解决方式几乎都是偏向于形而上学本体论的，而抛弃了其实践性维度。自中世纪伊始，亚里士多德实践哲学中的这种暧昧的形而上学理论倾向就得到了加强。首先是教父哲学家们利用亚里士多德这种形而上学式的逻辑方式，把善、真理、幸福与上帝关联起来，进而把至善等同为上帝，认为一切目的只有与上帝相关才是善的，否则就是恶的。而近代以来的道德哲学也从另外一个角度推进着道德哲学本体形而上学性的倾向。无论是以休谟为代表的经验论还是斯宾诺莎为代表的唯理论，无论是主张道德的基础在于情感还是在于"理性"，都是在一种形而上学的意义上思考道德成立的本体性根基问题，而不是在生活世界的意义上探究道德之善的实践内涵及其如何生成的问题。后来康德竭尽全力整合二者，要为道德寻找一个坚实的根基，力图用自由自觉的理性及其化身——自由意志锁定道德伦理在生活世界中的客观性和权威性，但是其在根源上仍然是一种形而上学式的思维方式，只不过是用"纯粹理性"的自觉性设定了一个超越性而又具有抽象性的"道德律令"而已。因此，他虽然告诉了我们道德律令成立的必然性，却无法解决道德之善在实践生活中的生成问题，无法把握善的理论内涵与实践世界之间关联的必然之索。也正是因为这个原因，新近的很多哲学家像杜威、麦金泰尔、普特南、伯纳德·威廉斯等都对康德的形而上学式道德理论进行了诸多批判。

从以上论述中我们发现传统西方道德哲学的理路几乎都在一种知性形而上学思维模式的影响下寻得道德被认知的"阿基米德点"，以为如此就可一劳永逸地把握道德伦理运转的核心动力。虽然我们不可否认其中的合理性因素，但这在根本上不可救药地忽视了道德之善的存在价值和意义恰恰是在具体的生活实践领域，忽视了在绝对普遍的概念之后还有一个不可摆脱并总是产生影响的社会文化因素。如此传统的道德哲学逐渐退化为神龛式的"牌位"而于事无补也就成了传统道德哲学的宿命，同时也为以披着绝对至善外衣的极端行为的产生埋下了祸根。笔者认为这也是在现代性视域下道德哲学以及道德本身面临种种困境的重要原因之一。

二 现代性视域下的道德形而上学困境

尽管近代以来的道德哲学承继了亚里士多德式的知性形而上学思维模式，为自己编织着绝对而完满的抽象实体，然而与此同时现实世界却生成着与此极不匹配的变化和冲击。

文艺复兴运动和启蒙运动使西方文化开始逐渐摆脱神学的钳制，开始以一种主体性的姿态审视自己、周围世界以及二者的关系。伴随着这个过程而成长起来的、作为人与世界"打交道"的自然科学技术也由此获得了长足的发展，并逐渐在生活世界领域凸显自己特有的物质效益性。在此种"效益"的驱使下，自然科学结论及其所引起的各种新的兴趣和新的活动重新激起了人们对于自然以及人类自身的探究的热情，人们不再毫无怀疑地接受说教式的传统教条，而是根据自己的兴趣从自然科学的视角不断地反思传统所给予自己的各种信念。但是与实验科学的发展比起来，人们的精神科学的发展却相对比较落后。这种发展的不平衡性落实在生活世界内就表现为实践行为本身的自我单向性分裂：一方面，人们通过工具理性获得了与自然进行作用的巨大能力，获得了物质利益的充盈；另一方面，作为体现人之精神维度的、体现人之崇高本质的价值追求和选择在现实实践境遇下却逐渐迷失了自己的方向，丢失了自己的独立性和对于行为实践的指引性而被边缘化，其结果就是现代拜金主义式的"物化"蔓延。因此尽管作为启蒙运动集大成的康德给道德的终极合法性找到了坚实的基础和标准，可是这些在现实面前仍然不堪一击。究其因缘，笔者认为就是现代实践境遇的变化所造成的，也即随着自然科学的发展及其所引起的新兴趣和新活动，再加上自由、民主等社会观念的发展，传统目的论、神学和形而上学所"形成"的那种原始统一被彻底摧垮了。尤其以商业资本交换为纽带的资本主义形成之后，其特殊的生产关系又从另一个角度以应然性的交往关系转化为必然的交换关系，进而又加速了这一进程的发展，冲击着应然性的道德关联。人们不再简单地、毫不怀疑地接受传统或宗教所给予的各种教条式的信念和解释，尤其是当现实行为关涉到效益性结果的时候，就像杜威在其名著《确定性的寻求》中所分析的那样，人们一方面开始用自己的实验知识解决现实的各种问题，开始用实验的手段使自己摆脱传统神学说教式理念的束缚，另一方面，这种摆脱却又只限于物理世界，而在精神信仰方面紧紧地依赖于传统哲学的各种观点，紧紧地依靠着本体论哲学或者上帝的终极性，进而也表现出极端的保守性。因此，近代以来的人们一方面坚持着那种永恒的、必然的终极价值理想，并把这种绝对的价值理想强加在所有经验之善的身上，另一方面，当人们在生活世界中遇到问题时又不得不倾向于利用自然的和经验的方法来寻求解决的途径，以维持生存进程的连续性。[1]这种境况就使人们在当下所关心的事情和其对于最后的终极实在信仰之间发生了严重的裂痕，使人们的实践行为和行为价值指引之间处于一种严重脱节的状态，从而极大地阻碍了人类的发展和进步。当现实物质利益和充满压力的生活环境把崇高的精神关怀边缘化时，以物质利益为旨向的功利主义就成了显学，进而遮蔽人所应具有的德性内蕴，由此就进入了法兰克福学派对大众文化所极力批判的人性碎片化、关系物化、单向化等问题。也正是因为这个原因，现代很多学者开始反思西方文化，以至于认为"恢复人类对于他所生活于其中的那个世界的信仰和他对于能够引导其行为的价值和目的的信仰之间的整合与协作问题成为近代生活最为深刻的问题"[2]。

综合对以上问题的分析，本文认为现代性视域下的道德哲学之所以出现这些困境，一个最为根本的原因在于传统形而上学本体论式的思维模式割裂了道德的哲学性思维与历史性的社会文化发展之间的内在连续性和张力性，从而使道德哲学陷入一种无根的独断论泥潭而无法自拔。因此重建道德与文化之间的连续性就成为现代道德哲学发展的一个契机。而当我们在现实世界中遇到道德问题时，对道德形而上学基础的争论就显得苍白而无力了，因为

---

[1] John Dewey, *The Quest For Certainty*, London: George Allen & Unwin LTD, 1930, pp.50-72.

[2] John Dewey, *The Quest For Certainty*, London: George Allen & Unwin LTD, 1930, p.243.

此时的问题焦点在道德之善的生成而非其存在合法性的问题上。而且人类社会发展的连续性决定了行为实践进程中的道德主体并不是等待书写内容的"白板",从某种意义上来说是社会文化传统辩证发展的产物。周围生存环境以及社会教育都自然不自然地充当了这种传承和延续的手段和载体,也正是这个原因,我们的日常行为过程总是比较顺畅地进行着,总是能够"自然地"进行选择,"自然地"进行自我限制,"自然地"进行"适当"的行为区分。显然,这种情况下,文化传统或习俗在行为的施行过程中占据了主要的地位。当然这并不意味着"自我"的必然接受性和被动性,而只是行为向未来延伸的一种必然惯性。在实践进程中随着实践行为本身的创造性及其对境遇的影响所形成的新的实践境遇,对于行为新的要求就会突破原有的束缚而凸显。在这种情况下,人之自由自觉性便重新活跃起来,使行为对原来文化习俗的"依赖"开始松动,并最终在综合实践的明智性思维中摆脱其影响,以形成一种新的行为模式,并逐渐地根据实践发展境遇的需要而进行探究,最终形成新的道德规范和价值原则,以此满足自我生存和发展的需要。显然,可以说这个过程本身就是文化生成的一个方面,因此我们也可以说,文化作为一种隐性的指引,其生成过程本身就促使了整个道德事件的发生、变化和解决,为这一事件的不断演进提供了坚实的、可把捉的基础。事实上,我们强调道德的文化性就是要凸显道德之行为生成的历史性和特殊境遇性,这两者直接影响着道德的实现。

三 张力性文化视域下的道德生成

就人之生存的连续性而言,道德本身并不是孤立存在的,而是潜在地受着社会历史性的文化模式的影响和制约,也可以说它本身就是文化问题的一部分,而这点在现代社会中表现得尤为突出。道德并不是法律,它的运行当然也不能是以暴制暴的方式。从历史的角度来看,如果说道德的运行有所依靠的话,本文认为应该是宗教信仰、启蒙理性和隐性的文化传统。然而从现代社会发展的境遇来看，宗教作为一种古老的认知模式或者教化手段，在现代人的思维中，尤其中国人的思维中，显然不再具有古代的那种强大约束力和指引力，其甚至已经成为一种装饰性的文化形式。然而当作为信仰的宗教不再对内心具有那种强大的约束力，外在的社会文化机制又没有形成一种可依靠的惯性行为指引时，行为本身就会僭越理性的控制而表现出一种非理性化的甚至是恶的形式。如此我们也就能理解为什么现代的年轻人群体中会出现那种狂妄不羁、空虚无助的各种现象了。显然社会走到今天不可能再返回到中世纪的社会时期，因此把道德发展的契机寄托于宗教信仰的推行显然不合实际。同样，道德之善的生成也不能单纯地寄托于纯粹理性化的概念推演。尽管人是精神性的、能思维的生物，但是这并不等于说"理性"（Reason）能够代替整体，因为理性在包含着"自由"的同时还包含着"自私"、"独断"的"诡计"。这一点无论是在尼采为批判传统哲学而提出的"强力意志"中，还是马克思在批判黑格尔时所提出的唯物主义辩证法中，都得到了比较透彻的批判，而在这种情况下"实践智慧"选择与创制下的文化机制就成为一个至关重要的因素。

作为拥有自由自觉性类存在本质的存在者，人的实践行为本身就总是包含着对社群性行为规范和与"他者""共在"性关联的思考。然而这种思考虽然具有自觉的创造性维度，但就这种规范和关联的实践性本身来说，更多地体现为一种惯性的文化习俗。首先，人作为具有精神维度的理智存在本身，总是会对自己的行为境遇进行自觉的思考和分析，能够明确自己行为的走向，也即明确地知道自己应该干什么不应该干什么；其次，这种自觉并不是绝对的，而总是体现于习惯和理智思维的相互冲突中。生活世界中的人们不可能绝对理性化地存在，而总是会把通过思虑、付诸实践并得到"好"结果的行为模式作为"经验"积累起来，以使行为具有连续性和流畅性，也即形成某种我们认可的"习惯"，而直到这种行为习惯与变化着的实践境遇相冲突时，理智自觉才会重新显露，进行反思、权衡以找到新的行为模式，适应实践境遇的变化。当然这种反思和权衡仍然包含着原来行为习惯的某种因素，并把它作为伸向未来行为的基础。所以从社会的层面来说，理智的反思与权衡的旨向就在于使人们在一种良好的文化机制指引下，确定自己的行为方向、规范自己的行为模式，进而把这种符合规范的行为作为一种"自然"的习惯和内在机制传承下来，以特有的"生活样法"通达善之境地。所以从这个角度来说，实践行为的习惯性和继承性在人们的生活过程中实际上是处于一种基础性地位的。这也充分说明了"习俗性"的文化与理性自觉本身就是充满张力的，而且这种张力既是人作为自由自觉存在者的应然表现、"实践智慧"发挥作用的一种良性结果，同时也是作为"生活样法"的文化本身的应有之意。

由此出发，对于伦理道德，本文认为就不能完全局限于对伦理道德教条式的论证和说教上，而应更多地关注行为本身所蕴含的文化背景以及作为其隐性指引的文化机制。因为历史与文化传统本身就为我们提供了很多的道德和价值选择项，甚至直接影响着善之生成的特有方式。而这一过程本身的深入和发展又反过来促成了作为"生活之样法"的文化的生成与发展。这就是不同文化模式下总会有各种不同的行为模式和选择结果的原因。如此，这种张力性的连续性也会突破传统道德哲学所建构的理论理性式的定性解释模式，而转变为一种文化伦理学。其内在的主旨就转化为像美国实用主义者杜威所说的那样："道德理论的业务绝不是和圆满与善本身相关的，而是和发现它们出现的条件与结果相关的，是一种事实性的和分析性的工作，而不是思辨性的、告诫性的和规定性的。"[1] 所以如果把道德问题放在动态的实践生活层面上来理解的话，寻求终极之善本身及其界定则只不过是问题的一角而已，更主要的还是如何让善在具体的实践境遇下生成的问题。

事实上，道德性为本身并不是独立存在的，当然也不是可以被独立审视和研究的。虽然表面上看来道德之善或者幸福在概念的表述下是两个点式的目的，但事实上却并非如此，他们是一种总是在过程中的实践过程，也即它

---

[1] John Dewey, *Experience and Nature*, London: George Allen & Unwin LTD, 1929, p.433.

们是开放性的、生成性的。而所谓"开放性"和"生成性",一方面是指它们并不是一蹴而就的结果,它们总是会随着实践进程的演变以及实践境遇的差异而呈现一种变换;另一方面是指实践行为过程本身的复杂性所引起的促成"善"或"幸福"得以生成的条件化。而这种开放性的一个最为重要的结果就是具体的思维模式、这种思维模式指引下的特殊行为实践以及这二者之间的相互作用,这三者成为构成"善""幸福"之内涵的关键因素。尽管我们可以用抽象的概念表达它们的普遍性,但是这种普遍性却是根植于文化之中的,是以传承性的文化内蕴为基础的,或者说文化内涵的隐性指引决定着道德之善生成的特殊性、具体路径、方式及其内涵。所以从这个角度来说,道德之善或幸福本身就是文化模式的一种体现,甚至可以说是一种特殊的文化样态。或者我们也可以说,文化结构本身的特点直接就决定了行为的方式以及行为的意义取向,而道德性为作为一种特殊的行为活动本身就体现着文化的特殊性。当然我们不可能否定某些道德规范的普遍化,但是就其作为现实的实践事件来说,它仍然充满着特殊性,它必定是在某个特殊的道德境遇下,以一种特殊的、带有特殊文化模式烙印的行为方式来表现。所以从这个角度来说,建构一种健康的、开放性的文化机制对于一个社会的发展来说就显得尤为重要。而且必须要强调的是这里所说的"文化"并不是僵化不变的传统文化,而是在不断变换的生存境遇下所不断发展、完善、符合时代精神的开放性文化。

综上,道德与幸福的问题实际上是一个社会实践文化批判性发展的问题。行为的道德性和幸福感的获得是一个连续性的整体,而在这个整体背后还应该有一种哲学性的实践文化在起着基础性的作用,否则前两者就成为无根的浮萍,在现实面前不堪一击。如果说幸福是结果的话,那么道德性的行为则是直接导致这种结果的关键因素;而行为的方式又直接受社会性和历史性的文化所影响。所以如果要建构一个比较健康的伦理道德机制,必须形成一个富有人性化的、开放式的文化传统,而这又必须伴随一个深刻而客观的文化批判机制不可;反过来,合理而开放的社会文化机制的建立又会进一步推进合理道德价值观以及良性道德境遇的形成。所以在面对各种社会道德事件时，尤其是那些冲击人们的道德底线的事件时，我们应该做的不是就事论事，而是要反思这个事件背后人们行为发生的内在观念机制以及这种机制背后所反映的大众性的文化缺陷。所以道德性为的实施与幸福感的获得并不仅在于我们能够提出多么普遍而绝对的道德律条，而是在于开放性的文化批判机制以及人性化的文化氛围的建构。

西方文化批判理论研究

20世纪西方文化危机的神学批判

陈树林[*]

面对20世纪西方文化危机，哲学家、历史学家、社会学家等研究者从各个角度进行了广泛而深刻的批判和揭露。在整个批判过程中，形成了以雅斯贝尔斯、海德格尔和萨特等人为代表的存在主义哲学，以卢卡奇、霍克海默、哈贝马斯为代表的西方马克思主义和以德里达、福柯等人为代表的后现代主义哲学等几个主要流派。宏观上看，上述三个流派具有"家族相似性"，而且这种家族相似性代表了20世纪西方文化批判的基本趋势。这些流派的共同特点在于，在检讨西方文化危机的根源时，大多局限于理性主义视阈内或只对理性主义危机加以批判和关注，而很少超越理性主义路线，从总体上对西方的文化危机做出深刻的、全方位的检讨和批判；在文化批判的旨趣上，这些流派的批判，大多是"只破不立"，或者"重破轻立"。他们的主要任务是要摧毁、瓦解、解构、消解由启蒙运动建立起来的理性主义理论体系或文化模式，而不是建立一种新的理论体系或文化模式。

然而，在20世纪的西方文化危机批判思潮中，还有一种非主流的、处于边缘化或隐含在上述各种思潮中的、以各种面目出现的神学批判。其批判主体既有职业的神学家，也有带有神学倾向的历史学家、社会学家和哲学家，

---

[*] 陈树林，黑龙江大学文化哲学研究中心教授，主要从事以东正教为基础的俄罗斯宗教哲学、俄罗斯文化模式和苏俄马克思主义思想理论发展史的研究。

他们以基督教神学为理论基础，以人的现实生存处境为理论主题，以实现人格革命、心灵革命或给人提供终极关怀为理论旨趣。这种神学批判成为20世纪文化批判百花丛中的一朵奇葩，丰富了20世纪文化批判的景观；这种神学视角下的文化批判和文化重建工作，在一定程度上弥补了单纯理性主义视域内文化批判的某些缺憾和不足，具有重要的理论价值。

一 20世纪神学批判的基本格局和理论依据

众所周知，自中世纪解体以来，基督教在西方世界经历了由强变弱、逐步衰败的演变过程，昔日至尊至圣的神学家的现实处境异常艰难，且不说与高扬理性的哲学家在话语霸权上一争高低，就连自身存在的合法性都成为不容轻视的问题。但是，神学家在不断向哲学家交出自己的"权杖"和"领地"的同时也不甘寂寞，他们在不断重新自我定位、自我反思，在默默无闻中重建充满活力的神学思想体系。所不幸的是，在过去的几个世纪里，在理性主义主导的文化氛围中，即便有某种神学申辩和抗议，其声音也极其微弱，其作用并未被人们所重视。然而，在经历了几个世纪的宗教衰败之后，20世纪前后西方发生了一系列政治、经济、军事危机，特别是技术理性、人本主义和无神论等主流文化精神危机之后，历史给了神学家们一次难得的机遇。许多神学家看到了复兴宗教神学的希望，在他们看来，20世纪西方文化危机给他们宣布基督福音和重建"神律文化"提供了难得的契机。神学家们从不同的神学立场展开了文化批判和文化重建工作，在对20世纪西方文化危机的批判中形成了规模庞大、范围广泛、表现形态各异的神学批判格局。

首先，从阵营构成上看，神学批判主体的成分较为复杂。其中既有像巴特、蒂利希、布尔特曼、朋霍费尔、拉那、默茨、昆、莫尔特曼、考克斯、布鲁纳、尼布尔、马利坦、马塞尔、布伯等神学家，也有像雅斯贝尔斯、布洛赫、别尔嘉耶夫、韦伯、斯宾格勒、汤因比等带有神学倾向和气质的哲学家、社会学家、历史学家。这种不同的学术身份决定了他们的神学批判在表现形式上丰富多彩、视角各异。

其次,从神学批判的态度上来看,既有自觉的、自发的神学批判,也有不自觉的、后转向神学批判的。对于神学家而言,基本的神学立场决定了其对启蒙运动以来的理性精神的批判和对基督教神学复兴的使命;对于某些哲学家、历史学家而言则不尽然,但无论基于何种原因,结局却是百川归海,他们最后都皈依到神学的怀抱,尽管有些人是不自觉的,但结局基本相同。

最后,从神学批判的表现形态上看,20世纪的神学批判可谓丰富多彩、五花八门。仅从神学阵营内部来看,就形态各异。巴特代表的危机神学,古铁雷斯代表的解放神学,蒂利希代表的文化神学,布尔特曼、麦奎利代表的生存神学,默茨代表的实践神学,怀特海代表的过程神学,尼布尔代表的世俗神学,莫尔特曼代表的生态神学,柯布、格里芬代表的后现代神学以及女性神学、拉美黑人神学、政治神学、传统的保守神学等,其表现形态和理论视角各不相同。从非神学阵营看,同样差别万千。雅斯贝尔斯的神学批判以存在主义哲学形式出现,布洛赫的神学批判以西方马克思主义哲学形式出现,斯宾格勒、汤因比的神学批判以历史哲学形式出现,韦伯的神学批判则是以社会学形式出现。

20世纪神学批判的独特之处在于,神学家和哲学家们充分认识到,西方的文化危机是信仰主义和理性主义的双重危机,仅仅医治其中的一种"疾病",无助于从根本上消除"病患"。当代哲学家或社会学家的文化批判的不足之处在于"头痛医头,脚痛医脚",尽管他们煞费苦心,但结果却往往事倍功半、事与愿违。由于20世纪的西方文化批判的主流话语中缺少对宗教危机进行批判和关注的维度,人的形象无法从根本上重新树立。同时,由于20世纪的文化批判视角过于分散,摧毁多于建构,像"上帝死了""人死了""作者死了""读者死了"这些极具震撼力的结论对逻辑中心主义、本质主义、结构主义等批判虽然非常尖锐、深刻,但是这种批判、摧毁和解构的结果却令人茫然不知所措。20世纪众多的文化批判始终处于分裂状态之中,难以形成有效的文化整合,因此导致人的精神世界始终处于极度的分裂状态。从这一视角来看，20世纪的哲学批判至多起到了暴露危机、展现困境、揭示根源的作用，对从根本上重建文化家园这一根基性工作尚缺乏有效建树。神学批判正是抓住了主流批判的这种弱点，展开了自己的宗教神学维度上的文化批判。

从总体上看，尽管神学批判阵容庞大、形态各异，但是其理论依据却基本一致。正是这种相同的理论依据，才使得各自出发点不同的神学批判理论走到一起。

首先，基督教神学的基本原则是神学批判的理论基础。尽管20世纪的神学家和哲学家们对传统的基督教有非常"自由的解释"，但他们认为基督教神学的最基本的原则却不容变更，而且具有永恒的绝对真理性。蒂利希把这一"绝对真理"归结为三个根本思想原则：第一，"作为存在的存在是善"，用《圣经》的神话表述为，上帝看见并关注着他所创造的一切，这就是善；第二，"普遍沉沦的思想"，沉沦意味着从这种本质的善转化成与自身分裂的实存状态，这种转化在活生生的人那里，是每时每刻都会发生的；第三，"拯救的可能性"，[①]是指分裂的被治愈，或病态的康复。在蒂利希看来，上述三个思想是所有神学都承认和遵循的关于人类本性的"天启真理"，这种真理是包括自由神学、生态神学、政治神学、解放神学、女性神学、基要神学、过程神学等在内的各种神学的理论前提，也是某些存在主义哲学家、西方马克思主义哲学家、精神分析学家、历史哲学家的理论前提。神学家和某些哲学家认为基督教这些天启真理揭示了人的本质特性与人的实际生存之间的结构关系，这种结构关系也是把握人的异化以及人的现实困境的理论前提，是把握人类历史及其发展进程的理论基础。

其次，基督教神学与现代西方社会之间具有同构性是神学批判的理论准绳。20世纪的神学批判在一定意义上是对传统神学教义和现代社会文化精神的双重解读与诠释，这种文化批判具有极大的灵活性。除极少数保守的正统

[①] 蒂里希：《蒂里希选集》上，何光沪译，上海三联书店，1999，第476页。

神学之外，绝大多数神学都对圣经教义做出了创造性的时代解释，并没有一味地用古板的圣经教义作为标准对现代社会的文化精神加以指摘。大多数神学家和哲学家的基本共识在于：基督教文化传统与现代西方社会并不矛盾，相反在本质上具有同构关系。具体而言，现代社会是对传统社会的继承，是基督教文化精神的现代体现，现代社会在本质上与基督教具有相同结构。蒂利希用神律、他律、自律概念对现代社会与基督教神学的关系进行了解答；汤因比用"手段与目的"的关系揭示了"大一统帝国"与"大一统教会"之间的内在关系；韦伯则用新教伦理与近现代资本主义制度的内在关系揭示了现代社会文化精神的合理性及其缺陷。正因为有了这种一致理论准绳，神学批判才具有基本相同的理论旨趣——用基督教基本原则克服现代社会文化精神的一些弊端。

二 20世纪神学批判的理论主题和切入点

一般说来，神学的基本问题是关于上帝的问题，但在20世纪的神学家们看来，神学的问题又恰恰是关于人自身的问题，具体来说是关于人的生存困境问题。神学家们秉承传统神学主题——"人类的原罪和基督的代赎"，但更多地把注意力集中于当代人的生存困境上。我们可以通过各种神学的理论视角和关注的问题透视到，神学批判关注的恰恰是20世纪西方文化危机背景下的人的生存困境，而非传统宗教对人的处境的直觉判断，其理论的轴心正是人的生存处境。

巴特断言，20世纪西方社会的文化危机是"人的危机"，世俗的弊病已经到达一个危急关头，"人世已经变成了炼狱"。蒂利希从生存论角度剖析了人焦虑的本体性根源和无意义困境的内在根基，并从文化神学视角对人的异化困境、不平等困境、孤独困境、遗忘困境、环境困境等做了分析。雅斯贝尔斯不无忧虑地指出，我们时代的精神状况包含着巨大的危险，也包含着巨大的可能性。如果我们不能胜任我们所面临的任务，那么，这种精神状况就预示着人类的失败。别尔嘉耶夫把人的自由性、创造性的世界称为"精神王国",把客体化、符号化、必然性的世界称为对人专制和奴役的"恺撒王国",指出我们所处的时代,是一个备受奴役的恺撒王国时代。尽管神学家和哲学家们的理论各有侧重点,但综合上述神学家的观点则可以发现,他们的理论切入点具有某些共性,主要表现在以下几个方面。

首先,从现代社会中技术理性统治下人的异化和物化命运入手,进而对理性主义局限性展开批判。毋庸置疑,在现代西方社会中,异化和物化处境是每一个人都无法逃脱的命运,而其罪恶的根源正是理性主义的现代表现——技术理性主义和科学主义。从总体上看,尽管科学技术有其危害的一面,但科学技术给人类带来的物质和精神利益却远远大于其危害。因此,神学无法正面与其交锋,只能采取迂回的方式对理性精神开战。

蒂利希在揭示理性主义文化精神的弊端时指出,"一种逻辑的或自然主义的机械论,它似乎摧毁了个人自由、个人决断和有机的共同性;一种分析的理性主义,它削弱生命的活力,把包括人本身在内的一切事物都变成计算和控制的对象;一种世俗化的人道主义,它把人和世界跟实存的创造源泉和终极奥义分割开来"[1]。

别尔嘉耶夫则认为,"机器和技术使人的精神生活,首先是感情生活,人的各种感觉,遭受了可怕的失败。精神情感因素在现代文明中消失了……心脏很难承受与冰冷的金属的接触,它不能在金属的环境中生活。我们这个时代的特点便是作为灵魂的核心的心不断受到损害。一切都分解为智力因素和感性感觉……技术给人道主义、人道主义世界观以及人和文化的人道主义理想,带来了可怕的打击。就其本性而言,机器是反人道主义的"[2]。他还用"实体化""异化""客体化"分析技术统治下的世界中人的生存境遇。他指出,"客体化是精神自由的丧失,虽然它所表现的是精神上的事。客体化的世

---

[1] 蒂里希:《蒂里希选集》上,何光沪译,上海三联书店,1999,第465~466页。
[2] 别尔嘉耶夫:《精神王国与恺撒王国》,安启念译,浙江人民出版社,2000,第262页。

界不是精神世界"[1]。他强调精神性是不能理性地加以定义的，用理智来把握精神没有希望。

在马里坦看来，科学技术凭借自身并不能保障人类与幸福，人类已经进入一个严峻的时代，科技的进步反过来危及人类的生存。因此，"为了使科学的应用能给世界带来幸福而不带来毁灭，人类迫切地需要大力恢复智慧的训练，使伦理的、形而上学的、宗教的原理与文化重新结合起来……使科学与智慧取得协调"[2]。简言之，也就是要用基督教精神指导科学技术的应用。

其次，关注人的精神世界，进而强调人的神人性，强调人的精神世界和意义世界的重要性。神学家们的理论视点主要集中于人的"精神本体"及其价值上，不约而同地把"精神"或"精神本性"当作人的最本质属性，认为摆脱人的生存困境的根本出路在于重塑人的形象和进行人格革命和心灵革命。蒂利希主张通过人的形象重塑以彻底摆脱文化危机，进而从根本上克服人的生存困境；别尔嘉耶夫则主张通过人格的全面革命，摆脱旧的文化传统对人的统治。在对人的生存困境的关注的多维视角中，他们主要从对人性的分析或把握入手，在理论方法和理论来源上更多取材于基督教神学思想，在人生困境的出路上主要把希望指向精神、心灵的内在革命，在寻找人的最终归宿上，寄希望于宗教信仰。蒂利希从本体论角度剖析了人的三重本体，即生命本体、道德本体和精神本体，尽管蒂利希并没有否定生命本体的价值，但是，他认为人的本质特征在于人的精神性，对人而言，"精神本体"才是人的真正本体。蒂利希对人的形象的重塑和把人生困境的出路指向宗教信仰等所有理论建构都奠基于此。别尔嘉耶夫特别强调了人的精神的地位，而且把人的本性定位于人的精神性，他用"神人性"来说明人的精神特性，认为人之所以具有自由性、创造性及超越性，都根源于人的神人性。在别尔嘉耶夫的思想中，对神人性的论述和强调占有重要的理论地位。他认为，对人而言，精神是真正的现实，是第一性的。相对于精神，客观世界是符号世界，也是"不

---

[1] 别尔嘉耶夫：《精神王国与恺撒王国》，安启念译，浙江人民出版社，2000，第262页。
[2] 洪谦：《西方现代资产阶级哲学论著选辑》，商务印书馆，1964，第413页。

完全的现实"。"在客体中,一切都是有条件的,一切都只有符号的性质,而不是现实本身。因此历史上的一切伟大的东西都是毫无价值的,微不足道的。世界历史中存在两种原则的对抗,即主观性、精神性、原始现实、自由、真、真理、爱、人性和客观性、宁静、决定论、从外面起作用、利益、结构、力量、权力的对抗。这也是神的王国与恺撒王国的斗争。神子与人子在这个世界中被钉在十字架上。精神在客体化世界中受难,精神的客体化是对它的折磨。"① 正因为他们把人的本质特征归结为人的精神性,因此,在选择人的解放道路上,强调人的精神超越和心灵革命。蒂利希主张人的形象的重塑,以爱、自由为原则,使人获得圣化,获得重生。别尔嘉耶夫主张实现彻底的"人格革命",但是他也充分认识到人格革命的重要性和艰巨性,指出人格主义革命将是一个比任何其他革命更加困难、在时间上更加漫长的过程。尽管如此,"但这将是真正的人的革命,人和上帝将在其中融合。在这种革命中,神人,也即有人性的人,将是胜利者。人没有人性,神则是有人性的,人性是上帝的基本属性。人根植于上帝之中,就像上帝根植于人之中一样"②。"真正的新人的出现,而不是只改变服装,要求以精神上的发展和改变为前提条件。没有内在的精神性核心和在其中发生的创造过程的存在,任何新社会制度都不会造就新人。"③ 对人而言是这样,对人的生命活动同样如此,他认为,"新生活是不能仅仅从自然主义或社会出发去想象的,需要从精神出发去思考它。但是精神既接受自然生活,也接受社会生活,赋予生活以意义及整体性、自由和永恒,战胜一切未贯穿精神性的东西都注定要经历的死亡与腐烂……纯粹的得到解放的精神是主体化,也即向纯存在领域的过渡。客体化世界能够被人的创造性努力所摧毁,但这仅仅是因为在这种创造性的努力中上帝将发挥作用"④。

再次,对人道主义、人类中心主义、种族主义、性别歧视、阶级压迫等

---

① 别尔嘉耶夫:《精神王国与恺撒王国》,安启念译,浙江人民出版社,2000,第265页。
② 别尔嘉耶夫:《精神王国与恺撒王国》,安启念译,浙江人民出版社,2000,第267页。
③ 别尔嘉耶夫:《精神王国与恺撒王国》,安启念译,浙江人民出版社,2000,第108页。
④ 别尔嘉耶夫:《精神王国与恺撒王国》,安启念译,浙江人民出版社,2000,第266~267页。

进行批判，进而强调上帝创造的世界是一种和谐的、充满爱和欢乐的、平等的、节制的、合理的世界。

马利坦指出，"一种野蛮的和以人为中心的人道主义，毁灭人的人道主义取代了基督教哲学的完整的人道主义的地位。反神学的理性主义者在哲学的伪装下篡夺了思想的神圣地位，并最终使人类成为智慧的孤儿"[1]。他认为，完整的人道主义是以神为中心的人道主义，"这种人道主义将承认人的理性部分，使它服从理性，同时也承认人的超理性部分，使理性受它的鼓舞，使人敞开胸怀接受神性的降临"[2]。对于完整的人道主义来说，"现代文明是一件穿破了的衣裳，我们不能在它上面补上新的布片，我们可以说，它需要一次整体的、实质性的改铸，需要对文化原则重新评价"[3]。马利坦认为现代危机是由世俗人道主义的盛行带来的，这种人道主义使得人神分离，这样一种思想病，把世界带入了黑暗。

尼布尔把现代人的罪恶归结为"骄傲"和"纵欲"两种，现代人"相信自己为生存的主宰，命运的支配者，和价值的裁判者"[4]。

最后，强调"意义世界"是人生存的真正根基。20世纪的神学家们的共同感受是，现代社会缺乏意义世界。

朋霍费尔指出"在人类历史进程中，确实没有哪一代人像我们这一代人这样，脚下几乎没有根基"[5]。

蒂利希把人的生存根基指向意义世界，强调绝对信仰、意义世界和价值世界对人的决定作用。他认为，现代西方社会陷入分裂的原因是缺乏能够体现对人具有终极关怀（ultimate concern）的"精神中心"（spiritual centre）。他指出"除非'中心'在本质上是精神上的，否则就不能统一整个社会。……

---

[1] 马利坦:《科学与智慧》，上海社会科学院出版社，1992，第120页。
[2] 付乐安:《当代西方著名哲学家评传》第6卷"宗教哲学"，山东人民出版社，1996，第135页。
[3] 付乐安:《当代西方著名哲学家评传》第6卷"宗教哲学"，山东人民出版社，1996，第141页。
[4] 卓新平:《基督宗教论》，社会科学文献出版社，2000，第152页。
[5] 朋霍费尔:《狱中书简》，四川人民出版社，1997，第2页。

'精神'是群体生活与个人生活中的意义与力量，而不只是意义而已"[1]。

探索"意义"和"永恒"成为别尔嘉耶夫生活的强大动力，他的人生的第一次转向就是向探求真理和意义的转变，他把探索真理和意义与日常现象、无意义的现实性对立起来，认为他的这次转向不是转向东正教或基督教，而是转向精神方面。他坚信，"即使我不知道生命的意义，但探索意义已经赋予生命以意义，我要把全部生命献给这种意义的探索"[2]。在他看来，"在灵魂深处，在比理性理论更深的层次上，我相信精神是第一性的现实性，而外在的、被称为'客观的'世界、自然的和历史的世界则仅仅是第二性的、反映的、象征—符号性的现实性。这种世界观即使在我的马克思主义时期也仍然保留着"[3]。他认为，"人的存在的秘密就在这里：人的存在证明着某种高于人的东西存在，人的优点也在于此。人是克服着自己的局限性向最高存在物超越的生命物。如果没有作为真理和意义的上帝，没有最高的真理，一切都将成为平面的，没有什么东西也没有谁是人向之提升接近的"[4]。"如果没有上帝，没有高踞世界之上的真理，那么人就整个地服从于必然性或自然界，服从于宇宙或社会、国家。人的自由在于，除恺撒王国外还存在着精神王国。上帝的存在在人身上的精神的存在中体现出来。"[5] 总之，尽管神学家们的理论切入点不尽相同，但他们的批判主题却基本一致。

三　20世纪文化危机神学批判的理论价值

尽管20世纪的神学批判处于非主流地位，但是无论是其批判主体、批判视角还是批判的理论基础都根植于西方的文化世界之中，同时批判的主体又与人的现实生存紧紧相连，显示出神学批判与哲学社会批判相竞争的态势。

---

[1] 刘小枫编《当代政治神学文选》，吉林人民出版社，2002，第24页。
[2] 别尔嘉耶夫：《自我认识——思想自传》，雷永生译，上海三联书店，1997，第76页。
[3] 别尔嘉耶夫：《自我认识——思想自传》，雷永生译，上海三联书店，1997，第76页。
[4] 别尔嘉耶夫：《精神王国与恺撒王国》，安启念译，浙江人民出版社，2000，第20~21页。
[5] 别尔嘉耶夫：《精神王国与恺撒王国》，安启念译，浙江人民出版社，2000，第21页。

正如利文斯顿所言，"在过去 300 年间，尽管有一种持续不断的日益增长的世俗化倾向，基督教还是显示出了巨大的恢复能力和创造能力。在那失败的黑暗时代，在那可鄙地向世俗主义投向的黑暗时代，基督教跌倒了，可是这些时期却有充满活力的神学上的反应作为抵偿，这些神学上的反应拒绝单纯靠拢和坚持古代的立场"[①]。神学的恢复和创造能力在 20 世纪愈发强劲，神学家们无法忍受神学沦落在遗忘之乡的颓势，坚信"基督神学的逻各斯绝非是一个无主体和无历史的理念，它根植于一种思念之中，这种思念不可能消除、忘却或从理念上抵消人的受难史"[②]。蒂利希、默茨、古铁雷斯等人的神学批判都体现了这种实践神学的精神。因而，神学的文化批判具有重要的理论价值。

第一，20 世纪文化危机的神学批判无疑向人们指出了摆脱文化危机的另一条道路——宗教神学路线。在理性主义特别是技术理性主义占绝对统治地位的时代，在宗教信仰边缘化和微弱化的时代，在科学技术高度繁荣昌盛的时代，神学批判能够利用时代提供的现实契机和一切理论资源向人们表明宗教神学路线的正确性和合法性，在一定程度上弥补了单纯理性主义路线的理论不足和思想偏差，极大地丰富了 20 世纪文化批判的理论色彩。审视西方思想文化发展的历史不难发现，理性主义和希伯来精神并不是两个互不相干的思想源头，恰恰相反，正是从这两个源头流淌出的思想活水的相互融合才滋润和哺育了西方文化的生长。两大思想源头代表的两种文化精神若能够相互融合、和谐相处，生活在西方的文化家园中的人就充满欢乐、安宁和幸福；两种文化精神若处于分裂状态，人的生存活动就陷入不幸、混乱和焦虑的困境之中。因此，从思想和理论上整合两种文化精神就成了各个时代哲学家的神圣使命。神学家们在对原有的传统观念、理论、命题做全新的解释基础上，对理性与信仰、宗教与文化、世俗与教会、有神论与无神论、科学与宗教等传统命题做了现代的解释和综合，力图寻找理性主义与信仰主义文化精神的切合点：认为建立以神律文化模式统摄下的自律文化和他律文化才是西方人

---

① 利文斯顿：《现代基督教思想》下卷，四川人民出版社，1999，第 994 页。
② 默茨：《历史与社会中的信仰》，生活·读书·新知三联书店，1996，"第五版序"第 4 页。

得以生存的文化家园，有着"神律"观照的"自律"社会才是得到"终极关怀"的社会，沐浴着"神圣之爱"的人才是自由和欢乐的人。

第二，20世纪西方文化危机的神学批判的理论深度是极为深刻的。一种理论批判的深刻程度取决于对批判对象把握的准确程度。神学家们同所有的哲学家、思想家一样深深地体会到这种深刻的文化危机并对其做出了自己独特的神学诊断。神学家们把西方文化危机总体上视为自现代启蒙运动、政治革命转化出的以理性主义为根本内涵的人本主义文化精神和基督教神学的双重危机，具体特征定位为人的意义世界和价值世界的丧失。他们充分认识到当代文化的特殊性，指出了当代文化"居优势地位的工业社会精神"和反抗这种优势文化精神并存的特点。他们揭示了受工业社会文化精神支配下人的基本形象："人的活动集中在对这个包括他自身在内的世界的有条理的探究和技术改造上，随之人也就丧失了他与现实的接触的深度；……上帝已从人类活动范围内被移置出去，在不允许他干涉世界的前提下，上帝被置于世界之侧，上帝成为多余的，宇宙成为人类的主人。"[①]同时，把这种人的形象视为"无根基的人"，这种文化必将"根基动摇"。因为，"无论何时，人若自称与上帝无异，就是正在遭受责罚，正在自毁自绝。当人只满足于依赖自己的文化创造、技术进步、政治体制和宗教体系时，他就陷入了解体、混乱之中，他个人的、自然的和文化的生命之根就已在动摇。……所有文明生活的根基都在动摇，无一幸免"[②]。不争的事实表明，人的空虚感、怀疑、无意义成为当代西方文化危机中最为突出的时代特征。对于西方的文化危机这种"病症"怎样"诊断"就怎样"医治"。

第三，20世纪文化危机的神学批判的理论视角极为独特。我们从马克思哲学、存在主义哲学等哲学流派对20世纪人类困境的应答方式的检讨中可以看出，面对同样的文化危机，不同的哲学流派或不同的哲学家的理论视角极为不同。他们或者从政治、经济、文化等入手展开批判，或者从人自身的劳

[①] 蒂里希：《蒂里希选集》上，何光沪译，上海三联书店，1999，第413页。
[②] 蒂里希：《蒂里希选集》上，何光沪译，上海三联书店，1999，第558~559页。

动活动、心理活动、思想意识等层面入手展开批判，也不乏从人的心理结构、心理体验、社会性格等方面对文化危机加以批判；而神学家们则独辟蹊径，从人的根本形象入手进行批判。在他们看来，现代西方的问题不是社会病，而是文化病、心态病。马利坦说："现代人类的处境是一个不幸的处境"，现实世界是一个"涕泣之谷"。① 所谓的文化危机实际上是人的形象重塑或人的本质特征的改变，而对人的形象的把握则离不开对人的本体结构的把握，蒂利希、别尔嘉耶夫等人走的正是这样的路径。神学家们对人的神学形而上学的分析从另一路线揭示了文化危机、文化焦虑、本体性焦虑和人的现实困境之间的内在关系。

　　第四，20世纪西方文化危机的神学批判是人类文化家园重建的有益尝试。走出文化危机，从根本上消解生存困境，就必须重建文化家园。在各种重建方案中，神学家们能够跳出理性主义界限，到基督教神学文化资源中寻找出路，这种尝试本身是十分有益的。因为现代西方工业社会的文化中，以理性主义为内涵的科学和技术的发展以及所达到的水平，可以消除物质匮乏给人带来的生存困境，但是理性主义给人的只能是这种"初级关怀"。理性主义自身无法解决怎样限制运用理性的强度和广度，怎样节制人的欲望，怎样减少人的消费需求与自然资源的冲突等问题，无法解决种族歧视、性别歧视、唯意志主义、人类中心主义等这些棘手的问题，而这些问题的答案或许可以由基督教神学提供的文化资源中给出。因此，西方社会文化家园需要重建的不是如何弘扬理性和科学的问题，而是寻找人的"非理性"的生活世界的意义和人的精神信仰，寻找人的生存的精神依托和价值标准。

---

① 马利坦：《20世纪西方宗教哲学文选》上卷，上海三联书店，1991，第37页。

西方马克思主义的大众文化批判理论及其启示与限度

王晓东[*]

在西方的大众文化批判理论中，最为激进的批判应首推西方马克思主义尤其是法兰克福学派所做的批判，主要代表有霍克海默、阿多尔诺、马尔库塞、洛文塔尔、哈贝马斯等。而其他西方马克思主义者，如英国的威廉斯和伊格尔顿、德国的本雅明、法国的列斐伏尔以及美国的詹姆逊等也表现出明显的"家族相似"。大众文化在西方马克思主义的理论视域中遭遇强烈的批判有何历史的起因？法兰克福学派的大众文化批判与其他的批判视角有哪些细微的差别？这种批判的合理性启示及其限度在何处？这些关键性的理论问题需要重新给予全面的、系统的思考。

一 西方马克思主义大众文化批判理论的历史文化起源

西方马克思主义（主要是法兰克福学派）的大众文化批判理论所批判的主要对象是文化工业制造出来的商业性文化、媒体文化、消费型文化，也就是通俗的娱乐文化、流行文化本身。这构成了西方马克思主义大众文化概念的主要取向和基本定位。这种意义上的大众文化不是指源于日常生活的原生形态的文化，即基于某种文化传统和习俗而形成的自发性的文

---

[*] 王晓东，黑龙江大学哲学学院教授，主要从事现代西方哲学和国外马克思主义研究。

化，大众文化范畴更主要的是立足于文化的现代发展而立论的。大众文化是在发达工业社会和后工业社会中随着文化进入工业生产和市场商品领域而产生的新的社会现象，是由现代大众传媒技术和现代信息技术塑造并加以支撑的文化生产形式和文化传播形式，并因此能够成为被大众广为使用和利用的文化消费形式，是基于文化成为大众普遍的消费品而赖以确立的文化形态。

法兰克福学派通常所使用的大众文化范畴与"文化工业"的概念非常接近。关于"文化工业"，霍克海默、阿多尔诺在《启蒙辩证法》中曾指出，文化工业是指凭借现代科学技术手段大规模地复制、传播文化产品、文化商品的娱乐工业体系。这种娱乐工业产生于发达的资本主义工业国家，它以制作和传播非创造性的、标准化的大众文化商品为手段和载体，通过独特的大众传播媒介，如电影、电视、广播、报刊等多种普遍有效的途径送达消费者，供其消费，进而达到获取高额利润、实现发财致富的目的。这种大众文化就是借助大众传播媒介（电影、电视、广播、报刊等）而流行于大众中的通俗文化，如通俗小说、流行音乐、叫座的影片、广告艺术、大批量生产和复制的艺术品等。大众文化实现了文化、艺术、宗教、哲学与商业、政治、消费、娱乐有机的融合，从而形成了物化的、虚假的文化，满足人们被动、虚假的需要。对大众文化内涵的这种定位已成为法兰克福学派、后现代主义等现代文化理论研究中占主导性的理解范式。许多致力于文化批评的西方理论家如结构主义者罗兰·巴尔特、波德里亚以及詹姆逊等基本上承继了法兰克福学派的这种理解范式。

这种大众文化之所以成为西方马克思主义尤其是法兰克福学派攻击的对象，主要是因为大众文化昭示了现代人所面临的生存困境和历史文化危机。20世纪，人的存在陷入严重的生存悖论，即人在自身的生存与发展中陷入主体性与客体性的错位、物质性与精神性的失衡、工具理性与价值理性的分裂、功利主义和理想主义的对立等一系列矛盾之中，在这种矛盾和悖论中，个性受到压抑，自我人格受到操纵，自由受到威胁。

西方现代化的历史进程，促进着人自身的自由与解放。然而，这种发展与进步却表现为一种畸形和片面性，人成为单纯的经济动物，生产的高效率被视为社会发展的最高目标，金钱与财富成为主要的甚至唯一的行为目标和价值选择，科学主义与人文主义的分裂日益加深，科学的实用价值被推至极端，科学在傲慢中陶醉于单纯的功利，对善与美的离弃和僭越使艺术丧失了独立性，成为经济活动的附属物。艺术沦落为物质性的东西，丧失其特殊的精神价值。现代人的问题是金钱与技术充斥于社会，物质的需求成为最重要的乃至唯一的价值尺度，生存的体验、精神的存在变得无足轻重。人的主体性地位在这种现代背景下不复存在了。资本主义的理性化表征于文化领域，就是大众文化的出现和发展，大众文化的商品化动机和经济利润动机，使文化沦为赚钱的手段和工具，文化本身由此失去了自律性和自足性，文化不再服从于自由的创造本性和审美的精神需求，走向平庸和媚俗。由此，文化艺术本身的自由超越精神、批判否定精神以及理想化的导向功能也随之丧失了。文化的市场化、工业化和商品化是商品经济和市场经济全面的渗透结果，是技术进步的伴生物，这一现象使文化的原有的本性、旨趣、功能都发生了根本性的逆转。大众文化正是技术理性和经济力量侵入文化领域的结果，因而意味着理性化和物欲化对文化的一种侵占与渗透。正是在这样的文化危机和生存困境下，法兰克福学派试图通过对大众文化的反思和批判，揭示技术理性对人的统治，展示大众文化对人性、对自由的剥夺与侵蚀，同时表达了对文化发展中娱乐化、平庸化、媚俗化倾向的反抗和鄙弃。

大众文化批判对于早期西方马克思主义者卢卡奇、葛兰西而言，是隐而未显、未加展开的问题，但是，卢卡奇的阶级意识理论与葛兰西的文化领导权理论已经为后来的技术理性批判、大众文化批判奠定了深层的理论基础，可以说，法兰克福学派的大众文化批判是早期西方马克思主义文化批判理论合乎逻辑的延伸。在卢卡奇看来，西方国家的无产阶级革命和工人阶级运动之所以处于低谷，并不在于经济基础本身，而在于无产阶级的阶级意识丧失，工人阶级历史主体性的缺乏。而根本原因在于无产阶级被资产阶级意识所左右，陷入所谓的"物化意识"的统治之中，由此，无产阶级仍然处于资产阶级文化的困扰之下。无产阶级要获得自己的阶级意识、重新确立主体性，必须脱离资产阶级文化的桎梏，批判"物化"的现实，批判资产阶级的"合理化"的统治，而根本出路在于确立无产阶级的总体性，实现辩证法所要求的主客体的统一。所以，对资产阶级文化的批判，必然蕴含着对文化工业所支撑的消费型文化的批判和拒斥，必然蕴含着对异化的大众文化的批判。而葛兰西的文化领导权理论认为，资产阶级的统治在于领导权的实现，而资产阶级不仅在政治上掌握着对国家的领导权，而且在文化上拥有强大的领导权，文化上的这种领导权，从观念、心理和意识形态上支撑着资产阶级的统治，从而成为一种维护资本主义的话语霸权。在葛兰西看来，资本主义国家的市民社会承担着意识形态—文化的功能，它以非武力的形式教化着被统治阶级，时刻维护着资本主义的合法性。法兰克福学派的大众文化批判主要揭露大众文化的政治统治功能和意识形态功能，这无疑是在消除大众文化霸权，反对资产阶级的文化领导权。法兰克福学派遵循着卢卡奇、葛兰西意识形态批判的逻辑展开和拓展着文化批判的视野，进入对大众文化的批判中。

就法兰克福学派的大众文化批判理论来看，既是对资本主义的现实的经济发展和政治现状的批判，因而遵循着一种历史的社会批判的逻辑；同时，也是一种文化发展的逻辑，是对西方理性主义的文化精神和工业文明的基本精神的批判，也就是对近代文化启蒙精神的反思和检讨。然而，大众文化批判，在直接的形式上，也是一种文艺美学理论，代表着对文化艺术的审美层面的建构。在这一方面，法兰克福学派的美学理论主要承继了德国古典美学的传统，是一种新古典主义美学立场，发挥了康德、歌德、席勒美学思想中的浪漫主义、理想主义因素。康德美学中的反现实的超功利主义和强烈的主体主义立场、歌德和席勒对艺术中张扬个性和生命自由理想的反理性立场对法兰克福学派的文化批判立场产生了至关重要的理论影响。法兰克福学派的批判现实主义和审美救世主义深深地植根于德国文化中张扬个性、自由解放的反理性主义、浪漫主义传统。

二 西方马克思主义大众文化批判理论的批判维度

在西方马克思主义的文化批判视野中，大众文化已经不仅仅是单纯的文化现象，而且是经济现象、政治统治现象，还是人的一种特定的存在方式和存在状态。法兰克福学派在文化上的基本立场是维护文化、艺术的自律性本质，捍卫文化艺术对人的自由和解放的意义，进而批判文化的经济化、商品化，反对文化与政治统治的同一关系，坚决否定和批判大众文化所造成的人的异化状态。在此，西方马克思主义的大众文化批判主要表现出两个旨趣不同，同时又密切相关的理论批判维度，即文化艺术本身的内在维度和超越文化艺术本身的外在维度。

1. 美学现代性批判

法兰克福学派对商品性、市场化的大众文化的批判，根源于他们对文化尤其是对艺术的本质的独特理解。艺术的真正本质在于创造性，即体现人的自由和超越精神。西方马克思主义的许多代表人物继承了康德的美学理念，坚持美的非功利性特征，认为美在某种意义上是一种超越功利需要、没有利害关系的存在，它是人的自由自觉的对象化本质的实现和确证，无论是艺术品的创作还是艺术品的审美，都展示了人所特有的本质规定性，即自由。在霍克海默看来，艺术是表征主体性的领域，是人的个性的自主的创造和独立判断，所以艺术是关涉私人领域的。艺术的自由超越性，还意味着对现实存在和给定之物的否定和批判。真正的艺术既是一种自由的创造，也是一种变革现存的力量。对此，霍克海默指出，"反抗的要素内在地存在于最超然的艺术中"[①]。马尔库塞认为，艺术作品代表着对一切不自由的存在的否定和超越。

[①] 霍克海默:《批判理论》，重庆出版社，1990，第259页。

由此看来，真正的艺术作为文化产物是人的自由创造精神的真实体现，表现了人的自由自觉的创造性本质，同时艺术也是促进人的自身完善，推动人类社会进步、发展的重要的驱动力。然而，法兰克福学派的思想家认为，艺术这种人的自由自觉的创造物，在发达工业社会中，由于工业化、市场化经济力量的扩张和技术理性的不断浸淫，已经沦落为一种商品、消费品，成为供人们闲暇时间娱乐和消遣的东西，艺术作为发达工业社会中的文化现象，已经不再是一种自主性、自律性的东西，艺术的自由超越的品格已经失去了，艺术可悲地走向了异化。

由于资本主义对文化艺术的商品化和市场化的需要，也由于受到了现代生产技术特别是大众传媒技术的支持，艺术品和文化用品的批量生产和大规模复制不仅具有必要性，而且具有可能性。所以，艺术品也就具有了标准化、数量化、同质性和齐一性的非个性的存在形式。大众文化的标准化和齐一化的直接后果就是真正的艺术品所应蕴含的自由创造本性的消失，艺术品成为无个性的模仿和标准化的批量复制。在他们看来，在文化工业中，无论是在文化艺术的创作中，还是在艺术欣赏中，普遍存在虚假的个性，真正的创造性的自由个性不复存在了。他们指出，在"文化工业中，个性之所以成为虚幻的，不仅是由于文化工业生产方式的标准化，个人只有当自己与普遍的社会完全一致时，他才能容忍个性处于虚幻的这种处境。从爵士音乐典范的即席演奏者，到为了让人们能看出自己在影片中所扮演的角色，不得不仍用鬈发遮住眼睛的演员，都表现出个性的虚假"[1]。资本主义的发展一方面使个人得到了发展，但是技术的发展和统治，又使个人的每一种进步以牺牲自身的个性为代价。哈贝马斯曾指出，现代艺术的发展已经明显地呈现为一种个人成绩和利益的生活方式，这种倾向抛弃了个人在艺术作品中的孤独沉思，抹平了艺术与生活之间的距离，艺术在精神上的超越维度缺失了。而对大众文化持乐观态度的本雅明也曾指出，由于艺术品自身的不断被复制和标准化，很

---

[1] 霍克海默、阿多尔诺：《启蒙辩证法》，重庆出版社，1990，第145页。

轻易地走近大众，导致了艺术品本身失去了过去所具有的独一无二的存在形式，致使艺术品独有的"韵味"抑或"灵韵"消失了。在本雅明看来，机械复制时代的艺术由于与大众的贴近，不再具有历史感、距离感，不再赋予专注式的沉思，艺术作品原有的神秘性和崇拜价值不复存在。艺术走向大众，变成娱乐和开心的对象，导致了一种喜闻乐见的快餐型的文化消费。

在后来的西方马克思主义者中，继承了法兰克福学派大众文化批判理论激进批判立场的人物应首推美国的文化批评家詹姆逊。詹姆逊从大众文化的产生、形式、特征、美学旨趣以及社会功能等诸多方面对大众文化现象进行批判。在他看来，后现代主义的文化具有两个最基本的特征，一个是它是对高级现代主义的刻意反动，也就是对具有颠覆性和反抗精神的现代艺术的一种逆反；另一个是它消弭了高雅文化和大众通俗之间的区别，模糊了高雅艺术与商业活动的边界。这两个特征也被詹姆逊表述为"现实转化为影像，时间断裂为一系列永恒的现在"[1]，也就是文化进入了影像时代，而影像文化造成了艺术的历史感的丧失。詹姆逊认为，现代文化与后现代大众文化之间在美学旨趣上有着根本的不同。现代性的文化艺术，在审美趣味上具有明显的私人风格和个人癖好，精于戏仿和讽刺，"而这意味着现代主义美学以某种方式与独特的自我和私人身份、独特的人格和个性的概念有机地联系在一起，这些概念被期待产生出它自身对世界的独特看法，并铸就它自身独特的、毫无雷同之处的风格"[2]。而后现代性的美学立场，相对于现代性来说已发生重大的变化，由超美学走向"美学的回归"，回归于直接的现实的生活本身，也就是让人们沉溺于放纵性的文化消费，通过"拼贴"的快速流动的视像，通过华丽的商品包装，通过程式化符号的不断刺激，使人们不断地得到感官上的愉快和满足。所以，后现代的文化美学立场，不可避免地会导致人的生存的平面化和生活的平庸化。詹姆逊的理论研究方式是后现代的，因而被归于后现代主义理论家之列，然而，其理论立场却是现代主义的，詹姆逊完全承继了

---

[1] 弗雷德里克·詹姆逊:《文化转向》，中国社会科学出版社，2000，第20页。
[2] 弗雷德里克·詹姆逊:《文化转向》，中国社会科学出版社，2000，第3页。

西方马克思主义文化批判理论的激进传统。

2. 政治意识形态批判

西方马克思主义者，尤其是法兰克福学派之所以对大众文化进行痛切的批判，真正的目的并不在于单纯地捍卫文化艺术的自律性的本质，而是从深层的文化层面和文化根源上揭示和批判大众文化的经济政治统治意义。在法兰克福学派的多数成员看来，大众文化与技术理性一样已经成为一种新的统治形式。大众文化的商品化和齐一性消解了艺术的自由创造本质性和个性化特征，同时，大众文化通过迎合市场消费的需要，迎合在机械劳动中疲惫的人们的需求，通过提供越来越多的承诺和越来越好的无限的娱乐消遣来消解人们的内在的超越维度和反抗维度，使人们失去思想的深度，从而在平面化的文化模式中逃避现实，沉溺于无思想的享乐，与平庸的、痛苦的现实相认同，从而维护资本主义的统治。这便是大众文化所具有的内在的欺骗性。大众文化通过这种欺骗性，实现对大众、对被统治阶级的操纵与控制，发挥着意识形态的政治统治功能。

（1）从大众文化的娱乐消遣功能来看，大众文化促成了人们的逃避主义、遁世主义倾向。文化工业为消费者提供越来越多的文娱消费作品，从而给人们带来享乐和满足。实际上，享乐是一种逃避，即逃避对现实的恶劣思想进行反抗。就电影的欺骗功能而言，在现代社会中，整个世界经过了文化工业这个过滤器的过滤，结果是人们通常在对电影的欣赏中失去了独立的判断，往往认为电影就是外面大街上发生的情况的继续，或者认为外面的世界是人们在电影中所看到的事情的延续。这样，就造成了人们的错觉，模糊了生活和电影之间的区别，极大地抑制了观众的判断能力，消解了人们对现实的不满。在法兰克福学派看来，大众文化垄断了人们的精神生活，人们在大众文化的洗礼下逃避现实，开始丧失内在的超越的维度，习惯于无思想的平面化的生存模式。

（2）从广告艺术的现实功能来看，广告支撑着文化用品的不断生产，维护着工业资本的利益和垄断的权力。工业资本和银行资本借助于无线电广播中的广告代理商或者说在广告的投资，使文化工业产品不断地保持它的市场。广告和文化工业无论是在技术上还是经济上都融为一体了。法国哲学家列斐伏尔将现代资本主义社会称为"控制消费的官僚社会"。这个社会不断地生产和创造新的商品，并通过新奇的广告宣传不断地刺激人们的消费欲望，"宣传不仅仅提供了一种消费的意识形态，而且更主要地创造着'我'这样才是自我实现的消费者形象，在这样的行为中消费者认识到自己并与他自己的理想相一致"[1]。资本主义社会的消费控制和大众文化导致了日常生活的支离破碎，也形成了这样一种自相矛盾的异化：生活比以往任何时候都舒服、自在，但同时也比过去任何时候都更糟糕，更令人苦恼。日常生活的异化产生了一种历史性的后果，就是掩盖了资本主义的剥削和压迫，削弱了人们的主体性和革命性，因而维护了资本主义的现状。

（3）大众文化操控的意识形态本质。文化工业通过娱乐消费品的源源不断的生产以及广告的不断的许诺，操控、支配和欺骗着作为消费者的大众。资本主义的统治体系通过文化工业产品为自己建造了坚固的防护工事，借此巩固消费者与经济垄断集团之间的联系。文化工业使消费者相信它的欺骗就是对消费者需求的满足，并且使消费者无论如何都安于这种满足。对文化娱乐品的享受促进了看破红尘和听天由命的思想。大众文化、工业化的文化，只是让人们忍受残酷生活煎熬的条件。由此，大众文化充当了一种含糊的意识形态，这种意识形态被有计划地用来宣传现存的事物。大众文化虽然对资本主义制度发泄愤怒和不满，但不能从根本上构成对资本主义制度的威胁，这就是工业化文化的全部实质。

由此看来，大众文化的欺骗性、操控性、意识形态性对于维护现存的经济、政治和社会秩序起到了十分重要的作用，它造成人们面对一个不合理的极权社会却无力反抗的历史局面。大众文化对商品的屈从、对经济利益的服从、对人的感官愿望的依从、对现存政治统治的顺从，异常鲜明地指示着现

---

[1] Henri Lefebvre, *Everyday Life in the Modern World*, Lane The Penguin Press, 1971.

代资本主义发达社会中文化本身所出现的严重异化。大众文化的兴盛,意味着文化艺术的自由创造本性的丧失,标志着人的主体性、反抗性的丧失,也标志着资本主义社会的否定性的反抗力量的羸弱,致使资本主义社会处于一种不合理的、单向度的极权状态,人处于一种不自由的客体性的异化状态。法兰克福学派将这一社会现实归因于文化,试图从大众文化的发展中寻找某种答案,这也正是法兰克福学派等新马克思主义把批判理论的主题定位于文化层面的根本原因之所在。

三 西方马克思主义大众文化批判理论的启示与限度

通过对西方马克思主义大众文化批判理论的具体考察,不难看出他们据以进行批判的思想依据、历史动因以及体现的具体批判视角,由此展现了西方马克思主义文化批判理论的独特的思想特征。

1. 批判的激进性和彻底否定性

西方马克思主义尤其是法兰克福学派对大众文化所做的批判是西方大众文化批判理论中的最为激进与严厉的一种批判。除本雅明以外,他们几乎自始至终地贯彻了彻底的激进否定立场和坚决拒斥的态度。对于他们来说,大众文化的产生与扩张不仅湮灭了文化艺术追求崇高、反抗现实的自由超越精神,堕落为一种庸俗的、平面化的商品性文化消费,而且大众文化成为一种维护不合理社会的意识形态工具。作为一种意识形态工具,大众文化与资本主义现存社会的极权统治具有共谋性关系。

2. 鲜明的社会政治批判意向

西方马克思主义的文化批判理论固然属于明确的文化研究取向,相对于马克思主义政治和经济批判的理论传统而言,的确进入文化领域,并将批判矛头直接指向了各种文化形式和文化现实。然而这种批判并不是出离于、超然于政治和经济领域的,西方马克思主义的文化批判具有鲜明的政治批判旨趣。西方马克思主义批判大众文化,一方面严厉指责大众文化的平庸化、商品化以及消费主义倾向，批判文化与经济的融合与共谋，另一方面，痛斥大众文化的意识形态功能，指责其成为极权社会不合理统治的帮凶。

而西方马克思主义之所以切入文化层面进行理论反思，正是欲使文化批判成为一种革命性的实践力量，使大众、使无产阶级摆脱资产阶级的意识形态控制，唤醒他们的反抗和批判精神与历史和阶级意识。在严格的意义上，大众文化批判与其说是一种文化批判，毋宁说是从文化视角切入的政治经济批判。而这是自西方马克思主义的开山人物卢卡奇以来，大多数西方马克思主义者共同的理论特点和理论寻求。与此同时，这也正是西方马克思主义的文化批判不同于非马克思主义式的文化批判的主要差异和分歧所在。而非西方马克思主义的大众文化批判主要是从生命哲学、人本学、文化学以及美学等角度进行的一种非政治意义的批判，如德国生命哲学家尼采、法国结构主义者罗兰·巴尔特以及英国文化批判者立维斯、豪哥特等对大众文化的批判。

3. 批判的内在差异性、多元性与异质性

西方马克思主义的大众文化批判理论在基本的立场和观点上体现了明显的"家族相似"。维特根斯坦意义上的"家族相似"意味着大众文化批判存在相同，同时也有明显差异的情形。法兰克福学派的批判、存在主义的马克思主义者列斐伏尔的批判以及后现代主义者詹姆逊的批判并不是完整、统一的，而是一种多元异质性的批判。其中，法兰克福学派侧重于从艺术的自由超越本质的丧失的角度对大众文化进行批判；而列斐伏尔则试图从日常生活的全面异化的角度对资本主义大众文化进行一种日常生活意义上的批判，在列斐伏尔看来，大众文化损害的主要并不是个性，而是真正的交往；而对于詹姆逊的大众文化批判而言，似乎主要在于客观地揭示和分析文化的"后现代"特征，也就是主要侧重于文本意义上的文化研究立场，对文本的分析多于激进的社会批判和政治批判。

法兰克福学派内部的大众文化批判也存在巨大的分歧。霍克海默、阿多尔诺视大众文化为启蒙精神的自我摧毁的具体表现，大众文化是启蒙理性为自身树立的耻辱柱，因而对现代性表示了完全的、彻底的怀疑；而对于哈贝

马斯来说，大众文化则意味着另外一种不同的现代性缺陷，就是工具理性的膨胀和交往理性的缺失，因而哈贝马斯并不一般地否定现代性；而更为主要的分歧在于本雅明与霍克海默、阿多尔诺之间。本雅明同样以浪漫主义的精神批判资本主义的大众文化，并表示了对传统的现代艺术中"灵韵"丧失的感伤与怀念。然而，本雅明并不一般地否定大众文化，相反承认甚至主张大众文化的积极价值和历史意义。在本雅明看来，一切艺术作品原则上都是可以复制的，艺术作品的机械复制在历史发展中具有必然性，艺术形式必然要随着技术的发展而不断发生变化。缺乏灵韵的平民化的大众文化和艺术（如电影艺术、照相）的产生与发达正是技术发展的文化结果。本雅明不认为大众文化只具有消极作用，因为大众文化如电影同样拓展了人们的视野和眼界，从而引起人们的感知方式发生变化。正因为如此，机械复制艺术能够并且应该承担改造社会的革命功能。霍克海默、阿多尔诺由于看到艺术被经济集团和政治力量所操控而沦为大众消费的庸俗化商品，因而对大众文化的积极功能彻底丧失了信心，并且给予了毫不容情的激烈批判。

西方马克思主义尤其是法兰克福学派的大众文化批判理论，自其问世以来产生了旷日持久的历史性影响。在西方，方兴未艾的文化研究思潮、文艺美学理论以及大众传媒理论无一不从法兰克福学派的大众文化批判理论中吸取某种理论滋养。这种影响既表现为对法兰克福学派的激进批判立场和观点的认同与积极回应，也表现为对这种立场和观点的批判与否定。对于大众文化的反思和批判而言，法兰克福学派的批判理论所揭示的问题与文化困境无论如何都是必须正视、不可回避的。那么，我们究竟应该如何对西方马克思主义的大众文化批判理论做出适当的、准确的评价？这种大众文化批判理论提供了哪些富有启发性的问题？同时，这种批判是否有某种不可否认的内在缺陷？

第一，法兰克福学派的大众文化批判理论，在历史现象学意义上真实地再现了西方文化发展中出现的崭新现象，也就是大众文化的崛起和传统的现代文化艺术的衰落。仅就艺术而言，艺术不再是个人的反思式的创造行为，不再是文化英雄主义时代张扬个性、呼唤自由、批判现实的思想旗帜。相反，艺术的生产和艺术的欣赏已转变为商品生产行为、商品交换行为和商品消费行为。由此，文化的创造成为一种受经济利益驱动的世俗化的行为，而人对文化艺术的需要，主要不是一种精神的需要，而是变成了一种消遣性的娱乐。随着历史的发展和技术的进步，在西方发达国家的确出现了商品经济全面渗透（包括向艺术渗透）的历史趋势，因此，文化自身在发展过程中出现了一种向实用主义、拜金主义和享乐主义低头屈服的堕落倾向，文化艺术本身失去了自身存在的自律性和独立性，艺术被严重地物化。据此，许多西方思想家和文化研究者都严厉地指责这种现象，并将这种现象称为"反文化"现象。

第二，法兰克福学派的大多数成员及其他一些西方马克思主义者坚决捍卫现代艺术中的个性原则和超越、批判现实的乌托邦精神。他们以异常鲜明的态度批判和指责大众文化的商品化、齐一化、标准化以及娱乐化、媚俗化倾向。他们力图弘扬现代文化艺术超越现实、否定现实的革命性本质以及自由、反抗的艺术精神。因此，他们贯彻了一种文化精英主义的立场，主张高级文化与低级文化之间的内在差异，试图通过唤醒艺术的批判否定的乌托邦精神来改造不合理的社会现实。这一主张无疑具有深厚的历史责任感和深远的文化价值。人类社会的发展需要伟大的艺术和高尚的文化来指引人们向理想的社会迈进，这种伟大的艺术和文化绝不可能是仅供娱乐消遣的文化快餐，它将通过崇高、神圣、美来给人以震撼，必定对日常的世俗生活保持批判的反思和审视的态度。美国的文化批评学者理查德·沃林在评论阿多尔诺的美学理论、分析后现代艺术的特征时指出，后现代的艺术试图抹平和消解高级文化和低级文化、艺术和娱乐的区分，这远不是一种进步，它使艺术混迹于日常生活领域，并导致了审美自主权的解体，而这恰恰表现了某种真实性的危险。"在这里，主要危险是艺术和生活之间的批判张力的松懈，那种张力是现代主义美学的关键所在。结果将产生这样一种危险：一旦艺术和生活之间的界限被模糊了起来，那么艺术的批判潜力就要走向衰微，并且艺术本身将蜕变成某种证明工具,即,晚期资本主义'幸福意识'的无批判的镜像。"① 而阿多尔诺的明确否定的美学见解以及乌托邦的艺术理想则对这种倾向给予了某种抵制。实际上,这种立场不只是阿多尔诺,而是整个西方马克思主义大众文化批判理论的共同性倾向。

第三,西方马克思主义的大众文化批判理论从一种有别于马克思主义以往理论传统的视野对文化与经济、政治的关系重新进行了深刻的思考和具体的探索。在大众文化的历史发展中,文化与经济的界限已经趋于模糊,边界在现代背景下正在消失,大众文化已经直接成为一种经济现象,文化生产和使用已经成为一种经济活动和消费活动。在西方发达国家,工人阶级运动长期以来处于低迷状态,社会的反抗力量趋于消失,人们对现存社会存在前所未有的认同。这种政治同一性现象原因何在? 西方马克思主义者将这一现象归于文化上的原因,也就是经济垄断集团通过大众文化左右、控制人们的需要,大众文化在现代社会中发挥着一种消解革命和反抗意识的意识形态功能。大众文化在现代社会发展中的产生与崛起,既是一种文化艺术现象,也是一种崭新的历史社会现象,这对发展马克思主义提出了新的理论课题,传统的经济基础和上层建筑的关系已经难以直接解释这种文化发展现象。法兰克福学派通过对这一问题的考察,揭示了资本主义借助大众文化对人们的需要进行控制,从而维护自身的经济和政治统治,维持着自身的合理性和合法性。马克思主义要解决资本主义社会的革命和社会发展问题,必须融入文化的视野。这是西方马克思主义大众文化批判理论给予我们的积极的启示。

尽管如此,对于西方马克思主义的激进的大众文化批判理论也必须保持冷静的、审视的态度,对于这种批判所存在的缺陷、弱点和理论误区应有清醒的认识。以下几个方面值得进一步思考和反省。

首先,西方马克思主义尤其是法兰克福学派的大众文化批判理论,以沉

---

① 理查德·沃林:《文化批评的观念》,商务印书馆,2000,第132页。

重、铿锵的旋律谱写了一曲文化艺术发展的悲怆曲，吟唱了一首现代主义艺术理想的挽歌。真正的文化艺术应该追求理想和崇高、充满愤世嫉俗的反抗精神，这是艺术的真正精神之所在。为此，他们不遗余力地对大众文化的商品化、低俗化和消费主义倾向给予坚决的、彻底的批判和否定，从而陷入一种对文化的绝望与虚无。然而，他们没有真正做到从历史的现实发展上、从艺术本身的动态变化中准确地揭示和分析文化自身的发展规律，在很大程度社会停留于对古典现代艺术的怀恋和感伤，表达了一种理想主义、浪漫主义的济世情怀。文化艺术本身必然要随着历史的发展而发展，技术手段在艺术发展中的应用是必然的事情，这将为文化艺术的发展提供一种新的走向。在这一点上，本雅明似乎有一种更为客观的态度。

其次，法兰克福学派的大众文化批判理论，将理论的锋芒过于集中地指向文化商品化的现象形态，没有对大众文化的承载者（大众本身）进行具体的深入研究，基本上将大众等同于被动的客体和接受者，没有看到抑或低估了大众本身的批判性和主体性，过分强调了大众的被动性和受控性。实际上，大众本身对大众文化的批判意识和批判精神也是不能否定的。依据斯图亚特·霍尔等人对传媒理论的最新研究，大众对大众文化的解码、接受本身是一个复杂、多样、异质的过程，其中既包含意识形态结构对大众传媒意义的编码的介入和作用，也包含受众在解码过程中对结构的抵抗与解构。因而，大众接受和欣赏大众文化，其过程并不完全取决于大众文化的经济本质和政治本质，其结果也并不一定导致大众对大众文化、对不合理的社会现实的完全认同，从而接受其意识形态的控制。

最后，对西方马克思主义的大众文化批判理论而言，单纯地以对文化工业的分析为主要对象，是否能完全涵盖大众文化的所有方面，这是一个值得探讨的问题。以对资本主义文化工业的批判，笼统地、一概地否定大众文化，这是没有真正估计到大众文化历史作用的精英主义立场和非历史主义的倾向。文化走出神秘的个人的领地，贴近大众是历史发展的必然。文化的平民化进程，在某种意义上，是一个历史性的进步，是社会走向平等的历史性标志。

因而，仅从文艺美学的角度，抑或仅从意识形态、从政治和经济的角度进行分析和批判，是有片面性的。此外，文化艺术本身的消遣娱乐功能是不是能够完全否定和取消的，人类在目前的发展阶段是不是能真正地拒斥文化的商品化，同时，对于人的需要来说，是否要完全贬抑感官的需要，这些都是有待认真回答的问题。

由此看来，必须走出西方马克思主义大众文化批判理论激进主义的"绝望"误区，对"绝望"的绝望，才有希望！

参考文献

1. 卢卡奇：《历史与阶级意识》，华夏出版社，1988。
2. 马尔库塞：《单向度的人》，重庆出版社，1993。
3. 尤尔根·哈贝马斯：《重建历史唯物主义》，社会科学文献出版社，2000。
4. 尤尔根·哈贝马斯：《合法化危机》，上海人民出版社，2000。
5. 弗雷德里克·詹姆逊：《快感：文化与政治》，王逢振译，中国社会科学出版社，1998。
6. 瓦尔特·本雅明：《本雅明文选》，陈永国、马海良译，中国社会科学出版社，1999。

大众文化与日常生活界限的消弭与整合

姜 华[*]

大众文化向日常生活广泛渗透的结果是"日常生活的审美化",它代表了一种新的视觉文化的崛起,成为后现代大众文化的一个重要特征。大众文化与日常生活审美化的结合,导致后现代大众文化向日常生活的全面转向,主要体现为大众文化与日常生活界限的消弭与整合及"日常生活的审美呈现",既让艺术进入生活,也把生活引向艺术。

一 日常生活的审美呈现

随着消费社会的出现、文化的民主化和信息传播技术的演进,艺术越来越走出了少数人的象牙塔而进入大众的日常生活。大众文化凸显了"日常生活的审美化"的特点,也就是指"日常生活的审美呈现"。这与大众文化向日常生活的广泛渗透及与日常生活的整合是分不开的。

进入20世纪以来,关于艺术与日常生活的关系问题就相继被许多哲学家讨论过,并形成了两种不同的道路。一是把艺术作为日常生活的对立面,艺术应保持对日常生活意识形态的批判姿态。阿多诺在其著名的《美学理论》中指出了艺术的三个主要特征:艺术是对现实的否定,艺术是差异性的非强

---

[*] 姜华,黑龙江大学哲学学院教授,主要从事文化哲学与国外马克思主义研究。

制和解，艺术是真理的形象。他认为艺术与神明和真理同在，具有对日常生活加以启迪、拯救的责任，艺术世界凌驾于现实世界之上。二是20世纪50年代以后随着大众消费文化的兴起，艺术向日常生活广泛渗透，成为社会的文化主潮，艺术不再作为日常生活的对立面，艺术与日常生活之间也就不存在截然分明的界限。列斐伏尔、费斯克、福柯等人把日常生活变成一个颠覆工具理性原则和官僚体制权力的战场，正像列斐伏尔所说的"让生活变成一件一件艺术品"[1]，强调日常生活自身的反抗功能和意义重构价值，使日常生活最终走向一个自由、审美的存在。

大众文化向日常生活的转向、艺术与日常生活界限消弭的一切实践都可以归结为"日常生活的审美化"。它涵盖了大众文化出现以来人们日常生活的影像化、符号化以及福柯等人探求的审美生存的实践。在关于"日常生活的审美化"的研究中，德国哲学家威尔什与英国社会学家费瑟斯通对此都做出深入的研究，并产生重要的理论影响。

威尔什提出，生活的审美化在当代表现为表层的审美化和深层的审美化。所谓表层的审美化是指日常生活的各个方面都趋向于审美的倾向。"在表层的审美化中，最表层的审美价值是占主导地位的，没有结果的愉悦、快乐和惬意。今天这一生气勃勃的倾向已经超越了个体日常生活事项的审美范围——超越了客观的和充满体验的环境的风格化。它越来越支配着我们的整个文化形态，体验和娱乐已经成为近些年文化的指导方针。"[2]

如果说表层的审美化是指视觉文化景观的话，那么深层的审美化是指在一个电子媒介时代，由于电视和电子计算机对现实的模拟和操演，人们越来越自觉意识到，不但物质层面的现实可以审美化，而且精神层面的现实也审美化了。于是，现实本身变得愈发脆弱和不可信赖。表层的审美化的普遍化不可避免地转向深层审美化的本质化。在物质的水平上和社会的水平上，现实在追求新技术和电视媒介时，将自身展示为愈发地受到审

---

[1] 周宪:《文化现代性与美学问题》，中国人民大学出版社，2005，第73~74页。
[2] 陶东风、金元浦:《文化研究》第1辑，天津社会科学出版社，2000，第149页。

美化过程的影响，它成为一个越来越带有审美性质的事件——当然，在这里，审美并不是在美的意义上所指的，确切地说，它是在虚拟性和可模拟化的意义上说的。

英国社会学家费瑟斯通对生活的审美化问题也做了深入的研究。他认为，后现代社会的基本景观是生活的审美化，亦即审美原则从艺术活动进入日常生活的各个领域。日常生活的审美呈现主要体现在三种意义上。首先，是指在第一次世界大战和20世纪20年代出现的达达主义、历史先锋派及超现实主义运动。在这些流派的作品、著作中追求的就是消解艺术与日常生活之间的界限。其次，是指20世纪60年代出现的后现代艺术。主要表现为：一是对艺术作品的直接挑战，渴望消解艺术的灵气，击碎艺术的神圣光环，挑战艺术作品在博物馆与学术界中受人尊敬的地位；二是与之相反的过程，即认为艺术可以出现在任何地方、任何事物上。大众文化中的琐碎之物、下贱的消费商品，都可能是艺术。最后，日常生活的审美呈现还指的是将生活转化为艺术作品的谋划。日常生活的审美呈现的第三种意义，是指充斥于当代社会日常生活之经纬的迅捷的符号与影像之流。

二　大众文化与日常生活界限的消弭

生活的审美化，或者说是艺术与日常生活界限的消弭，表现在现实上主要是指生活进入艺术，艺术来源于并反映生活本身，艺术与生活的边界和距离被消解了。因此，艺术的生活化和生活的艺术化、日常经验与审美经验的混杂是其直接的表现。艺术与日常生活界限消弭主要表现为以下三个方面。

第一，高雅文化和大众文化界限的消失。西方文化进入20世纪中叶以来，现代主义的精英主义日渐式微，大众文化吞噬了高雅文化，雅俗界限日趋模糊，于是出现了一个新的文化景观，正像杰姆逊所描述的那样："在19世纪，文化还被理解为只是听高雅的音乐，欣赏绘画或是看歌剧，文化仍然是逃避现实的一种方法。而到了后现代主义阶段文化已经完全大众化了，高雅文化与通俗文化，纯文学与通俗文学的距离正在消失……总之，后现代主义的文化已经从过去那种特定的'文化圈层'中扩张出来，进入了人们的日常生活，成为消费品。"[1]

不少西方学者都看到了这个消弭高雅文化和大众文化界限的发展趋势，苏珊·桑塔格在《反对释义》一书中指出，高级文化与大众文化的区别只不过是独特物品和批量产品之间的区别。高级文化与大众文化讲究艺术家的个性、风格和独创性，并以此划出其品位、水准、格调的界域，市场机制重视量更胜于质，文化的批量生产可以获得巨大的经济效益，而现代技术的加盟又使得大批量的文化生产成为可能；而高级文化则常常被迫就范，听命于市场的需求，放弃个人的风格，逾越以往的边界而纷纷与大众文化合流。到了后现代主义，由于商业社会的物质利益原则、消费原则、交换原则已投入社会各个领域，并且商业价值与大众传媒的结合使大众文化具有压倒一切的优势，平面、反深度、复制、拼贴、碎片，高雅文化终于向大众文化屈服，高雅文化被挤到了边缘。杰姆逊关于这一发展也有深刻的论述，他写道："我曾提到过文化的扩张，也就是说后现代主义的文化已经是无所不包了，文化和工业生产和商品已经是紧紧地结合在一起，如电影工业，以及大批生产的录音带、录像带等等。在19世纪，文化还被理解为只是听高雅的音乐，欣赏绘画或是看歌剧，文化仍然是逃避现实的一种方法。而到了后现代阶段，文化已经完全大众化了，高雅文化与通俗文化，纯文学与通俗文学的距离正在消失。商品化进入文化，意味着艺术作品正成为商品，甚至理论也成了商品。当然这并不是说那些理论家们用自己的理论来发财，而是说商品化的逻辑已经影响到人们的思维。"[2]

第二，大众文化的日常生活转向，视觉文化的崛起。后现代大众文化向日常生活转向的一个重要特征就是视觉文化的发展趋势，它预示了一个视觉文化时代的到来。视觉文化的灵魂是影像。大众文化的视觉化已经渗透到日

---

[1] 杰姆逊：《后现代主义与文化理论》，陕西师范大学出版社，1986，第147页。
[2] 杰姆逊：《后现代主义与文化理论》，陕西师范大学出版社，1986，第148页。

常生活当中，呈现了一个视觉影像的景观。比如电视、电影对古典文学名著改编以及对文学作品甚至哲学作品的连环画化，这导致了现代读者对文学原著阅读兴趣和能力的衰减；人们宁愿看电影、电视，而不愿选择阅读文学原著。全球性的影视与漫画的联姻与互动更形象地说明视觉文化时代的来临，影视与漫画之间的互动，愈演愈烈。

这种趋势不仅鲜明地体现在艺术中，而且广泛地呈现在社会文化的各个方面，成为当代大众文化的一个特征。人们越来越明显地生活在一个视觉符号占统治地位的时代，不但淹没在一个符号的海洋中，而且深受视觉符号的暴力和侵蚀。英国著名的艺术批评家伯格说，在历史上的人和社会形态中，都不曾有过如此集中的形象，如此强烈的视觉信息。视觉形象的生产和传播，并不限于艺术领域，艺术已经在相当程度上泛化了，在日常生活中，处处体现出对审美及其愉悦的强烈欲望的渴求。

第三，文化商品化的逻辑后果。后现代大众文化与日常生活界限的消弭，实际上是西方消费社会和商业社会发展的必然趋势。商品化作为一个社会的普遍逻辑渗透在各个领域之中，文化也不能例外。当文化产品被商品化和市场化后，不可避免地受到商品生产、流通和消费规则的制约。拉什认为："如果现代化意味着各个场的分化，那么，后现代化则至少意味着某些场部分地陷入另一些场之中。比如，审美场破裂了，并入社会场。或者说，随着商品化，审美场破裂后进入经济场之中。"[1] 也就是说，后现代社会是一个消费者的社会，商品生产的规律无处不在，并且渗透到审美文化研究领域之中，当文化产品变成和一般商品无甚区别的东西时，文化也就不可避免地落入经济场之中，并且受到商品生产、流通和消费规律的制约。正如杰姆逊所说："美感的产生已经完全被吸纳在商品生产的总体过程中。……在这种资本主义晚期阶段经济规律的统辖之下，美感的创造、实验与翻新也必然受到经济结构的种种规范而必须改变其基本的社会角色与功能。"[2] 艺术的平面化、生活化和艺

---

[1] Lash, B., *Sociology of Postmodernism*, London: Routledge, 1990, p.6.
[2] 詹明信：《晚期资本主义的文化逻辑》，生活·读书·新知三联书店，1997，第429页。

术风格的混杂化的根本原因是艺术的商品化和技术化。其中尤为典型的是后现代的波普艺术，青睐商业手法的介入，被现代主义所拒绝的物化和拜物倾向在波普艺术中得到了充分的展示，艳俗的色彩与造型的视觉快感被激发得淋漓尽致，本我的欲望昭然若揭，奢华的形式典型地反映了富裕社会的消费主义观念，体现了视觉快感背后的日常生活意识形态以及一种急剧膨胀的消费主义的意识形态。

三 大众文化与日常生活实践的整合

日常生活是相对于人的社会生活视野之外的个体生活实践而言的，是最接近人的本真存在的对象化形式。随着艺术与日常生活界限的消弭甚至取消，当代大众文化就日益实现了与日常生活实践的渗透与整合。造成这种现状的原因主要是媒介人角色在这方面起了推动作用。媒介人现今已成为视觉文化的塑造者，或形象的生产者、趣味的塑造者。透过大众文化的表层现象就可以清晰地发现这种新的文化人的存在及其作用。他们对公众具有深刻的影响，其影响一方面体现在对标准的形象模式或风格化的生活的设计、规划和提倡上，比如，通过电影明星、歌星、主持人、模特、记者、艺术家、广告人等，透过自我形象对公众生活范式和审美趣味的诱惑和塑造；另一方面，这些新的文化角色还有一个重要机能，即通过自己的象征和符号的生产与传播，将日常生活理想化和标准化，进而造就特定的生活模式和室内格局、表征不断变化的服装时尚、描述理想的爱情故事、规划意味无穷的种种旅游休闲生活。这些文化人不但是特定的形象产品的生产者和传播者，而且是这些产品所代表的生活方式乃至意识形态的塑造者、普通社会公众消费趋向和审美趣味的塑造者。杰姆逊发现的艺术家打破日常生活与艺术的日常界限的种种尝试以及威尔什所注意到的人们把非艺术的东西视为艺术的概念，其实都和这一文化角色的符号互动有密切的关系。并且媒介人通过制造"消费偶像"来达到生活的审美化，即通过那些歌星、影星、模特、体育明星、主持人等媒介化的"消费偶像"及其生活方式、传记、访谈、影像等途径，向大众频频传递一种偶像化了的标准生活方式，并将艺术和生活混淆，使生活风格化和审美化，实现了大众文化与日常生活的整合。

大众文化与日常生活界限的消弭与整合是消费社会的一种文化形态和文化体验，它迫使我们重新思考文化艺术与日常生活的关系，有助于人们去追求一种审美的生存，一种自由、生动、富有意义的日常生活，具有积极意义。但由于它并不能彻底解决人们的日常生活困境和全面的审美化，因此，它也带来新的问题和消极后果，具体体现在以下三个方面。一是随着艺术向日常生活的广泛渗透，艺术和生活之间不再存在截然分明的界限，审美和艺术已脱去了自身的神秘外衣，成为大众日常生活方式的点缀装饰。审美不但变成了生活方式，还演变为日常生活的意识形态，审美成为生活本身，成为生活的一部分，它不再去对生活本身进行审美改造，而是直接去发现生活本身的美。二是大众文化与日常生活界限的消弭与整合，把日常生活自身当作一个具有艺术性的领域，把各种日常生活中的现成物剪贴到作品中，或者把日用品直接看作艺术品，这就使艺术超越于日常生活之上的权威受到了质疑，艺术不再作为日常生活的对立面而存在，艺术也不再被作为一个乌托邦世界来理解，也不再承担对日常生活加以启迪和拯救的责任，艺术就是生活，文化不再承担思想家的重任，大众文化直接就是生活本身。三是由于日常生活的美学化、审美的泛化，艺术丧失了其本来的审美功能。由于大众文化呈现了一个视觉影像的世界景观，而视觉文化的核心就是影像，人们被影像包围，依赖于影像，并通过影像来理解自己和周围的世界，影像成为日常生活的必需品。这种影像化的结果正如费瑟斯通所指出的，视觉文化的崛起，使人们被过度拥挤的人为影像符号所压抑，广告影视的包围和轰炸，导致了人们的影像"餍足"、冷淡和反感。越来越多的影像无所不用其极，视觉的花样翻新使视觉影像本身的意义日益衰竭，转向平面化，日常生活的美学化导致了意义的衰竭。

总之,日常生活的审美化表现的是消费社会新的生活体验与文化体验,这种文化形态在塑造现实,同时也在塑造我们对现实的认识方式和生活方式。大众文化的日常生活审美化是社会发展的趋势,我们应对这种新的文化体验和文化景观所带来的许多新问题保持一种自觉的批判和反思意识。

俄罗斯文化中的深层结构特征及其理论旨趣[*]

——以白银时代哲学为研究视域判理论

周来顺[*]

作为"思想中的时代"与"时代精神的精华"的哲学，既表征着时代性、民族性、个体性的理论诉求，也透视着民族性文化精神中的深层结构与理论内核。由于哲学自身所具有的特性，其视角可以更为深层地透视文化精神及其理论内核。而兴起于19世纪末20世纪初，以别尔嘉耶夫、布尔加科夫、弗兰克等人为代表的白银时代哲学家所创建的哲学体系，被认为是"最具俄国特色与气派的哲学体系"。基于白银时代哲学所具有的典范意义与重大影响，这一时期被誉为俄罗斯哲学史上的"黄金时代"，其不仅在过去而且在当今俄罗斯学界都具有极强的影响力，并且这种影响在今天仍在发酵。人总是一种文化的存在，文化作为一种历史地凝结成的生存方式及其社会运行机制，具有人为性、群体性、超越性等特征，文化总是以一种潜在的方式去影响和塑造着民族精神。而白银时代哲学家从自身独特的哲学视角出发，对俄罗斯文化中的深层结构特征进行了深入的探讨。白银时代哲学家对俄罗斯文化中深层结构的探讨，并非仅仅是一种纯粹的理论探索，而是聚焦于俄罗斯现代化出路的理论探索。他们力图通过对俄罗斯文化中深层结构特征的分析来指明其特征与限度，以为俄罗斯现代化出路的探索提供理论参考。

---

[*] 周来顺，黑龙江大学哲学学院教授，主要从事文化哲学、俄罗斯哲学、国外马克思主义领域的研究。

一 俄罗斯文化中的二元性结构

俄国著名史学家克柳切夫斯基曾深刻地指出了一个国家的地理环境与文化因素之间的密切关系,认为地理环境既是影响该国历史进程的重要因素,也是评述该国文化与精神气质的不可替代的重要前提。而别尔嘉耶夫也同样深刻地洞察到俄罗斯的地理环境与文化因素之间的有机联系,指出"俄罗斯精神的景观与俄罗斯土地是一致的"[1]。他们认为"自然界的作用是由各种各样的地理变化决定的:各个部分的人们在地球上占着不同的地区,自然界赐给他们不同数量的光、热、水、瘴气和疾病,赐给他们不同数量的恩惠和灾难,而人们的地区上的特点就是由这方面的不同所决定的。……这些东西显然是受周围自然界的影响而产生的,而这些东西的总和,就是我们所说的民族气质。因此,外面的自然界在历史生活中同样是作为一个有一定的人类社会生存的国家的自然条件来观察的,并且作为一种力量来观察,因为它对人们的生活和精神气质起着影响"[2]。而当代俄罗斯哲学家沙波瓦洛夫也同样指出地理环境对俄罗斯民族心理与文化特征的影响,指出"自然条件(包括俄罗斯地理的特点)为民族心理的独特性创造了前提条件。但是,这一独特性要在高级文化产品中体现出来,显然还需要附件条件,要求个体付出努力,也即志向和意志"[3]。尽管我们并不认同博丹、孟德斯鸠,包括克柳切夫斯基等人所持的地理环境决定论观点,俄罗斯独特的地理因素,确实在很大程度上对俄罗斯文化的深层结构产生了影响。这种独特的地理因素,使俄罗斯在产生之初便在空间上面临东西方的威胁与挤压,而这种由地理因素所带来的影响也反映在文化上,处于东西方交会处的俄罗斯文化自产生之初便受到东西方文化的无形影响与熏陶。基于此独特文化背景,我们看到在俄罗斯文化上呈现独

---

[1] 别尔嘉耶夫:《俄罗斯思想的宗教阐释》,东方出版社,1998,第3页。
[2] 克柳切夫斯基:《俄国史教程》第1卷,商务印书馆,2013,第18页。
[3] 沙波瓦洛夫:《俄罗斯文明的起源与意义》,南京大学出版社,2015,第70页。

特的"二元性"结构。可以说,俄罗斯文化中的这种二元性结构,一方面体现了俄罗斯文化中的矛盾性与张力意识,另一方面也体现了俄罗斯文化的两极化、复杂化,俄罗斯文化呈现封闭与开放、单一与杂多、分裂与统一的相互交错。可以说,俄罗斯文化中所呈现的这一二元性结构,奠定了其文化特征的基调,并在其日常生活、社会习俗、民族性格、政治制度等方面得到了集中体现。

俄罗斯文化所具有的这种二元性结构,首先体现在民族性上,民族性的形成与该民族在漫长的历史过程中所形成的文化基因密切相关,正是由"共同的文化基因、共同的文化遗产、共同的文化活动、共同的文化期望构成了民族的基础"[1]。无论是就俄罗斯民族的国家观念,还是就其对待民族主义和沙文主义的态度,俄罗斯在文化结构中都呈现了极为奇特的二元性结构。首先,这种二元性文化结构表现在国家观念上。一方面俄罗斯是最具个体主义、无政府主义的国家。我们看到,在俄国历史上不但作为社会精英阶层的政治家与思想家大多反对集权统治,崇尚我行我素的无政府主义与绝对的个体主义,而且作为社会底层的普遍民众,也常常不问政治,不去经营自己的土地。就此,别尔嘉耶夫很形象地指出俄罗斯的国家观念是女性的,俄罗斯在国家事务中永远期待着统治者、期待着新郎,俄罗斯的"'土地辽阔而肥沃,但它没有秩序。'……俄罗斯是驯服的、女性的土地……俄罗斯人民希望成为一块待嫁的土地,等待着丈夫的到来"[2]。另一方面,俄罗斯却又可能是世界上最具官僚化、集权化的国家,其在世界上建立了最庞大的国家机器。为了巩固这一国家机器,它甚至运用一切手段、使用一切力量、付诸全部血液去捍卫这一国家机器。其次,这种二元性结构还表现在民族文化趋向性上。一方面俄罗斯是世界上最反对沙文主义、民族主义的国家,但另一方面俄罗斯却又是世界上最具沙文主义与民族主义的国家,它"以为自己是唯一负有使命而否定整个欧洲的国家,在它看来,欧洲已经腐化,是魔鬼的产物,注定应该毁

---

[1] Струве П.Б.Patriotica:Политика,културa,религия,социализм.Москва,1997,С.66.
[2] 别尔嘉耶夫:《俄罗斯的命运》,译林出版社,2011,第5~6页。

灭"①，而自身则负有用强力与残酷去解放其他民族的神圣使命。

白银时代哲学家认为，俄罗斯文化中的这种二元性结构也体现在文化发展规律上，即俄罗斯文化在自身发展过程中呈现"中断性"与"连续性"始终交错并存的特征。可以说，一方面，俄罗斯文化在自身的发展过程中所呈现的这种"中断性""跳跃性"是贯穿始终的，而这一特征很难在其他民族国家的文化发展中寻觅到。俄罗斯文化在纵向发展的过程中缺少一个过渡的中间地带、中间阶段、中间环节，总是毫无过渡地从一端跳到另一端，如从"罗斯受洗"前的多神教文化到东正教文化、从十月革命前的宗教文化到苏维埃时期的共产主义文化，无不集中体现出文化发展过程中所具有的极其鲜明的中断与跳跃性。另一方面，与俄罗斯文化在自身发展过程中所呈现的这种纵向的中断性、跳跃性相比，其又折射出极为鲜明的衔接性、统一性与连续性特征。在俄罗斯，新文化的产生并非意味着旧文化的彻底消亡，而是呈现难以想象的并存，如在俄国文化发展史上出现过"'双重信仰'、'双重思维'、'双重影响'、'双重感情'、'两种文化'（贵族文化与平民文化）、甚至'两个首都'（古罗斯时代是基辅和诺夫哥罗德，后来是莫斯科和彼得堡）和'双头鹰'形象作为国徽等现象"②。对于这种奇异的文化现象，正如丘特切夫所言，无法用理智去衡量和把握俄罗斯，对俄罗斯只能信仰。这种二元性结构的诡异之处在于，一方面，俄罗斯文化在其发展中，"或者倒向一方，或者倒向它的对立面，没有任何渐进过程"③，呈现极强的断裂性与分散性；另一方面，俄罗斯文化又始终作为一个统一的、连续的文化整体现象而存在。

在白银时代哲学家看来，俄罗斯文化中的这种二元性结构也集中体现在民族文化精神与对待土地的态度上。在民族文化精神上，俄罗斯是一个叩问神性之思、一个崇尚灵魂的燃烧与追寻精神的自由、一个流浪着追寻上帝的

---

① 别尔嘉耶夫：《俄罗斯的命运》，译林出版社，2011，第9页。
② 任光宣：《俄罗斯文化十五讲》，北京大学出版社，2007，第13页。
③ 朱达秋等：《俄罗斯文化论》，重庆出版社，2004，第34页。

国家；但与此同时，俄罗斯又是一个不尊重个体自由与权利、压迫与奴性十足、怠惰与保守并存、沉浸于物质生活与繁文缛节的国家，以至于别尔嘉耶夫不无悲情地说"俄罗斯是那么滞重，那么懈怠，那么懒惰，那么沉溺于物质，那么苟安于自己的生活，简直无法挪移半点"①。同样，在别尔嘉耶夫看来，俄罗斯从统治者、贵族、商人、知识分子到农民都不热衷于向精神高地的攀登与个性的觉醒，这种对待个性与精神的态度甚至在十月革命后也没有改变，革命后的俄罗斯依然是一个重集体主义而缺乏个体主义的国家。进而，这种二元性结构也反映在对待土地的态度上。一方面，基于俄罗斯贫瘠的土壤、漫长的霜冻期、恶劣的自然环境等因素，形成了索洛维约夫所言的俄国所独有的"液态因素"景观。这一"液态因素"景观呈现为俄罗斯农民不断地迁徙、流动，俄罗斯农民就"像风滚草一样"（索洛维约夫语）和"流动在沙漠中的沙子一样"（克柳切夫斯基语）不断地开拓土地、安置家园，却又不断地从一个地方迁移另一个地方。俄罗斯人从来不会像其他民族那样管理土地，仿佛是土地的"异乡人"。另一方面，俄罗斯人又最眷恋土地，甚至除了土地之外别无他求。我们可以看到，俄罗斯民族的发展史，在某种意义上就是不断的征服与拓展领域的历史。这种扩张使俄罗斯从一个欧洲内陆国家最终发展为既有多个出海口又横跨欧亚大陆的庞大帝国。

正是基于此，白银时代哲学家指出在其他民族中尽管也能找到一些充满悖论性的命题，可唯独在这里一切命题都会转向自身的反面，如从奴役到自由、从连续到中断、从民族主义到世界主义、从沙文主义到普济主义、从集权主义到无政府主义等。在对造成这种二元性文化结构原因的深层分析上，白银时代哲学家认为这与俄罗斯文化中"男性"与"女性"两种文化因素的不协调，特别是长期以来驯服的、柔弱的女性文化据于主导性因素密切相关。他们认为俄罗斯要想走出这种二元性、矛盾性、无出口的文化怪圈，只能向内在的、个体的、男性的精神性深度展开与发展，在控制民族主义与沙文主

———

① 别尔嘉耶夫：《俄罗斯的命运》，译林出版社，2011，第14页。

义膨胀的同时促进男性意识的最终觉醒。而且白银时代宗教哲学家坚信,"目前这场世界大战将把俄罗斯引出没有出口的怪罪,惊醒它身上的男性精神,向世界展示俄罗斯的男性面庞,建立东欧与西欧应有的联系"[1]。白银时代哲学家对俄罗斯文化中二元性结构及其破解出路的分析不无道理,而俄罗斯文化中所体现出的这种矛盾性、对抗性、背反性等特征,则是俄罗斯文化所具有的二元性深层结构的集中体现。

二 俄罗斯文化中的宗教意识

俄罗斯是一个有着强烈宗教关怀的民族,宗教文化渗透到民众生活的各个角落,在俄罗斯"没有一个题目比宗教能够吸引更多的人,或者引起更热烈的讨论……在墓地、森林、火车站、市集、小酒馆,以及农民简陋的小屋里无拘无束地谈论宗教。在大路上,成千上万的朝圣者长途跋涉去参观宗教圣地和修道院。他们的谈话不可避免地会涉及有关上帝、拯救和永生这些永恒的问题"[2]。在白银时代哲学家看来,东正教对俄罗斯文化的影响是深远的,其对正统性与末世论观念的重视、对灵修与圣徒传统的强调、对神人性与神秘主义的理解等,无不渗透到俄罗斯的文化结构中,并长远地影响了俄罗斯的政治体制与民族性格等。也正是基于此,著名学者弗洛罗夫斯基在《俄罗斯宗教哲学之路》一书中深刻地指认了"罗斯受洗"的巨大意义,认为"罗斯受洗是俄罗斯精神的觉醒,——是召唤她从'富有诗意的'幻想走向精神清醒和深思熟虑。而与此同时,古罗斯通过基督教同所有周边文化世界产生了创造性的和活跃的相互影响"[3]。而沙波瓦洛夫也同样强调"罗斯受洗"及东正教对俄罗斯的独特历史作用,认为东正教"对俄国社会、文化以及俄国人的思想教育产生的影响远远超过其他宗教。俄罗斯国家的建立和发展与东正

---

[1] 别尔嘉耶夫:《俄罗斯的命运》,译林出版社,2011,第 16 页。
[2] 赫克:《俄国革命前后的宗教》,学林出版社,1999,第 5~6 页。
[3] 弗洛罗夫斯基:《俄罗斯宗教哲学之路》,上海人民出版社,2006,第 11 页。

教教会及东正教教义有着必然联系。所以罗斯于988年接受基督教（罗斯受洗）的意义深远，已远远超出纯宗教的范畴，应将其视为人类文化和历史宏观领域的重大事件"[1]。这也就是说，自988年"罗斯受洗"后，东正教的传入对俄罗斯政治、经济、文化等的影响是极其深远的。正是东正教传入后对俄罗斯政治体制、民族性格、文化传统等方面的影响，也就同样决定了在俄罗斯文化结构中不可避免地、无处不在地呈现与弥漫着浓厚的宗教精神。

首先，白银时代哲学家指出，俄罗斯文化结构中充盈着神圣意识。叶夫多基莫夫认为俄罗斯文化中的这种神圣意识与其宗教传统是密切相关的，俄罗斯文化就本质而言即从宗教土壤中汲取营养而成长起来的文化。在叶夫多基莫夫看来，甚至连18世纪的诸种反教会思潮和19世纪后半期所兴起的诸种空想社会主义、虚无主义等思潮，唯有从俄罗斯宗教传统出发才能得以理解。自988年"罗斯受洗"开启了自身的基督教化进程后，宗教思想渗透到俄罗斯社会的各个角落，宗教思想的渗透既促进了俄罗斯文化精神的生成，也强化了俄罗斯民族自我意识的觉醒。而与俄罗斯文化中这种神圣性密切相关的，便是俄罗斯文化中的苦难意识，对于这种苦难意识我们可以从俄罗斯圣像画中苦难的基督形象中得到体认。实则，俄罗斯当代文学家索尔仁尼琴就曾对俄罗斯文化中苦难意识与神圣意识有所论述，认为"俄罗斯文学总是面向受苦受难者"，认为"俄罗斯人民所信仰的是背负着十字架的苦难的基督"，认为在俄罗斯文学、艺术、音乐等领域都体现着这一特点。

其次，白银时代哲学家指出，俄罗斯文化结构中具有重精神性特征。俄罗斯文化具有崇尚理想与精神性价值、崇尚救世与普济主义、崇尚自我与利他主义的精神传统。这种对精神性原则的重视，在作为俄罗斯民族精神集中写照的知识分子身上得到了很明显的体现，我们看到从公认为俄罗斯第一个知识分子的拉吉舍夫到民粹派的"到民间去运动"都充分体现了这种重精神性的取向。就整体而言，俄罗斯知识分子藐视物质生活而重视精神生活。当

---

[1] 沙波瓦洛夫:《俄罗斯文明的起源与意义》，南京大学出版社，2015，第458页。

然，在对俄罗斯文化结构中重精神性原则的成因分析上，学者们认为一方面这与俄罗斯的宗教传统相关，另一方面则与俄国社会中的集权统治与残酷迫害密切相关。就此点，布尔加科夫曾深刻地指出："一方面源于统治阶层将知识分子与日常生活的强制性隔离，这种在培养了人的幻想能力的同时，进而也培养了人的温情的、乌托邦主义的精神取向，另一方面这种残酷的政治迫害也在他们身上逐步形成了受难与忏悔的思想意识。"[1] 也正是基于对精神性特征的重视，白银时代哲学家没有仅仅停留于对东正教经卷与原有文化的片面解读中，而是力图在对传统资源与现代资源的有机吸收与融合的基础上，开创出对俄罗斯现代化出路探索的独特理论路径。

最后，白银时代哲学家指出，俄罗斯文化中具有重平均主义的观念。俄罗斯文化中这种对平均主义观念的重视，在很大程度上与俄罗斯长期存在的村社传统密切相关。我们看到，无论是斯拉夫主义、民粹主义、欧亚主义还是白银时代宗教哲学等思想流派，历来都有重视村社文化的传统。他们通常将村社文化赋予了田园诗式的理想化色彩，认为作为合理、规范、公正承载者的村社是俄国所特有的，是俄罗斯"活的灵魂"与"精神的起点"，认为在村社中体现与保存着俄罗斯原初的、公正的平均主义、平等主义观念。就村社的构成与运行机制来说，"是由生活在同一个区域、共同拥有土地的一个或几个村落的农民和城市的部分或全体居民，为着共同的利益而结成的社会联盟。公社是自发形成的"[2]。村社是最基本的、独立的社会组织机构，生活在其中的人既要友好相处并服从于村社的管理，又要承担起自身的责任。就村社的运行模式来看，在村社中起主导作用的是长期沉淀的、无意识的历史传统，这其中包括成员间的相互依存、团结、尊敬、爱慕等。村社拥有从精神活动到文化活动，从日常生活到非日常生活，从规定收缴赋税、管理农田耕种到

---

[1] Булгаков С.Н. и др.Вехи:Сборник статей о русской интеллигенции. Москва:Иэдательств Правда,1991,С.35.
[2] 鲍里斯·尼古拉耶维奇·米罗诺夫：《俄国社会史》(上卷)，山东大学出版社，2006，第445页。

社会生活的多种职能，包括文化职能、经济职能、宗教职能、司法职能、保障职能等。正是基于村社的职能和特征，俄罗斯众多的理论家与革命家对村社寄予了极大的期望，甚至"误认为俄国的落后恰恰是自身的优势所在，认为俄国可以依托原初的村社传统直接绕过西方资本主义的罪恶，进而进入更好的社会制度之中"[①]。我们从俄罗斯知识精英、实践家与民众所向往的村社文化传统中，从他们认为村社所特有的、保存完整的平均主义观念中，可见俄罗斯文化对平均主义的重视与期许。

此外，白银时代哲学家还指出，在俄罗斯文化中还存在禁欲意识、苦难意识与罪感意识等，而这些特征的存在都与俄罗斯东正教文化传统直接相关。例如俄罗斯知识分子常常持一种罪感意识，他们不仅向上帝而且向社会、向民众忏悔，他们认为自身在民众面前是有罪的。在这种禁欲意识、苦难意识、罪感意识等的支配下，他们认为自身充当着"理念人"与民众利益"捍卫者"的角色。他们常常把对民众利益的维护与对社会正义的寻求作为压倒一切的"真理"而信仰，甚至当"真理"与民众利益发生冲突时，他们往往会因维护民众利益而舍弃与牺牲"真理"，源于在其看来之所以"需要真理，恰恰是为了将后者变成社会变革、民众利益和人类幸福的工具。……如果真理的毁灭能够给民众带来更加美好的生活，人们的生活将更加幸福美满，那么就让它作出牺牲；如果真理妨碍了'打倒专制制度'的神圣号召，那末就去打倒它"[②]。可以说，尽管俄罗斯知识分子的行为换来的常常是民众的不解甚至告发，但他们仍怀有一种崇高的自我牺牲精神。

三 俄罗斯文化中的使命意识

在对俄罗斯文化的深层结构特征研究过程中，白银时代哲学家还指出俄罗斯文化具有强烈的使命意识。这种文化中的使命意识的作用是双重的，一

---

① Бердяев Н.А. Русская идея. Москва:ООО.Иэдательство АСТ,2004,С.102.
② 基斯嘉柯夫斯基等:《路标集》，云南人民出版社，1999，第7~8页。

方面这种使命意识在理论上塑造着该民族的文化精神与价值走向，另一方面这种使命意识又在实践上导引着该民族的存在方式与实践取向。从某种意义上可以说，俄罗斯文化中所存在的这种使命意识是贯穿于始终的。无论是在平民与贵族阶级的日常生活中，还是在知识分子的文学、艺术、哲学、宗教作品中，都涌动着强烈的末世意识、终极意识，认为俄罗斯民族是被赋予了伟大使命的终极性民族。我们看到，这种强烈的使命意识也在以恰达耶夫、基列耶夫斯基、特鲁别茨科伊、费多罗夫、布哈列夫、陀思妥耶夫斯基、托尔斯泰、列昂季耶夫、索洛维约夫、梅烈日科夫斯基、维舍斯拉夫采夫、弗洛罗夫斯基等为代表的俄国知识分子身上得到了充分的体现，他们无不追寻着终极性的真理，无不向往着天空、向往着远方，无不扮演着普遍拯救的"朝圣者"形象。同时，这种沉重的使命意识也表现在他们对他者的救赎意识上，他们认为俄罗斯民族不但赋有对自身，也赋有对其他民族的救赎使命。

在白银时代哲学家看来，俄罗斯文化中的使命意识与俄罗斯民族的自身遭遇及其危机意识是密切相关的。处于东西方交会处的俄罗斯，文明的形成相对较晚，其是在"黄昏"时才起飞的，因而自产生之初就面临东西方从文化到政治、经济、军事等方面的碰撞和挤压。也正是基于这种独特的地理、文化位置和自身遭遇，俄罗斯在自身的发展过程中形成了与这种危机意识密切相关的使命意识与末世情结。这种文化结构中所存在的使命意识与末世情结，为俄罗斯自身的发展提供了强大的信念支撑与动力源泉。基于自身的独特遭遇与精神历险，俄罗斯认为自身与其他民族相比"是特殊的民族，是被赋予了特殊历史使命的民族"[1]，甚至是"全人类最终文明的体现者"[2]。他们认为，俄罗斯民族是神选的民族，是赋有神性的，其担当着实现社会真理、人类友好和普世救赎的使命。与此密切相关，他们甚至认为就连俄罗斯文化也是一种独特的文化类型，这"是一种完全不同于欧洲的特殊文化类型，并

---

[1] 鲍里斯·尼古拉耶维奇·米罗诺夫：《俄国社会史》（上卷），山东大学出版社，2006，第36页。
[2] 索洛维约夫：《俄罗斯与欧洲》，河北教育出版社，2002，第122页。

且是最高的、最优秀的和最完善的类型……认为这是独立的、在这一独立性上是高于欧洲的文化历史类型"[1]。在白银时代哲学家看来，俄罗斯不仅在过去曾拯救东正教于危难之中，并将"第三罗马"屹立于莫斯科，使"双头鹰离开了博斯普鲁斯海峡（Bosphore），展翅飞翔在俄罗斯广袤的草原上。君士坦丁堡圣索菲亚大教堂圆顶上已倒落的十字架又重新竖立在莫斯科圣母升天大教堂上，它今后成为全部东正教基督徒的普世教会圣庭"[2]。而且，在现今的国际事务中俄罗斯已展示出这种力量与使命，俄罗斯在军事、政治等方面也同样发挥了巨大的作用。但西欧各国仍是以一种歪曲的、封闭的、地方的、落后的形象来指认俄罗斯，他们对"俄罗斯还是完全不可知的，是某种异己的东方，时而以其神秘迷惑人，时而以其野蛮而令人厌恶……西方并没有感到，俄罗斯的精神力量可以决定和改变西方的精神生活"[3]。在白银时代宗教哲学家看来，西欧各国并不了解俄罗斯，甚至在他们对陀思妥耶夫斯基与托尔斯泰的表面吸引与沉迷背后，也是带着一种猎奇"异国风味"的心态去阅读的。而俄罗斯实则是"东西方完整的结合体，是自成一体的完整世界。俄罗斯民族是蕴含着伟大力量的未来的民族，俄罗斯民族不但将解决西方无力解决的问题，甚至还将解决西方从精神深处都无力提出的问题"[4]。他们认为，人们虽没有认知到俄罗斯所特有的精神与文化的力量与地位，但其精神与文化力量确实已在不断地、逐步地显现，其最终会在世界历史的关键时刻发挥重要作用。

在白银时代哲学家看来，俄罗斯文化结构中的这种使命意识最为集中地体现在其对"俄罗斯理念"的追寻上。在俄国文化中，"俄罗斯理念"具有特殊的意义，有些学者甚至将其称为理解俄罗斯的"钥匙"。俄罗斯学者对于"俄罗斯理念"的内涵有多种理解，如 А.И.阿列申在其主编的《哲学（小百科词典）》词典中，从广义和狭义角度对"俄罗斯理念"进行了分析，认为在

---

[1] 索洛维约夫：《俄罗斯与欧洲》，河北教育出版社，2002，第123~124页。
[2] 叶夫多基莫夫：《俄罗斯思想中的基督》，学林出版社，1999，第38页。
[3] 别尔嘉耶夫：《俄罗斯的命运》，译林出版社，2011，第2页。
[4] Бердяев Н.А. Русская идея. Москва:ООО,Иэдательство АСТ,2004,С.73.

广义上"俄罗斯理念"是俄罗斯全部文化与精神特征的总和,而在狭义上则是指俄罗斯民族自我意识发展到一定程度所达到的精神高度。又如俄罗斯当代著名哲学家 A.B.古留加在《俄罗斯理论及其创造者》中同样从俄罗斯民族的终极使命角度来透视"俄罗斯理想",指出"俄罗斯理念的核心是泛人类的爱,是兄弟情感,其与民族的终极使命密切相关"[1]。实则从总体上看,就理论来源来说,"俄罗斯理念"与东正教传统密切相关,可以说从 11 世纪伊拉利昂主教的《论教规与神恩》、12 世纪编年史家涅斯托尔的《往年纪事》、15 世纪菲洛泰修士提出的"莫斯科第三罗马"、16 世纪宗主教尼康提出的"精神首席权"等著作与思想构成了"俄罗斯理念"的萌芽;就形成机制来说,"俄罗斯理念"代表着俄罗斯文化与精神的核心内核,是与俄罗斯民族的使命意识密切相关的,认为俄罗斯民族是赋有弥赛亚使命的民族;就理论特质来说,"俄罗斯理念"强调俄罗斯精神文化的独特性,强调其是不同于东西方两大文化类型的"第三种类型";就终极指向来说,"俄罗斯理念"指向对人类理想社会图景的终极寻求,其代表着一种共同的、理想的、公正的价值理念。

虽在历史上俄国众多的宗教学家、哲学家、文学家在自己的理论与实践主题中,都在一定程度上或隐或显地关涉到了"俄罗斯理念"问题,但"俄罗斯理念"作为一个独立的词被明确提出并得到广泛认同,则是相对较晚的事情:直到 1877 年陀思妥耶夫斯基在《作家日记》中才明确提出。陀思妥耶夫斯基强调"俄罗斯理念"是全人类共同联合的思想,强调"俄罗斯理念"应超越狭隘的民族主义界限。在此之后的索洛维约夫则对"俄罗斯理念"思想做了进一步推进,完善了其理论化、系统性、体系化的建构。索洛维约夫对"俄罗斯理念"的探索,一方面同样源于对俄罗斯民族独特地位与使命的自我期许,另一方面则源于对时代性危机的深切认知,认为面对时代性危机,面对东西方教会各自的限度,俄罗斯不应在缄默不语和蒙蔽双眼中从事自己的历史事业,而是应该"参与普世教会的生命,参与伟大的基督教文明的发

---

[1] Гулыга А.В. Русская идея и её творцы. Москва:Иэдательство Соратник,1995,С.203.

展，依据自己的力量和独特的天赋参与进来——任何民族的唯一真正的目的，唯一真正的使命，就在这里"①。索洛维约夫认为俄国理论界应探索出"第三条道路"来克服这一危机，认为这一道路便是在"俄罗斯理念"指引下的实践路向。在索洛维约夫看来，"俄罗斯理念"并不是空洞、抽象的，而是具体、真实的。要真正认知"俄罗斯理念"就应超越狭隘的民族主义，就应以基督教理念为基准点，源于"俄罗斯理念"的进一步实践化"不可能在于放弃我们的洗礼。俄罗斯理念，俄罗斯的义务要求我们承认我们与普世的基督教大家庭的不可分割的联系……其伟大证明就在这里。因为真理只是善的形式，而善与嫉妒无缘"②。俄罗斯民族的伟大使命就在于以基督教为根基实现教会间的联合，在这种教会的联合中将不仅实现教会间，而且将实现国家、社会、教会三者之间的统一，从而摆脱作为精神权力的教会与作为世俗权力的国家之间的对抗与危机。但在此需注意的是，这三者之间的统一并不是用一个因素去消灭另两个因素，而是一种有机的、绝对的、内在的、联系的统一。在索洛维约夫看来，"俄罗斯理念"的最终目标是实现类似"神权政治社会"样态的理想社会图景，神权政治是神与人的因素的有机结合，"神权政治社会"则是由代表神人意志体现者的"先知权力"、代表神的因素的"祭司权力"、代表人的自由因素的"君王权力"三者间的有机统一所决定的。在这三者中，"先知权力"有其特殊的意义，源于"先知在神权政治中既是其组织的根源，又是其终结。它在一种意义上来说是第一权力和绝对权力，而在另一种意义上只是第三权力，受其他两种权力的制约"③。

白银时代哲学家在对俄罗斯文化中的使命意识的进一步分析中，也特别强调和分析了"俄罗斯理念"的重大价值。他们甚至认为，"俄罗斯理念"中所富有的对理想社会图景的寻求与马克思主义学说具有共同的指向性，认为这正是以普列汉诺夫、列宁、布哈林等为代表的俄国马克思主义者能够接受、

---

① 索洛维约夫:《神人类讲座》，华夏出版社，1999，第189页。
② 索洛维约夫:《神人类讲座》，华夏出版社，1999，第206页。
③ 索洛维约夫:《神权政治的历史和未来》，华夏出版社，2001，第107页。

选择并实践马克思主义的重要维度。例如白银时代宗教哲学家通过对陀思妥耶夫斯基所力图建构的"全人类联合体"思想与马克思的"自由人联合体"思想的比较分析，指出两者在终极目标上是一致的，都是力图建构一个没有剥削、没有压迫的理想社会图景。而在对"俄罗斯理念"的实践化探索上，他们同样强调俄罗斯民族的使命意识，强调俄罗斯应摆脱传统与现代、东方与西方、斯拉夫主义与西方主义之间的无谓论战，而应建构一种新的"俄罗斯理念"进而克服时代性危机。在白银时代宗教哲学家看来，这种新的"俄罗斯理念"应体现俄罗斯的弥赛亚主义使命意识。俄罗斯弥赛亚主义寻求的是将国家、民族、个体从物质的欲望与精神的桎梏中救赎出来。不仅如此，在对"第三国际"产生机制的分析上，白银时代哲学家甚至将"第三国际"看作"俄罗斯理念"的实践化，认为"第三国际并不是一个超越民族国家意义上的'国际'，而是俄罗斯民族理念的翻版"[1]。总之，白银时代哲学家不仅指出了俄罗斯文化中呈现着强烈的使命意识，而且指出了"俄罗斯理念"是这种使命意识的集中表达。在他们看来，"俄罗斯理念"并不是僵化、静止的，而是以一种不断变换的姿态来适应时代发展的，并为俄罗斯民族提供终极性的、实践化的价值支撑。

此外，白银时代哲学家还指出俄罗斯文化具有综合性、神秘性、苦难性、集体性等特征。而白银时代哲学家对俄罗斯文化结构的分析，并非仅仅是要做某种纯粹的理论探讨，而是有着极其强烈的理论关怀与实践意向。他们通过对俄罗斯文化结构的探索，力图指出俄罗斯文化中所蕴含的积极因素及其限度，以便为俄罗斯现代化出路的探索提供理论支撑。通过对俄罗斯文化结构的分析与探索，白银时代哲学家清醒地意识到以东正教为根基的俄罗斯文化虽有一定的局限性与不合理性，并进而对之展开了深层的批判，但在对俄罗斯现代化出路的理论探索过程中，仍不应对传统文化进行简单的、彻底的否定，因为俄罗斯文化及其未来既不可能建基于对西方文化的全盘吸收，也

---

[1] Бердяев Н.А. Истоки и смысл русского коммунизма.Москва: ЗАО《Сварог и К》,1997,C.371.

不可能建构于对传统文化的彻底舍弃。俄罗斯只有合理地吸收自身以东正教为理论底色的文化传统，并与现代西方文化进行某种有机的结合，才可能寻求到俄罗斯及其文化的未来。我们看到，白银时代哲学家在对俄罗斯现代化的出路探索过程中，也确实追寻着这样一条理论路径，他们在对以俄罗斯现代化出路为最终旨趣的理论探索中，始终格外地注重民族的文化传统，并在此基础上探索如何在既能保持自身文化传统的同时，又能做到与现代文化因素进行有机的结合，进而避免自身民族文化根基的断裂与虚无主义的盛行，和由此所导致的一个"群魔乱舞的时代"的降临。

日常生活批判与生活世界理论

日常生活：西方生活世界理论研究的重要视点

王晓东[*]

自 20 世纪上半叶以来，哲学家们开始清楚地认识到，生活对于哲学具有重要价值和重要意义，哲学不能再与非哲学的现实生活相分离。西方日常生活理论的著名代表，法国哲学家列斐伏尔的观点很具有典型性和代表性。他认为，如果哲学仍然洁身自好，鄙视和拒斥现实生活和日常生活，那么，哲学必将陷于自我毁灭的境地。对此，他这样断言："当哲学宣称自身是独立于非哲学并且是完全自足的，哲学就是自相矛盾和自我毁灭的。"[①]20 世纪以降，哲学对生活世界、对现实生活的关注主要是与现代西方哲学中的现象学哲学、存在主义、哲学解释学、西方马克思主义以及文化哲学、语言哲学、社会哲学、伦理哲学、公共哲学、政治哲学的兴起和发展直接联系在一起的。哲学回归生活世界、关注现实生活一个非常重要的表现就是日常生活理论的兴起和发展。日常生活作为一个主要的、崭新的哲学研究领域，其兴起和发展标志着现代哲学对传统哲学的批判和转型，昭示哲学理论思维已萌发了某种深层的、内在的变革，实现了由本体论的研究范式、知识论的研究范式向生存论和历史实践论的研究范式的根本转换。

实际上，日常生活作为各种不同哲学的聚焦点，在具体的哲学定位和理

---

[*] 王晓东，黑龙江大学哲学学院教授，主要从事现代西方哲学和国外马克思主义研究。
[①] Henri Lefebvre, *Everyday Life in the Modern World*, 1971, The Penguin Press, p.10.

论走向上是各不相同的。其中，每一种理论形态都有各自不同的问题视域、理论旨趣以及研究方法，并且形成了不同的概念体系和理论模式以及解答逻辑。这种研究趋势总的看来主要具有以下三种走向。

1. 凸显和强调日常生活对于科学、艺术等非日常生活形式的基础性地位

现象学哲学的创始人胡塞尔和西方马克思主义的创始人卢卡奇的日常生活理论偏重于这种理论倾向。对于胡塞尔来说，他主要在认识论哲学和意识哲学的框架内探讨生活世界对于实证的自然科学的先在性意义，对此胡塞尔曾明确指出，"生活世界是自然科学的被遗忘了的基础"[1]。胡塞尔认为，正是人在生活世界中的"原初的直观"和"给定的经验"赋予了科学以意义、价值和根本动力。由此，胡塞尔试图通过生活世界理论为实证科学提供前科学的基础和意义根据。胡塞尔提出和建构了具有日常生活理论意义的生活世界学说，在直接的理论意义上，这是批判实证主义思潮的泛滥，揭示欧洲的科学危机、人性危机与文化危机，克服科学世界和生活世界的分裂；但是在根本上，生活世界理论是胡塞尔试图解决先验现象学问题的一个新的尝试。对于胡塞尔来说，生活世界是通往他所谓的"先验现象学"的道路和阶梯，直观的、给定的生活世界最终还是要被超越的对象，由此而达到对世界构造的确定性和普遍性，因为这个生活世界是一个主观的、相对的世界，而先验现象学最终寻求的是一个具有绝对性特征的世界。对于卢卡奇来说，他更多地关注日常生活对于艺术、对于审美认识的意义和价值。在《审美特性》中，卢卡奇指出，日常生活的态度是第一性的，艺术和科学都是从日常生活中分流出来的，在日常生活中"总是存在着认识的发端"[2]。然而，在现代社会，科学与艺术日益抽象化和独立化，而与作为源泉和基础的日常生活相脱离，日常生活退缩到无名的背景世界中。

---

[1] 胡塞尔：《欧洲科学危机和超验现象学》，上海译文出版社，1988，第58页。
[2] 乔治·卢卡奇：《审美特性》第1卷，中国社会科学出版社，1986，第444页。

2. 凸显日常生活对与语言理论有关的理解问题和意义问题的重要价值

体现这一倾向的主要思潮是哲学解释学和日常语言哲学。哲学解释学的核心主题是理解问题，包括对存在的理解、对文本的理解以及人与人之间的理解等多个层面。解释学哲学的基本任务和理论使命就是揭示理解得以可能的条件，而理解正是在生活世界的视域中、在日常生活的背景下得以可能的。这种日常生活主要是指人们在一同生存中所承受和汲取的共同的文化历史传统，是对生活和交往共同体来说给定的、作为前提性的东西。在哲学解释学的视域内，日常的生活世界主要是作为文化世界和历史传统而存在的，是人们之间交往和相互作用的具体情境，正是这种文化世界和具体历史情境使理解和意义的交流得以可能。因而，对于解释学哲学来说，日常生活世界主要是在文化上进行定位的，是人们之间实现理解、沟通和交流的可能条件。

从语言意义的视角关注日常生活，最典型的哲学理论是语用主义的日常语言哲学。语言哲学中的语用主义方向是在批判和克服弗雷格、罗素和维特根斯坦（前期）等人的语义学的缺陷的基础上应运而生的。语用主义的语言哲学主要通过语言学意义上的语法分析和语境分析，考察语言在日常生活中的具体使用，进而解决和确定语言的意义和功能问题，代表人物有斯特劳森、维特根斯坦（后期）、奥斯汀以及塞尔等。语用学的产生意味着语义学的界限，这一界限实际上在弗雷格的语境原则中就已经孕育。斯特劳森反对罗素的摹状词理论，提出语言只有在使用中才有真假和意义可言，语用学的基本原则开始确立，而维特根斯坦的思想转向对语用学理论的发展具有至关重要的意义。

维特根斯坦在后期著作《哲学研究》中，批判了自己在《逻辑哲学论》中所主张的逻辑图像论，提出了著名的"语言游戏"理论，指出："语言游戏一词的用意在于突出下列这个事实，即语言的述说乃是一种活动，或是一种生活形式的一部分。"[①] 所谓语言游戏就是语言和人类行动的一种交织与结合。人们说出某种语言，实际上是在完成一种生活行为。语言游戏具有多种多样

[①] 维特根斯坦:《哲学研究》，商务印书馆，1996，第17页。

的形式，包括命令、描述、唱歌、讲故事、开玩笑、猜谜语、感谢、祈祷等。语言的意义只能通过人对它的使用来确定。维特根斯坦试图从生活的动态的意义上来考察语言的意义，主张词的意义就是它在语言中的用法。由此，语言的意义不再是简单地通过与事物的直接对应而获得，作为语言本质的奥古斯丁图画在一般的意义上已经失效。显而易见，维特根斯坦的语用学理论是一种与日常生活密切相关的语境分析。语言游戏理论确立了这样一种对语言问题的理解思路，就是要从日常生活、日常活动入手，对语言的意义和功能进行理解。

3. 凸显对于日常生活的生存论研究和社会历史研究，并使这种研究具有生存批判和历史批判的意义

在这方面，存在主义大师海德格尔的生存哲学以及一些新马克思主义者的观点具有代表性。日常生活是每一个人直接的、现实的生存领域，反映和展现着人的具体的生存状态和生存方式。存在主义哲学家海德格尔立足于人的存在的个体性和精神的超越性对人们在现代社会中的日常生活状态和日常境遇进行了一种生存论意义上的描述和分析。海德格尔抛弃了胡塞尔先验哲学和意识哲学的基本立场，以解释学的现象学方法描述此在的生存方式。人的存在结构是"自世界之中存在"，此在的在世是从被抛的状态开始，进入了"烦"的生存结构中，一方面此在不断地与物打交道，构成"烦忙"，另一方面不断地与他人打交道，称为"烦神"。此在在生存中通过烦忙和烦神而展开的视域就构成了我们的日常生活世界。但是，在海德格尔看来，此在被抛于这个世界中不可避免地丧失个体的存在的本真性而陷入沉沦，人们在日常世界的生存中所展现的是人的沉沦和异化的失本离真的状态。这样，我们所生活的日常的世界就具有某种消极的、否定的生存论意义。

在诸多的西方哲学思潮中，真正使日常生活成为重要的哲学主题并做出深刻的历史性反思的应属于 20 世纪的新马克思主义，其中最主要的代表人物有列斐伏尔、科西克以及赫勒等，这些哲学家深刻地揭示了日常生活中的严重的异化现象，主张从日常生活的角度对现代资本主义社会进行历史的批判，力图通过日常生活的人道化和审美化来实现人的存在方式的变革和社会历史的进步。在列斐伏尔看来，日常生活是与每一个人息息相关的、最直接的生存领域，是一个不同于人类社会经济活动和政治活动的独立的个体生存平面。人正是在日常生活当中"被发现"和"被创造"的，因而在本质上，日常生活是个体生产和再生产的实践活动领域。列斐伏尔认为，要彻底地认清资本主义的异化，必须抓住日常生活这一突破口。在当今的资本主义社会，日常生活已经成了人性异化的一个主要领域。资本主义异化问题并不仅仅在于上层建筑自身的方面，上层建筑出现问题，产生异化，是因为上层建筑和日常生活不断地进行着相互作用，日常生活和社会实践中时时刻刻产生着这种上层建筑。由此看来，资本主义已经走向了一种全面的异化状态，异化笼罩了包括日常生活在内的全部社会生活。日常生活的异化不仅构成了对个人的直接压抑，而且使个人丧失革命的主体性和创造性。日常生活的这种异化不断地支撑和生产着资本主义的异化的社会关系。列斐伏尔认为，要变革资本主义的社会制度，克服资本主义的人性异化，实现人的解放，必须从日常生活入手，进行日常生活的批判。因为正是日常生活的异化不断地支撑着并不断地再生产资本主义异化的社会关系，还为资本主义的经济现实和政治上层建筑提供一种掩蔽的面纱。日常生活批判就是要撕破这种面纱，使每个人认识到自身的处境，摆脱压抑，恢复自我的主体性，从而以实际的行动变革资本主义的整个社会关系。日常生活批判首先要获得日常生活的认识的真实性，使人的日常存在成为理论上透明的东西，研究和揭示日常生活中的积极因素和消极因素、冲突和矛盾。

　　东欧新马克思主义的代表，捷克哲学家科西克的日常生活理论重点分析了日常生活的自在性和"伪具体性"特征。在他看来，日常生活是人的盲目的未分化的黑夜，是为人们所熟知的、不断重复进行的世界，由人们的无意识的、不自觉的活动构成。由于日常生活的自在性特征，人们通常无法达到对事物和实在的真实性理解，进而陷入盲目、异化、必然性、拜物教并失去总体性，这使日常生活成为"伪具体性"的虚假的世界。另外一个著名代表人物匈牙利女哲学家阿格妮丝·赫勒，深受卢卡奇的影响，创立了自己的日常生活理论，她对日常生活的研究和思考，是截至目前西方哲学家中继法国哲学家列斐伏尔的日常生活批判理论之后最为全面和系统的研究。赫勒在重要著作《日常生活》中，以女性特有的细腻和敏感对日常生活的基本概念、日常与非日常的划界、日常生活的组织构架和根本图式、日常生活的基本类型和主要内容以及日常生活的变革等诸多问题进行了具体的、富有创造性的分析。她将日常生活明确地界定为"那些同时使社会再生产成为可能的个体再生产要素的集合"[1]，指出日常生活是以重复性思维和重复性实践为基础的活动领域，因而成为人的"自在的"类本质的对象化领域。

赫勒一方面充分看到日常生活的重要历史地位，即对于社会再生产的基础性意义；另一方面试图揭示和批判日常生活的局限，认为日常生活由于自在性和重复性而具有保守性，常常阻碍人的个性发展和创造性的发挥。此外，日常生活还不断地培育着排他主义的特性。到目前为止的现实的日常生活中仍然充满普遍的异化，因为在资本主义社会中，异化的人的活动造就和生产着异化的日常生活。但是在赫勒看来，研究日常生活的意义，并不只是揭示人的现实活动的异化，更主要的在于寻求日常生活人道化的可能性及其实现途径。正如赫勒所说："那些今天过着有意义生活的个体自觉选择和接受的任务，是创造一个异化在其中成为过去的社会：一个人人都有机会获得使他能够过上有意义生活的'天赋'的社会……真正的历史充满着冲突和对自己给定状态的不断超越。正是历史——人们自觉选择的和按人们的设计铸造的历史——可以使所有的人把自己的日常生活变成'为他们自己的存在'，并且把地球变成所有人的真正家园。"[2] 赫勒主张在日常生活与自觉类本质之间建立直接的联系，从而使"我的存在"变成"为我们存在"，使个人由自在的存在变为自为的主体。

西方的日常生活理论现已在世界范围内产生了重要影响，并在中国的学

---

[1] 阿格妮丝·赫勒：《日常生活》，重庆出版社，1990，第1页。
[2] 阿格妮丝·赫勒：《日常生活》，重庆出版社，1990，第292页。

术界扎根、成长，逐渐成为趋势，而这一理论研究领域在我国所取得的重大发展不能不归于著名学者衣俊卿所做的巨大努力。衣俊卿在吸收、借鉴西方哲学尤其是西方马克思主义日常生活理论的基础上，创造性地推动了日常生活的中国化研究，他在《现代化与日常生活批判》一书中，深化和拓展了日常生活基本类型、运行机制以及历史形态等问题的研究，尤其是从文化哲学和发展哲学的视角对中国传统的日常生活进行具体、深入的剖析。在衣俊卿看来，中国传统社会是庞大的日常生活领域，而传统非日常生活领域与这一传统领域有内在的深层的同构关系，在中国的现代化进程中这种关系始终没有得到彻底的改变，并由此成为中国现代化前进道路的重大滞阻性因素。所以，中国要实现现代化的社会历史转型，必须要超越传统日常的生存方式和文化模式，也就是要进行一种富有中国特色的日常生活批判和文化批判。中国的现代化——文化转型——日常生活批判在历史和逻辑上是内在统一的。

哲学对日常生活问题的理论研究具有重要的理论启示和价值。这些思想果实将成为我们进一步思考和研究的参照点和重要的学理资源，就我们所要进行的日常交往和非日常交往比较研究的内在关系而言，这些成果的启示性价值在于以下几点。

（1）为日常生活与非日常生活的区分提供了直接的理论依据。胡塞尔和卢卡奇通过对日常生活与科学、艺术之间关系的探索，揭示了人类生活的两个不同的领域，即作为基础和源泉的日常生活领域和作为分离和超越形式的非日常的精神生活领域。而新马克思主义者列斐伏尔和赫勒的研究则区分了作为个体生活的再生产领域和作为社会生活再生产的领域，引出了人类非日常生活的另外一个重要维度，即以制度化、法律化和理性化为特征的非日常生活领域。

（2）为理解和把握现代社会的日常生活尤其是日常生活的异化状态提供有益的探索。胡塞尔、卢卡奇主要强调了生活的基础性意义，描述和分析了人的活动和存在的分裂，即日常生活与非日常生活的断裂，而海德格尔赋予了日常生活和日常交往否定的价值和消极意义。西方马克思主义站在人本主义的立场上对日常生活的异化现象进行了深刻的揭示,并深刻地分析了日常生活的异化与非日常生活异化之间的内在关系。

(3)维特根斯坦的日常语言哲学主要探讨了日常生活理论的具体的构成内容,即揭示了日常语言交往的一些具体问题,而解释学哲学对理解问题的分析揭示了日常生活因素对非日常的精神生活和相互理解所具有的巨大作用和影响。

(4)马克思和哈贝马斯的社会历史哲学主要考察了人类社会的非日常生活和非日常交往,揭露了资本主义社会和现代工业社会的社会危机和历史问题。马克思的贡献在于强调了非日常生活和非日常交往的历史地位和历史作用,强调了非日常生活的历史制约性和非日常交往变革的重要性。而哈贝马斯的独特贡献在于立足于现代性的文化缺陷来揭露和剖析现代工业社会的历史病灶和危机,深刻地揭示了在非日常生活领域中自觉的、自由的文化创造与非日常生活领域制度化的、利益化的社会结构之间的内在张力和历史关系。

(5)社会学、历史学、文化人类学等人文学科对交往的研究既涉及日常生活领域,又涉及非日常生活领域,这些研究将为我们从微观上探讨交往、研究日常交往和非日常交往提供经验性、实证性的材料支持。

哈贝马斯的交往行动理论及重建主体性的理论诉求

孙庆斌 *

一 主体性的困境与主体间性的探索

"主体"（subject），来自拉丁文"subjectum"，意指"在前面的东西"。"主体"一词据海德格尔的考证，它首先来自希腊词"pokeimexon"。这个希腊词意指驻在下面作为根据将一切拢集于自身者，与人无特殊关系，把人称为"subjectum"意味着人成为一切存在者的中心根据。人类自诞生之日起，就始终没有停止寻找人在宇宙中所应处的位置（舍勒语），可以说，哲学就是包含主体性思想的科学。

从西方哲学发展史看，作为西方文明源头的古希腊思想就有了主体性思维的萌芽。古希腊的"第一智者"普罗泰戈拉关于"人是万物的尺度"的思想和苏格拉底关于"认识你自己"的见解，是主体性思想的胚芽形式，标志着主体性问题登上了哲学的历史舞台。在古希腊哲学中，"主体"并不是一个专属于人的范畴，而是一种同"属性"或"偶性"相对应的东西，一种对应于谓辞的可用作句子主辞的东西，这样的主体其实也就是亚里士多德所谓的"实体"，这样的主体隐藏于"实体"之后。柏拉图的理念世界表达了人类对自身主体性问题的期盼，同时也造成了理念世界与自然物质世界的对

---

* 孙庆斌，黑龙江大学哲学学院教授，主要从事高等教育、哲学和伦理学研究。

立，古希腊的主体性问题由于主客二分的本体论思维方式而陷入了困境。这一思维方式在中世纪发展到极致。人的主体性开始被神学家推向天国，人类再也不相信自己的本质力量了，而是把它交给了上帝，随之对柏拉图理念世界的崇拜也就演变成了对人格化的上帝的无限敬仰。然而历史前进的步伐不会停止，经过宗教改革、启蒙运动和法国大革命等重大历史事件，思想家们针对"神性"高扬起"人性"这面历史进步的旗帜，他们强调人能够认识自然、改造自然，塑造了人性解放的主体性人格，以新的方式提出了人的主体性问题。哲学是对这一过程的深刻反映。培根提出了"知识就是力量"的命题，这实际包含了对人认识自然、改造自然的主体性力量的张扬。笛卡尔以"我思，故我在"（ego cogito，ego sum）的命题阐明了抽象的主体性，首次确定了理性和"自我"的独立地位，宣告了近代主体性原则的正式到来，近代哲学研究中心转向为作为理性和自我的人——主体性。真正确立人的主体性地位的是德国古典哲学，康德的哲学犹如一面镜子，清晰地再现了现代主体性的本质特征，提出了"人是目的本身而不是手段"的著名论断。费希特通过"自我设定自身""自我设定非我""自我设定自我与非我的统一"三个命题进一步强调作为主体的人在行动中的能动性和创造性。黑格尔首先发现了现代性的核心原则——主体性原则。在黑格尔那里"主体性"（subjectivitl）有四方面的具体表征：被释放了的个人主义、批判的权利、行动自主性（行为自律）、理念化的哲学本身。自此，"西方文化逐渐地用人类主体性代替了上帝"。主体性确定了自己的中心位置，而且是认识自然、征服自然的理性主体和具有包容一切的自由主体。哲学发展到这里，主客二分的思维方式使主体和客体形成了明确的对立和分化，主体地位的确立也使哲学由古希腊的本体论研究转向对认识主体的研究，即开始从主体入手，研究主体是如何把握客体的。主体性代表着文明进步、正义与真理，但是主体性的极度扩张，又膨胀了人的中心、主宰意识，使人类在对世界的征服中显示出"英雄本性"。这种肆意妄为也产生了负面效应：环境污染、两极分化、核战争威胁，一系列的困境正逐步诱导着人类走向自毁家园。在后现代主义看来，现实恰恰在崩溃着"主体性"。

尼采是后现代主义哲学话语的开创者。19世纪末,尼采以宣布"上帝死了"表达了传统思想的终结,开启了现代性的反主体性话语,尼采按照"主人道德"的标准,指责"主体"是自我欺骗的产物;弗洛伊德通过精神分析,揭示隐藏在自我意识之下和之前的分裂的、盲目的心理能量,从而瓦解了自我的决定作用;维特根斯坦用语言分析的方法,把主体或自我转变为逻辑和语法的特殊功能。20世纪尼采精神的继承者是海德格尔,他将批判的矛头直指主体性原则。对他来说,自我意识的主体性被视为表象的绝对可靠的基础,由此,存在者完全变成被表象的客体的主体世界,真理变成主体的可靠性、确定性。20世纪下半叶,以福柯、利奥塔、德里达为主要代表的后现代主义对启蒙和现代性采取了全盘否定的态度,对主体性的消解形成了巨大声势,主体性被送上了被告席并被宣判"死刑"。福柯对西方近代以来占统治地位的现代主体性原则进行了猛烈的批判,声称要彻底消灭自笛卡尔以来无所不在的"主体",他直接以"人的死亡"的口号宣告了主体的消解和现代性的终结。

后现代主义是不是真正的济世良方?詹姆森认识到,这条后现代主义的道路也不是一条康庄大道,随着个人主体的消失,一切同主体相关的东西也都行将消失。后现代消解主体之后,任何标准都没有了,由此必然陷入虚无主义和无政府主义,至此主体性问题的困境达到了顶点。与此同时,另一条道路也在试图解决主体性问题的困境,那就是现代哲学的主体间性转向。

"主体间性"是针对"主体性"所导致的困惑与局限提出来的。主体性问题的困境表明,西方主体性理论从产生之日起就内蕴着一些难以解决的矛盾和问题,这一矛盾和问题在后来的发展中更趋尖锐。其原因就在于把主体和客体分割开来建立起的思维方式导致了一个难题,即认识外在对象的可能性与主体的绝对被给予性之间的矛盾,产生了经验自我同"先验自我"难以取消的二元对立,造成了主体概念的唯我论色彩。这种思维方式绝不是万能的,由主体创造出来的思维方式却不适合于回过头来把握主体自身,依托于理性的主体观念急剧膨胀，进一步导致了主体与客体的二元对立、人与人的异化和西方的理性危机，从而显示这种建立在以理性为核心的主客二分的主体性唯我论思维方式的局限性。主体间性概念的提出无疑为消除主体性的局限提供了启示。

主体间性或交互主体性，早在德国古典哲学那里，例如费希特就提出自我意识如何可能的问题。这一问题伴随着对"生活世界"的重视而成为西方哲学的一个重要问题，却是从胡塞尔开始的。在胡塞尔那里，"主体间性"指的是在自我本身和经验意识的本质结构中自我与他人是联系在一起的。胡塞尔指出："无论如何，在我之内，在我先验地还原了纯意识生活限度内，我经验的这个世界（包括他人）——按其经验意义，不是作为（例如）我私人的综合组成，而是作为不只是我自己的，作为实际上对每个人都存在的，其对象对每个人都理解的——一个主体间的世界加以经验。"（《笛卡儿沉思》）胡塞尔认为自我间先验的相互关系是我们认识对象世界的前提，构成世界的"先验主体"本身包含着他人的存在。"这种事实——他人与他人的世界在我看来，在我自身中具有他们的定义——是一个明摆的事实，在此，除了分析这样的事实外，并如同存在于我自身中那样去说明之外，不存在任何问题。"（《形式逻辑与先验逻辑》）就胡塞尔本人而言，是在先验哲学构架内立论的，但是不局限于先验哲学框架。主体间性的内涵是指自我主体对他人主体的构造以及交互主体对共同世界的构造。这种模式一方面注重主体之间的认识关系，另一方面探究主客体认识关系的主体间效应。这种模式以他者问题为轴心，这个"他我"并非普通"他物"，而是与自我并存的"他我"，为此，胡塞尔提出了"共呈""配对""移情"等概念，以求对"他我"进行确认。在胡塞尔看来，哲学作为严格的科学，必须找到一个具有自明性和明证性的根基。确立自明性的根基，返归事实本身，必须借助于一种类似于笛卡儿的普遍怀疑方法的"现象学还原"或"现象学悬搁"的哲学方法来加以实现。通过"现象学还原"或"现象学悬搁"的内在体验，一种纯粹的意识流自明性地确立起来。胡塞尔说道："获得这一明证的基本可能性属于每一个体验流和自我本身；每个自我自身都禀赋着有关其实际存在的绝对保证，这是一种基本的可能性。"在此，胡塞尔确立了一个绝对无可怀疑的明证性的基点，就是纯粹自我意识或称先验主观性。它是一种可靠的反省之后的自明性。先验的自我主观性是意识行为和意识之流的执行者和统调者，具有主动性、能动性、连贯性、意向性、构成性。从这一基点出发，展开先验自我意识的现象学构造。

胡塞尔尽管以现象学的方法力图建立主体间理论，但从本质上讲还是主体主义、先验主义和唯我论的，自我学或唯我论同样构成了胡塞尔现象学哲学的内在本质。但是，胡塞尔提出的"生活世界"和"主体间性"思想，却开了哈贝马斯"交往行动理论"的先河，是真正摆脱传统哲学主体性困境的重要理论开端。哈贝马斯以他的"交往行动理论"重建了主体性，他在"交往行动理论"中，更注重"实践"和"有效性"，更注重"语言转向"中"语用学"的语境意义。这也使他的"生活世界"更贴近本真，使他的"主体间性"更富于真实的互动的意义。

二　交往行动理论：哈贝马斯重建现代主体性的理论努力

哈贝马斯所借助的对主体性问题的哲学方法重建的基础是交往行为理论。哈贝马斯认为，交往行为理论的提出意味着哲学层次上范式的转变，即从主体哲学转向主体间性哲学。在这个转变过程中，哈贝马斯拯救了主体性，坚持了现代性的理想。

1. 主体间性沟通和共识的前提——由经验语用学到普遍语用学

哈贝马斯通过转向普遍语用学并期待一种理想的交谈环境来重建主体性——交互主体性，达到了人与自然、人与人的真正和解，进而建立起关于社会发展的理论。马克思设想的自由人的联合体通过哈贝马斯的交互主体性得到了实践。

哈贝马斯转向并借用了语言学。哈贝马斯的普遍语用学分析建立在奥斯丁与约翰·赛尔发展出来的经验语用学的基础上。"奥斯丁在《如何用言词做事情》一书中将语言行为划分为以下几种：①以言表意行为（locutionary action），即用语句来表达意思，位语义分析所重。②以言行事行为（illocutionary action），即说出一个句子并不止于用句子表达了一个意思，更是用句子完成了一个行为。③以言取效行为（perlocutionary action），即用语句来达到一定的效果。"哈贝马斯更加倚重以言行事行为在语言交往行为中的基础地位，这点当然也得益于胡塞尔的贡献。在哈贝马斯看来，只有在从语义学向语用学的转向中，才能把胡塞尔提出的"主体间性"问题有所廓清。而单纯从语义出发，还不能进入实际的交往，更不是交往中主体的互动。必须从语义学转到语用学，在语用中营造出主体间得到沟通和共识的语境，才能构造出真实互动有效的"客观世界"。这种"客观世界"不仅是主体交互"和谐"的产物，而且是其融通的产物。就是说，真实有效的语义，只有在语用中，在交往的主体间的语用中，才能具体地体现。对于哈贝马斯来说，特别重要的还在于他强调"以言行事"的原则，也就是说，在主体间经过语用而达到沟通和共识，即构造出真实有效的"客观世界"还不是最终目的，最终目的是"行事"，即在实践中完成共识的计划。在这一点上，可以看到哈贝马斯对马克思实践学说的继承和发挥。

2. 主体间性沟通和理解的可能——有效性要求

①言说者必须选择一个可领会的表达以便听者能够从语言结构的合规范意义上去理解它；②言说者提供的陈述必须是真实的，以便听者能分享言说者的知识信息；③言说者所说的话必须是正确的或正当的，即符合公认的话语交流背景从而使听者认同；④言说者表达自身的意向必须是真诚的，足以导致听者对言说者的信任。哈贝马斯断言，如果我们预设了所有的人都可以同等参与的不受压抑的对话的可能性，在这对话中只有合理的论证能够被接受，那么在原则上，我们就能够区分什么是真正的一致，什么是虚假的一致。这就是他所说的"理想的言谈情境"。进一步，哈贝马斯把"有效性要求"的概念与真理概念关联起来，哈贝马斯的有效性要求既覆盖了事实性（真实性）

的领域，也覆盖了价值性（正当性）或表达性（真诚性）的领域。

　　交往资质理论事实上就是普遍语用学的扩展。其主要内容是：理想言说者具备的资质不仅包括创造并理解合乎语法的语句的能力，而且包括建立乃至理解交往模式和与外在世界相联结的能力，正是后一种资质使言语成为可能。在言语行为中，重要的不仅是人们如何使用语言（即言语能力），更是关涉到对现实的理解，换言之，在言语行为中处置语句的语用学规则还关涉到与现实的关系。首先，主体间交流行为理论是一种"普遍语用学"。它旨在重建语言用法或说话的"普遍核心"，它不仅仅指"语言能力"，如词汇、语法和逻辑原理等，还包括"交流能力"。换言之，说者和听者不仅要具有生成和理解语句的能力，还必须具有建立和理解与使得具体境遇下的说话行为有意义的世界的关系。概而言之，说话行为是否有意义，是与"外在世界"（对象和事件）、"内在世界"（说者的内在经验）和"社会世界"（共同规范）密切相关的。这也就是说，交流行为要达成相互理解，必须满足三类"效度要求"（validity claims）：①真实性要求，即说出的话是符合外在世界的；②正当性要求，即在共同的社会规范看来，说话行为是正确的和合适的；③真诚性要求，即说话行为所表达的主体经验（意向、感情、欲望）是真诚的。在哈贝马斯看来，所有的交流活动都要提出以上三类效度要求。当然，在交流过程中，说者与听者双方可以接受这些效度要求，也可能会对它们提出质疑。一旦出现对效度要求的质疑，交流双方就将展开辩论和批评，以此来调整他们的语言沟通。但是，必须指出，对于效度要求的接受或质疑，以及由此而来的辩论和批评，都必须建立在"理性交流"的基础之上，也即"以理服人"，切不可诉诸权威。唯有通过这种理性交流，人类才能创建一个更公正、更开放和更自由的社会。同理，批判理论的目的在于揭露已经扭曲上述三类效度要求的社会条件。由此，哈贝马斯认为哲学必须从近现代对主体意识的强调转向对主体间意识和交流过程的关注之上。正是通过以上三类效度要求，交流各方会对各自的说话行为进行肯定或批评，从而达成相互理解和社会共识。所以，解放和自由的潜能并不存在于主体意识中（因而强调主体意识只能导致独断论和唯意志论),而只内在于理性交流的过程之中。唯有通过它,个人和社会才能创立一个较少限制性的社会。

3. 主体间性沟通和理解的实现——走出生活世界的殖民化

如果说"生活世界的殖民化"是哈贝马斯对现代主体性做出的病理学诊断,那么,走出主体性哲学就是可抵御这种殖民与侵蚀的第一个步骤(虽然只是基础方法论的步骤)。在《现代性哲学话语》中,哈贝马斯指出从黑格尔到尼采及其后继者,都未能完成对主体性哲学的超越。海德格尔和德里达抛弃主体性形而上学的尝试最终也陷于源始哲学的意图中。而福柯在分析自我指涉的主体所面临的三个问题重重的二元体时,转向了一种业已证明是死胡同的权力理论。他认为,关键是两种对待世界的方式之差异:对象化的方式与参与者的方式。倘若我们能够设想一下定向于达到理解的行为模式,那么对象化的态度(the objectifying attitude)——在这种态度中,认知主体将实体理解为外在的世界——就不再拥有特殊的地位了。从主体哲学到主体间性哲学的范式转换,还使得人们有勇气重述从一开始就伴随着现代性的反现代性话语。对现代性的自我批判的基础,可以在别的预设下得到思考,这样一来,人们就可以对那些轻率地抛弃现代性的动机重新予以公正的对待。

三 哈贝马斯主体性理论的意义

主体性问题是哲学的中心话语,现代性的主体性和后现代的主体性尽管针锋相对,但也反映了在主体性问题上双方合理的片面性。人是一个总体,"人的主体性正是人作为总体性存在物的本性的直接反映,确切地说,它揭示了人同世界的关系,或人在宇宙中的地位;主体性不等同于主观性,也不同客观性完全相离异,它的真正坐标点位于自然性与神性之间"。可见,主体性问题既反映了人同世界的关系,又反映了在这种关系中人的渴望趋向——神性或自然性。如果说主体性代表了主客二元对立的人的神性向往,那么后现代的主体性代表的就是一种消解主客二元对立的对自然性的向往。

前者导致了一种绝对哲学，后者导致了相对主义。哈贝马斯的立场相当明确，即既持一种批判的现代性立场，又反对后现代对人的消解而导致的相对主义，主张交往合理化，即建立合理的主体间性。哈贝马斯这一主体性理论具有重要的意义：①建立在交往行为理论基础上的主体间性可以克服人类中心主义的困境；②建立在交往行为理论基础上的主体间性开始了与他者的对话伦理；③建立在交往行为理论基础上的主体间性培育着中国现代化建设的主体意识。

从马克思实践的观点看 20 世纪的
生活世界理论

张 彤[*]

一 马克思实践的观点

针对当时把自然看作与人无关的外在自然界的观点,马克思指出,人类所面对的自然界,其实是人类的对象化的实践活动所产生的结果。尽管自然界先于人这是一个无可否认的事实,但是这对于我们现实生活中的人来说并不具有任何意义,"先于人类历史而存在的那个自然界,不是费尔巴哈生活其中的自然界;这是除去在澳洲新出现的一些珊瑚岛以外今天在任何地方都不再存在的、因而对于费尔巴哈来说也是不存在的自然界"[①]。

自然界自从有了人类,人类就在时时刻刻地改变自然界、塑造自然界和规划自然界,存在于人类生活过的周围环境之中的自然界,是经过了人的实践的自然界,人类的实践活动已经不断地把自在自然转变成人化自然,人在实践活动中利用自然和有条件地选择自然为自己的需要服务,并在此基础上创造了第二自然,即人加工过的、有人参与的自然。因此,实践与人的主体活动相关,把自然当成对象,而与人的观念活动相对。人的实践活动不仅具有主体性的特征,而且是动态的,它在历史中自我生成,人正是在实践这种

---

[*] 张彤,黑龙江大学哲学学院教授,主要从事文化哲学以及现象学研究。
[①] 《马克思恩格斯选集》第 1 卷,人民出版社,1995,第 77 页。

连续不断地更新过程中生产出人化自然,从而凸显人的创造性本质的,因此,"实践"概念成为现代唯物主义哲学的一个新的逻辑起点。

人在通过实践活动不断改造自然界的同时,必定与其他人发生关系,因为人首先是群体中的一员,如果一个人长期离群索居而不与其他人交往,他不仅会感到孤独寂寞,甚至会无法生存。因此,社会的交往关系带有某种必然的特征,而随着生产的扩大和分工的出现,以及人对自然的支配与利用程度的不断增强,各种形式的社会交往也日益复杂,尤其由于生产的发展与分工促成了阶级关系的出现之时,社会关系就越来越重要了。正是在这些纷繁复杂的社会关系的基础上,才建立起了民族、国家、政党和法等社会关系,人的活动不仅受自然环境的制约,更受社会条件的制约,而且社会因素对人越来越具有决定性的影响。因此,马克思说:"人的本质不是单个人所固有的抽象物,在其现实性上,它是一切社会关系的总和。"[1] 人的生产归根到底是社会中的生产,只有将人与自然的关系纳入人与社会的关系之中,只有将人对自然界的利用和改造与人类的社会相联结并且互相制约,只有将人看作一个关系的存在,尤其是一个具有各种复杂的社会关系、处于一定社会历史条件之下并受之制约的人,才能真正理解人。

因此,只有在实践活动的基础之上,才能真正理解人类社会,"社会生活在本质上是实践的"[2]。自然是社会的自然,自然界只有与人相联系时,才是现实的自然界、人的自然界、对我们有意义的自然界;同时,社会是人与自然的有机统一,只有在社会中,自然才真正成为人生存的基础,只有在社会生产以及由此建立起来的各种交往关系之中,自然界才真正产生出人。因而,只有用一种实践的观点来理解人,自然与社会才真正得以统一。

马克思深刻地指出,人类历史实际上是人的实践活动的历史,人的物质资料的生产,这是历史的第一个前提。历史的第二个前提是历史连续创造的必然性,每个时代都沿承前一个时代的文化成果,人类的存在正是这样奠基

---

[1]《马克思恩格斯选集》第1卷,人民出版社,1995,第60页。
[2]《马克思恩格斯选集》第1卷,人民出版社,1995,第60页。

于过去历史文化积淀的基础之上。而人们的对象化的劳动成果被称为实体、客观精神和文化，在实体这种劳动成果的形式中，实体超越了个体，它好像比实践或任何人类活动都更真实、更实在，这就是主客体颠倒的可能性基础，即历史神秘化的基本形式的基础。而由于对象化客观化的实践成果比任何个人的生存时间都长，它好像不依赖于任何个人而存在，从而呈现一种独立性的外观，"社会活动的这种固定化，我们本身的产物聚合为一种统治我们、不受我们控制、使我们的愿望不能实现并使我们的打算落空的物质力量，这是迄今为止历史发展的主要因素之一"①。人们用自己的创造物来解释自己，而与个体生命的有限性和脆弱性相比，对象化和客观化的人类实践成果、社会性实体代表着永恒和绝对。因此，"当人把自己看作天意、绝对精神、历史等（无限地超越他的可能性和理性的绝对力量）的工具和代言人时，他便陷入了神秘化"②。其实，客观化的社会性实体必须通过个人的活动才能存在，对象化客观化的人类实践成果只有与人的活动相联系，作为历史的连续性才能存在，它们只是延续和固定人类实践活动的要素。因此，人类在对象化活动中创造了他的永生，而在异化的颠倒中，创造了神秘的主体。③

马克思破除了以往的形而上学和宗教观的抽象性与神秘性，把人拉回到具体的现实情境之中："人创造环境，同样，环境也创造人。每个个人和每一代所遇到的现成的东西：生产力、资金和社会交往形式的总和，是哲学家们想象为'实体'和'人的本质'的东西的现实基础，是他们神化了的并与之斗争的东西的现实基础……"④而"环境的改变和人的活动的一致，只能被看作是并合理地理解为变革的实践"⑤。因而，实践的观点使历史与自然得以统一。

马克思反对抽象的认识论、抽象的历史哲学和社会哲学，他认为所谓的

---

① 《马克思恩格斯选集》第 1 卷，人民出版社，1995，第 85 页。
② 卡莱尔·科西克：《具体的辩证法》，社会科学文献出版社，1989，第 182~183 页。
③ 卡莱尔·科西克：《具体的辩证法》，社会科学文献出版社，1989，第 182~183 页。
④ 《马克思恩格斯选集》第 1 卷，人民出版社，1995，第 92~93 页。
⑤ 《马克思恩格斯选集》第 1 卷，人民出版社，1995，第 59 页。

知识从一开始就是与人的活动方式相关的,是与人的实践相关的,我们的知识对象并不是自然本身,而是我们同它的接触,也即知识具有实践性。这里的实践不单单是指理论需要实际行动来证实,还指实践才是我们知识的真正对象,知识永远离不开我们获得知识的实践方式,因而脱离历史的复杂的具体环境,我们无法单独冥想主体自身,也无法确定永恒的客观真理。笛卡尔的"我思与我在"的主客二分没有意义,客体永远是在人的实践关系中呈现于人的,客体永远是人的具体对象。因此,我们的实践是我们获得知识的前提,我们的知识不能超越同自然界的实践接触,并不是先有现成的自然和社会,然后我们再沉思它,再对它起作用,而是先有实践,再有自然和社会,再有知识,知识从一开始就是人的社会的知识、历史的知识。马克思认为,不仅要以一种实践的生存方式来理解人,而且要以实践的活动方式来理解知识,正是实践造就了人、造就了知识、造就了社会生活、造就了历史。

传统的形而上学往往在意识之内解决思维与存在、精神与物质的二元对立的问题,马克思敏锐地意识到,囿于纯粹意识的境遇内,是无法解决这些哲学问题的,在理论上加以批判无济于事,要在实践中加以变革。凭借理论是不可能说服资本家停止剥削工人的,关键是要通过无产阶级的革命行动来推翻这种剥削制度,也即"人的思维是否具有客观的真理性,这不是一个理论的问题,而是一个实践的问题。人应该在实践中证明自己思维的真理性,即自己思维的现实性和力量,自己思维的此岸性。关于离开实践的思维的现实性或非现实性的争论,是一个纯粹经院哲学的问题"①。

因此,马克思的"实践"的概念形成了一种新的实践的观点。正如马克思在"提纲"中第一条所说:"从前的一切唯物主义(包括费尔巴哈的唯物主义)的主要缺点是:对对象、现实、感性,只是从客体的或者直观的形式去理解,而不是把它们当作感性的人的活动,当作实践去理解,不是从主体方面去理解。"②这里的关键在于,马克思突破了西方近代哲学自笛卡尔以降主客

---

① 《马克思恩格斯选集》第1卷,人民出版社,1995,第58~59页。
② 《马克思恩格斯选集》第1卷,人民出版社,1995,第54页。

二分的静态的思维方式，把现实的一切都看作人的实践活动的产物，从而形成了一种动态的从主客体相统一的视角去理解世界的新的思维方式。

通过用一种动态的、辩证的和社会历史的观点来看待世界和解释世界，而不拘泥于纯粹理论或者说是纯粹思维层面上来看待事物，就把自然、社会与历史看作与人的实践相联系的一个总体。他认为，如果脱离了现实生活生产过程，那么就是一种人为的抽象，甚至会像黑格尔那样，陷入本末倒置的虚幻的意识活动之中。因此，只有回到生生不息的现实生活之中，回到感性的、运动着的、不停变化着的世界之中，"实际地反对并改变现存的事物"，才能获得对事物的真正理解，而这种理解活动也参与到了改变现实的过程，在马克思那里，解释世界与改变世界是同一的，解释世界内在于改变世界之中，理论活动本身就是实践活动的一个内在环节和一个组成要素。因此，马克思正是在实践观点的基础上，才建立起人与自然、人与社会、自然与历史、物质与精神、主体与客体、理论与实践的统一，从而构建出一种崭新的历史唯物主义思想。

二 从马克思实践的观点看20世纪的生活世界理论

本文之所以用马克思的实践的观点来审视 20 世纪的生活世界理论，是因为这两种观点有诸多相似之处；同时，笔者认为，马克思的历史唯物主义思想不仅没有过时，而且依然可以容纳新时代赋予其新的解释，因此，仍然可以成为我们时代精神的精华。

"生活世界"这一概念是由哲学家胡塞尔提出的，正如伽达默尔所说，生活世界一词是"由哲学家提出来并在日常语言中取得成功的少数几个新词之一"[①]，但是，胡塞尔要解决的问题仍然是传统西方哲学的问题，是笛卡尔的问题、休谟的问题和康德的问题，也即主观性与客观性悖论的"世界之谜"。

[①] 加达默尔：《伽达默尔集》，上海远东出版社，2003，第 377 页。

胡塞尔的"生活世界"并非马克思意义上的客观物质世界，而是人的主观性的视域结构，它与胡塞尔的先验自我若即若离。而在笔者看来，胡塞尔的先验自我学说并没有也不可能真正彻底地解决这个"世界之谜"，尽管他承认外部的自然界存在并给予其客观的意义，但是这种客观的意义终究是一种在先验自我的同感的过程中产生的，仍然是处于意识之内的，是自我的观念的派生物，它归根到底仍要依附于这个先验自我，它的形成和发展也依赖于先验自我，并与先验自我保持着稳定和谐。

胡塞尔关注事物的意义的合法来源和最终基础是什么，并认为，如果不能合法阐明其最终的依据，那么它们就终究是需要阐明的东西，是朴素的东西，是尚未说清的东西，因此，真正客观的现实的日常生活世界被胡塞尔悬搁起来了（加上括号括起来了），它们被排除在先验现象学的合法研究领域之外。尽管胡塞尔乐观地以为他已经圆满地解决了传统哲学的问题，并非常自信地认为自己已经站在新世纪新哲学的始基之上。[①] 但是，我们仍然不得不得出结论：胡塞尔的自我学说不但没有真正解决任何问题，反而让他更深地陷入了唯我论的困境，这种把日常生活中的感性自我理性化、先验化和绝对化的倾向，仍然是重复着西方哲学2000年的同样的错误。说它错误是因为他没有看见实践的力量，没有马克思实践观点的巨大的穿透力，尽管胡塞尔生活在马克思之后，但马克思对传统西方哲学的批判同样适用于胡塞尔，胡塞尔的哲学作为一种信念，它让人感到理性的伟大、人格的崇高和精神的力量，但是在日常生活世界的现实土壤里，它就是一种幻想，是一个"颠倒的世界意识"，一个在天国为圣贤编织的梦幻。

胡塞尔打算不要前提而建立哲学，他的现象学还原归根到底是一种精神活动，这种精神活动是自我与世界的最终前提。然而，事实上任何活动都不会没有基底，精神活动的生成性也是有前提的，它不仅仅是物质实体，还是社会主体实践活动的生成性，马克思曾以一种独有的历史深度指出了唯心主

[①] 胡塞尔：《欧洲科学的危机与超越论的现象学》，商务印书馆，2001，第101页。

义哲学的社会历史根源：真正进行历史建构的并不是精神活动，而是人类的社会劳动活动，是人的实践活动现实地生成历史。胡塞尔并没有发觉观念先验性的真实基础，它们是特定社会历史发展的条件下人的实践活动和社会关系的产物，胡塞尔的先验主体性其实是人的社会功能一般性的一种观念内化，"先验主体的一般性是社会的机能联系的一般性、即一个总体的一般性。这种总体是由个别的自发性和品质结合而成的，但又靠平均主义的交换原则来为这些自发性和品质定界，最终把它们当作无望地依赖于总体的东西而删除掉"[1]。阿多诺在《否定的辩证法》中已经将先验观念的社会历史根源揭示得淋漓尽致，而马克思早在《1857—1858年经济学手稿》中，第一次科学地说明了观念唯心主义尤其是先验的主体性的社会历史根源，即先验主体性哲学的隐蔽的经济学基础，这就是资本主义交换价值对人类的普遍统治即"抽象成为统治"的经济关系的基础。[2]

因此，人的意识是在现实社会人的对象化活动中、交往活动中产生的，它是"社会中生产行为的总体完整结合的概念的反映"[3]，意识只能是在一定历史条件下有限的认知结果。胡塞尔的先验主体性，实际上是个人的意识的统一，它仍旧是社会现实生活的一种反映。胡塞尔在追求理想化和观念化的精神目标的时候，却将精神价值取向作为社会生活的绝对基础，而这在经过了马克思的哲学洗礼的我们看来，就更像一个颠倒的世界观，是一种把真实的客观现实蒸发掉的哲学，是一种皈依理性上帝的新的宗教。

阿尔弗雷德·许茨是对胡塞尔的生活世界理论具有重大发展的一个代表人物，他把胡塞尔先验的生活世界转换成日常生活世界，"日常生活的外部世界是最高实在"[4]，从而创造性地开拓了富有活力的现象学社会理论之路。许茨的思想具有诸多可取之处，他跟随胡塞尔，非常重视意义的产生的主观方面，

---

[1] 阿多尔诺：《否定的辩证法》，重庆出版社，1993，第179页。
[2] 张一兵：《无调式的辩证想象》，生活·读书·新知三联书店，2001，第248页。
[3] 阿多尔诺：《否定的辩证法》，重庆出版社，1993，第176页。
[4] Alfred Schutz, Collected Papers I, the Problem of Social Reality, Martinus Nijhoff/ The Hague, 1973, p.342.

因此，胡塞尔的理论缺失也是他们二者共同的理论缺失。

许茨继承了胡塞尔的关于类型化和关联的思想，以及韦伯的理想型的概念，但是类型化在许茨那里，是一个静止的、抽象的理论概念和过于理想化的东西，它缺乏日常生活的具体经验的鲜活特质和可操作性特征。他没有说明类型化本身的形成及其个体接受的过程，在许茨看来，这种类型化的知识是现成的，它作为我们的知识储备储放在我们的精神空间内，我们只需要拿来它就可以成为解决各种社会疑难问题的诀窍，但是他并不曾详细阐明个体接受这种作为生活诀窍的知识的全过程，[①]也未阐明这种类型化的知识之间的内在关联和有机联系，如果它们之间只是表现出一种孤立的、静止的关系，就像一袋马铃薯倒在地上，立刻散作一团，这有失一种理论的系统性、有机性和严密性，因而，它也没有达到马克思的理论与实践的辩证的具体综合的高度。

其实，许茨所说的类型化和关联也是随着时代和社会的变迁而不断变化的，如果已经类型化的经验和知识都是固定不变的，如果人们掌握了所有这些关于类型化的知识，那岂不是就一劳永逸地掌握了我们日常生活的所有知识，而这与胡塞尔所说的绝对永恒必然和普遍真理有什么不同？而要阐明人类知识随着社会和时代的发展而发展的与时俱进的理论品质岂不成为不可能的吗？尽管许茨非常深刻地认识到了知识的社会特征，即知识是起源于社会的，是从社会的角度分配的，但是，如果撇开了知识的产生的历史实践的维度，而仅从主体认识和接受的角度来谈知识的社会起源，那岂不让人有以偏概全之感？

许茨不满于胡塞尔在先验的层面来解决主体间性问题，认为只有在日常生活世界的经验层面，在我与他人面对面的直接社会经验的层面上，主体间性的问题才最终能够得到妥善的解决。但是，许茨以视角的互易性来解决主体间性的问题，认为在这种我们共享的生动的现在之中，我通过立场可转换的理想化和诸关联系统一致的理想化，就可以深入你的内心，了解你的想法，

[①] 参见霍桂桓《当代西方著名哲学家评传》第 10 卷 "社会哲学"，山东人民出版社，1996，第 374 页。

这种只从主观的视角和过于形式的立场来看待我与他人的互动不也是一种太理想化的设计吗？① 许茨认识到了人是社会性的人，但是这种认识是基于认为社会实在是一种符号的意义，这种符号的意义超越了自然界和我与他人的生动的面对面关系，从而为理解更为抽象、更为复杂的社会现象提供了可能。但是，这种对"人是社会的人"的理解难道不也同样偏颇吗？难道不也正是缺乏马克思所说的个体的社会化过程所经历的社会物质资料生产方式的现实基础吗？

我们承认，许茨对个体的行动者的内在时间意识的分析不乏创见，他的行动、互动以及涉及社会行动的计划、设计和原因动机、目的动机确实为社会学带来了一股新鲜的空气，有开创一个新的学科领域的率先风范。但是，许茨的论述重点依然是强调从类型化角度描述个体主观意义的构成和表现，以及同伴的观察和理解，这种带有强烈主观的唯心色彩和形式化的抽象理论不能说明以下问题：社会行动的现实基础是什么？社会行动者的行动与更大层面上的制度安排的关系是怎样的？社会的构成与运行机制是什么？这就使得许茨的社会理论在解决更大的宏观方面的社会问题时显得软弱无力。

因此，许茨与胡塞尔一样，他们都没有全面研究生活世界的主观和客观两个维度的辩证关系和现实互动，而只是抽象地关注主观维度，因而他们只是揭示了人们用于理解意义的认识模式，而没能揭示人类具体的社会生活的实践模式和人类在互动基础上的社会交往模式。而由于这种主观的认识模式缺乏实质性内容，因而只是一种现实生活的抽象，它不能说明具体生动的社会关系和社会实在，用许茨的例子来表述他所形容的社会科学家所创造的傀儡和侏儒来形容他自身的社会学现象学岂不是很适当吗？面对不断发展变化和复杂联系的社会现实问题，他的理论不也正像傀儡和侏儒一样无能为力吗？

正是在这一点上，哈贝马斯超越了胡塞尔与许茨，把生活世界看作主客

---

① 参见霍桂桓《当代西方著名哲学家评传》第10卷"社会哲学"，山东人民出版社，1996，第347页。

体相互作用总体性的文化世界。他认为，任何社会的运行都是围绕人类的物质生活资料生产而展开的系统与生活世界相互作用的过程，社会进化的趋势不断地发生内部分化和彼此的分离，社会整合则依靠系统与生活世界之间的平衡。随着现代社会的进化，当围绕着经济和国家而运行的系统过程已经奴役和统治了彼此共享意义、理解和主体间性的生活世界过程时，这种平衡就被打破了，这就是现代社会的整合性危机。而这些问题集中表现在日常生活世界的再生产中，也就是说，在交往互动过程中日常生活世界的各种行动被用于重塑系统过程的非语言媒介代替了，诸如金钱与权力，而解决这些危机的方法是生活世界与系统之间重新恢复平衡，这一平衡要经历经济和政治等公共领域的恢复，也要经历能创造更多情景的公共领域的恢复，在这些情景中，交往行动才有希望通过系统媒介无拘无束地进行。哈贝马斯的批判理论就是要记录生活世界中已被控制的方方面面，其提出的解决方法是在自由交谈的语言基础上重新建立合理的交往行动。①

由此可见，哈贝马斯与马克思在最深刻和最内在的理论旨趣上的一致性：哈贝马斯将功能主义有关社会和文化的思想与马克思的实践的观点协调了起来：在他们那里，我们都能看到为创造一个前所未有的更加理性化和更加分化的社会所做出的努力；在他们那里，我们还能看到为改变现实不合理社会的一种美好理想，这种理想播撒着全人类解放运动的希望的种子。

---

① 哈贝马斯：《交往行动理论》第 2 卷，重庆出版社，1994，第 208~244 页。

许茨与胡塞尔的生活世界理论比较

张 彤[*]

胡塞尔生活世界学说深刻影响和启发了阿尔弗雷德·许茨,许茨关于生活世界的许多分析和描述都与胡塞尔非常接近。但是,作为一个独立思考的哲学家,许茨并没有对胡塞尔亦步亦趋,他恰恰是利用了胡塞尔的某些观点,并把其吸收运用到自己的理论之中,从而创造性地开辟了富有活力的现象学社会学的道路。

一 从先验的生活世界到日常生活世界

"生活世界"这一概念是由胡塞尔首先提出的,胡塞尔提出"生活世界"是要为近代科学奠定一个坚实的基础,从而解决欧洲科学的危机问题。[①]然而,与胡塞尔的其他许多概念一样,如"意识""显现""感知""先验主体性"等,[②]"生活世界"的概念也是一个具有歧义性的概念。有时,"生活世界"这

---

[*] 张彤,黑龙江大学哲学学院教授,主要从事文化哲学以及现象学研究。
[①] 胡塞尔:《欧洲科学的危机与超越论的现象学》,商务印书馆,2001,第125页。
[②] 胡塞尔在《逻辑研究》中对意识、显现、感知等概念的歧义性都有过详尽的阐述,参见《逻辑研究》第2卷,上海译文出版社,2006;对于先验主体性的歧义性问题,丹·扎哈维和李南麟都有过精确的论述,参见《胡塞尔现象学》,上海世纪出版集团,2007;以及《中国现象学与哲学评论》第8辑"主动发生与被动发生——发生现象学与先验主体性",上海译文出版社,2006。

个概念指的是前科学给予我们的日常的经验世界，我们在日常生活中将其视为理所当然的，我们非常熟悉它，从来不质疑它，它是原初的自明性的领域，并且具有最终的自明性；有时，胡塞尔也用生活世界指我们具体的生活实践所形成的具体的和特殊的生活环境和生活圈子，这个世界总是与人的实际的生活目标联系在一起，人不可能超出这个具体的生活世界的边界，"但是当我们落入到一个陌生的交往圈子中时，如刚果的黑人，中国的农民等等的交往圈子中时，我们会发现，他们的真理，即在他们看来是肯定的，一般已被证明了的和可证明的事实，对于我们来说却绝不是这样的东西"[①]。这种具体的生活世界是与人的实际职业联系在一起的，而人是以职业划界的，人的具体职业决定了人的喜好、关心和冷漠，胡塞尔借此把生活世界按人的职业划分为哲学家的世界、科学家的世界、农民的世界等。

理解胡塞尔"生活世界"的概念必须注意以下一点，这就是胡塞尔把生活世界区分为经验的和先验的两种意义。他认为，对生活世界进行纯粹的经验研究是不充分的，哲学的任务是要揭示生活世界的先天结构，尽管"生活世界"这个概念与生俱来就有一种具体的、相对的特征，但是胡塞尔坚信，他能够解决生活世界的先验性问题，即生活世界并不是杂乱无章的一团混乱，实际上每个可能的生活世界都存在一个普遍的和本质的结构，而不管它在地理、历史和文化上有多大差异。"所有相对的存在者都与之关联的这种普遍结构本身，并不是相对的。"[②] 胡塞尔通过对生活世界的先验性的探讨，把其引入了先验还原的领域，而这也正是其先验现象学一直关注的不变主题。

胡塞尔"生活世界"的概念最主要的特征是理所当然和不言而喻的特征，他称其为"不言而喻地有效的生活的周围世界"，我们共同生活在世界之中，它是我们各种思考、行动、计划、意愿等活动的前提，但是很少有人把生活世界作为专题来研究，我们生活于其中的周围世界，预先就被假定为存在的，这种生活世界不仅预先存在而且有效，"在生活世界中作为不言而喻的

[①] 胡塞尔：《欧洲科学的危机与超越论的现象学》，商务印书馆，2001，第168页。
[②] 胡塞尔：《欧洲科学的危机与超越论的现象学》，商务印书馆，2001，第168页。

东西的存在而给定的现象本身,已经包含有意义的内涵和有效性的内涵"[①]。他认为,前科学的生活世界对于我们的日常实践来说是足够用的,也就是说,即使没有科学认识和哲学认识等更高层次的抽象思维的理论成就,我们通过习惯而从传统或从我们以前的经历中获得的对于生存的有效性的常识积累,作为最一般的类型学而成为我们日常生活熟悉的视域,这对于我们的日常生活就足够用了。

在这里,胡塞尔的生活世界强调人类是在理所当然的自然世界中生活的,正是这个世界才使人们能感受到各种事物的存在,即包含客体、人群、位置、思想和其他可以使人们注意的各种事物,这种生活世界对人类而言是一种活生生的现实。生活世界是想当然的,却建构和影响着人们行为和思想的方式,人类在这样一种预设的基础上活动,但是他们却很少有能力直接判定或反思这种预设是否正确。这个世界是我们大家共同体验到的,人类行为就以理所当然的方式为集体共同体验的生活世界所引导。

胡塞尔的以上观点深刻地影响到阿尔弗雷德·许茨,许茨把胡塞尔生活世界的这种想当然的态度称为自然态度。但是在许茨那里,实际上是做了一个替换,即用日常生活世界取代了胡塞尔先验的生活世界,许茨之所以这么做,是因为他认为日常生活世界才是最高实在,我们每一个人都首先生活在自然态度的日常生活世界中,自然态度并不首先认识问题,而是参与它、实践它,在自然态度的日常生活中,我们对这个世界首先具有的不是理论兴趣,而是具有突出的实践兴趣,"日常生活的世界既是我们的各种运行和互动的舞台,也是这些行动和互动的客体,为了在其中、在我们的同伴之中实现我们所追求的意图,我们必须支配它,必须改变它。我们不仅在这个世界中工作和操作,而且也影响这个世界"[②]。

许茨认为,我们通过我们的身体与这个世界相连,这个世界中的各种客体要么成为我们的工具,要么成为我们的征服对象,要么成为我们的抵抗对

[①] 胡塞尔:《欧洲科学的危机与超越论的现象学》,商务印书馆,2001,第136页。
[②] 哈尔弗雷德·许茨:《社会实在问题》,华夏出版社,2001,第285页。

象。因此，实用动机支配我们关于日常生活世界的自然态度，在这种意义上说，世界是我们必须通过我们的行动加以改变的东西，或者是可以改变我们的行动的东西。而像胡塞尔所说的先验的生活世界，只是一种纯粹静思的理论世界，或者叫一个有限的意义域，它只是日常生活世界的一部分，而不是全部，日常生活世界的经验要素在人的各种活动中都会不知不觉地起着影响与制约作用。

许茨把日常生活的世界称为最高实在，它之所以是最高实在，是因为我们每一个人都出生在这个日常生活的世界之中，我们是被母亲生育的，即"我们并非是在曲颈瓶中调制而成"，我们在这个日常生活的世界之中成长、成熟直到死去，因此，我们在日常生活世界才会感到安全，它教会了我们一整套关于生活和行动的常识和诀窍，它是我们生存的保障和安身立命的基础。它之所以是最高实在，更重要的是因为：与他人的沟通就发生在这个领域，如果我们不能与他人进行正常的沟通与交流，那么我们就无法进行理解活动，而我们作为人，终究是一个意义的存在，终究要靠意义而生存，人生活在意义世界之中，各种工具、符号，各种指示系统的语言、社会制度以及艺术作品，都具有一种意义结构，而如果没有这种意义结构，人们恐怕一天也不能生活，"它之所以是一个文化世界，是因为对我们来说，这个日常生活世界从一开始就是意义的宇宙……"[1] 日常生活世界是一个从历史的角度给定的世界，我们正是在传统和习俗的沿袭中遇到它的，它是一个已经由其他人经验和解释过的世界，通过回溯历史，指向了一种人类的集体活动的成就。因此，它是一种人类的意义建立与意义解释的历史活动的文化积淀。

在日常生活的世界中，我们与他人一起生活，为他人生活，将生活指向他人，我们与他人一起组成了社会，我们共同生活在社会之中。这样，许茨通过对日常生活世界的思考就把我们引入了社会世界之中。在日常生活的自

---

[1] 哈尔弗雷德·许茨：《社会实在问题》，华夏出版社，2001，第37页。

然态度中，生活世界对我们来说是给定的，而这个世界中的他人对我们来说也是给定的，我们无法选择，日常生活世界从一开始就是一个主体间性的世界，因此，研究日常生活世界必须研究我与他人的互动。

二 从先验的主体间性到日常生活中的主体间性

关于主体间性的问题的重要性，胡塞尔晚年也有所察觉，甚至在他生命的最后二十年这个问题占据着核心的位置。胡塞尔通过现象学意识构造的分析，要阐明的是一种现象学的意向结构，即他并不特指某人，而是指一般意识关系和表象，它是每个个体的意识和表象得以可能的前提。他不是从经验上来讲的，而是从先验上来讲的，他要说明的不是某人与某人实际上如何沟通，而是使他们的沟通得以进行的先验性前提条件。因而，胡塞尔意识构造学说揭示的是主我与他我之间，也即主体间性的一种先天的结构和关系。

然而，胡塞尔关于主体间性的观点存在一个棘手的问题，即面临非常突出的二元悖论形式：如果我构成了世界和我所知觉到的一切的意义整体，那么他我也是其中的一个部分，他我就是我意识中的他人，而不是一个真正的他人；如果他我还是一个真正的彻底的他人，那么他我也在构成意识，我因此也就成了他构成的东西，那么我就不是一个真正的我了，而是一个他我构造出来的我。因此，这里存在一个无法消解的悖论。一言以蔽之，他人是我主观构造的，还是一个立于我的对面，真正与我对话和交往的他人？这个问题胡塞尔并没有解决，这也使胡塞尔以后的哲学家批评胡塞尔仍然局限在一个唯我论的思维范式之中。[①] 而在胡塞尔的众多弟子之中，阿尔弗雷德·许茨提出了改造胡塞尔先验主体间性困境的一种社会学的解决方案，并将其先验的主体间性问题变成了日常生活之中的他人问题。因此，许茨的观点就非常

[①] 批评胡塞尔很典型的是萨特，参见《存在与虚无》，生活·读书·新知三联书店，2007；哈贝马斯对胡塞尔先验唯我论的批判也很有代表性，参见《后形而上学思想》，译林出版社，2001。

值得重视。

许茨认为,由于胡塞尔坚持现象学的"直观的被给予"的明证性原则,即只有给予我自身的意识才是本原的意识,因此他用来分析主体间性的问题只能囿于双方身体的共同在场,而无法进入另一个自我——他我的意识深处,因而用这种思维模式来理解他人是有局限性的。这种主体间性的理论困境的根源正是在于:在先验哲学领域和先验自我的框架中不可能为解决主体间性、社会共同体等问题提供现实的和可能的基础,而由于胡塞尔过于热衷于使用先验构造的方法,这样就使他在对先验自我和先验他人关系的解释上更加剧了他的理论困境。在先验还原的范围内解决主体间性问题,将导致其以后各种尝试的失败,而且这种失败是不可避免的。

许茨发现,我与他人从一开始就共同存在于在日常生活的世界中,"我的日常生活世界绝不是我个人的世界,而是从一开始就是主体间性的世界,是一个我与我的同伴共享的世界,是一个也由其他人经验和解释的世界,简言之,它对于我们所有人来说都是一个共同的世界"[1]。因为主体间性问题并不是先验领域的问题,即并不是纯粹理论态度的问题,而是一个实践的问题,是一个日常生活中的问题,是我们在日常生活中必然会遇到的一个事实。因此,只有回到生生不息的日常生活世界之中,才能为这个问题的解决提供坚实的基础。在日常生活世界之中,我们与他人一起生活,并且共同组成了社会,因此,只有立足于日常生活世界,只有立足于社会,在社会世界的基础上去观察和理解现实生活中我的各种行动和与他人的互动,才能真正消除胡塞尔唯我论的幽灵,从而为解决胡塞尔先验哲学困境提供一个现实的途径。

许茨研究日常生活中的主体间性问题,重点研究了我与你面对面的"我们关系",这意味着我们生活在一种生动的现在之中,在这样生活的时候我并没有意识到自我的意识流,自我的意识流只能在我的反思活动中才能领会,而这时我不必求助于反思,我可以直接体验你的意识流,你也不必求助于反

---

[1] Alfred Schutz, *Collected Papers I, the Problem of Social Reality*, Martinus Nijhoff/ The Hague, 1973, p.312.

思,而可以直接体验我的意识流,因为我们的意识流是同时存在的,我们一起"共享一种生动的现在",我可以利用我自己同时存在的各种意识活动,通过这种意识流的各种活动的现在而把握他人,这就是许茨所说的"关于他我的一般主题",即"我们是一起变老练的"。[1]

之所以说我们一起变老练,是因为我们的经验在增长,我们不断获得不同的意义和新的意义,这种生动的同时性实际上是一种意义赋予的过程,也就是我把我的意义不断赋予其他人的过程,我假想其他人在同样的情况下也会像我这样如何如何,这涉及一整套的复杂的类型化和关联的过程。当他人的行动事关一个事态时,那么这种解释就是客观的,而当我要回到他人的主观意识流,试图重构当事人心中的想法,那么这种解释就是主观的。但是,主观解释是假定的,因为我的生平情境和关联肯定与他人的不同,因而我们之间的解释肯定有差别;而客观解释并不涉及当事人的主观心理活动,往往通过符号来表达一个理念或者一个既定事实。因而,客观解释可以看作核心意义,而主观意义可以看作处于核心意义周围的边缘意义。

面对面的"我们关系"是所有其他形式的社会互动的最为重要的基础,"我们关系"既可以指我们关系的身体的共同存在,还可以指我在想象中将一个历史人物的心灵放在和我一样模拟的环境里,了解他的所思所想所为,文学、艺术、音乐等都是通过这样的方式而被我们理解的。也就是说,间接的社会关系以及抽象、隐匿的社会关系都是仿照着面对面的我们关系,并在此基础上建立起来的。这样,许茨就通过对这种方式的理解而把我们引向了历史和社会世界的广阔领域中了,通过"我们关系",同时代人、前人和后人的世界经过修正的理解方式才显示了出来。因此,可以说面对面的"我们关系"是一个宽厚丰裕的参照框架,我们关于社会世界的所有知识,关于社会世界最匿名、最遥远的现象的知识,以及关于社会共同体更加抽象层面的知识,如法、政治、国家,其实就是建立在这种生动的现在经验的"我们关系"

---

[1] Alfred Schutz, *Collected Papers I, the Problem of Social Reality*, Martinus Nijhoff/ The Hague, 1973, p.174.

的可能性基础之上。

我对他人的知识最初是通过面对面的我们关系而建立起来的，而通过更高层次的接近呈现，我们就建立了高度一般化和抽象化的符号化知识，通过符号化，我们就超越了面对面的我们关系，而进入了隐匿化、稳定化和制度化的社会关系之中。因此，社会本身就成为一种超越日常生活实在的代表和象征，借助于各种各样的符号关系，我们就超越了我们实际的此在和现在与日常生活达成的协议，而通过这种超越，我们就从我们实际力所能及的有限范围进入社会生活之中。这样，许茨就把对日常生活世界的互动研究拓展到以符号和文化为特征的社会世界的广阔领域。

三 从先验的第一哲学到日常生活中的社会科学

胡塞尔试图在没有前提的基础之上建构哲学，他认为这种哲学才是普遍的、彻底的和严格科学的哲学，"即具有哲学绝对需要的最严格科学形式的哲学。没有严格科学的开端，就没有严格科学的继续发展。只有借助于一种严格的第一哲学，一般严格的哲学，常青的哲学才能出现……"[①] 第一哲学为一切科学甚至是一切生活奠定了一个合法的根基。"纯粹现象学展示了一个中立性研究的领域，在这个领域中有着各门科学的根。"[②] 他的先验现象学哲学正是普遍的和彻底的对自身认识和自身思考的必然选择和必然结果，正如他在《笛卡尔的沉思》中所说，当实证科学成了陷入世界被遗忘状态中的科学，那么德尔斐神庙的谕言"认识你自己"就获得了一种新的意义，人们必须首先通过悬搁而放弃这个世界，以便在普遍的自身沉思中去重新获得它，而把一种普遍的自身认识彻底而又普遍的继续贯彻下去，这就是哲学本身，并且它也包括所有那些自身负责的真正的科学。[③] 这种哲学不仅能彻底贯彻真正理性

---

① 胡塞尔：《第一哲学》上卷，商务印书馆，2006，第34页。
② 胡塞尔：《逻辑研究》第2卷第一部分，倪梁康译，上海译文出版社，2006，第4页。
③ 胡塞尔：《笛卡尔式的沉思》，中国城市出版社，2002，第214~215页。

的思考和理性的论证，还能让人具有一种伦理的责任，让人们过一种真正理性的生活。因此，哲学成为全人类的使命，而哲学家则成为全人类的公仆。

这种建构哲学的做法在许茨看来只是一种幻觉，[①] 因为任何哲学研究，任何思想都存在一个前提，这就是我们的日常生活，正如马克思所说，人们为了能够创造历史，首先必须能够生活，首先需要吃喝住穿以及其他一些东西，而如果没有日常生活，恐怕作为人类的我们一天也存活不下去。因而，日常生活是我们进行一切活动的真正根基和前提，我们的工作和劳动、我们的科学研究、我们的精神活动，以及我们与他人的交往都是建立在日常生活这个基础之上的，日常生活的世界才是意义和理解的真正诞生地。

许茨在日常生活的常识思维基础之上建构社会科学，他认为日常生活的常识思维看似简单，以至于我们不加思考地就会使用，并把其视为理所当然，而实际上日常生活的常识思维已经包括各种构想，已经包含着思维组织的各个层次的一整套抽象、一般化、形式化和理想化。正如胡塞尔所说，根本不存在作为纯粹而又简单的事实的事物，所有事实都是从一开始就已经被人们解释过的事实，是一个由我们的心灵活动在一个意义的脉络中选择出来的事实。因而，我们只能领会日常生活的某个方面或某些方面，而领会什么与我们的意识关联有关。许茨指出，关联并不是自然本身内在固有的东西，而是人在自然之中进行选择和解释的结果。

许茨认为，社会科学家已经通过一系列关于日常生活的常识构想预先选择、预先解释过这个世界，正是这些决定了他们可资利用的手段。因此，社会科学家构想的思维客体不仅指向在与其同伴一道日常生活的过程中所具有的常识思维构成的思维客体，而且他们建立在这些思维客体的基础之上的这些构想都是二级构想，它们都是关于行动者在社会环境中所做出的构想的构

[①] 不光是许茨，20 世纪很多人都批判过胡塞尔试图建立第一哲学的宏伟愿望，如施太格缪勒对胡塞尔评价道："但是用赫拉克利特关于河流的比喻来表示那应该为哲学提供一种绝对根本的基础的东西不是最不合适的吗？人们现在比以往更加倾向于把那种寻找一个一切科学和哲学都以之为基础的牢不可破的磐石的努力看作是幻影。"（《当代哲学主流》，商务印书馆，1986，第 128 页）

想。社会科学必须研究存在于社会中的人类行动举止以及常识对它的解释，这种研究既包括分析由各种设计和动机组成的整个系统，也包括分析由我们的各种关联和构想组成的系统，这种解释必须接受常识经验中关于构想行动类型的一般原则。

然而，所有科学都是为了取代常识思维的构想而设计的，在社会科学家面前，他们考察的事实、事件和材料有着不同的结构，他们考察的是社会科学的实在问题。社会科学家为了获得科学所必需的客观性，他必须作为一个公正无私的观察者，他不能卷入被他观察的情境之中，这个情境对于他这个科学家而言，并不具有实践方面的兴趣，而是具有理论的兴趣，它并不是他的各种活动的舞台，而只是他静观沉思的对象。社会科学家通过构想社会世界构想的一部分，来取代与独特的生平情境和关联造成的常识思维客体，他主要研究与他研究的问题有关的类型事件，而那些与这个问题无关的其他事件则被他视为无关紧要的偶然的材料被排除在外。正是这种已经被确定的科学问题本身，决定了什么东西与它有关，什么东西与它无关，决定科学家必须研究什么，正是这些科学问题，决定了社会科学的理论抽象和一般化、理想化过程。

因此，社会科学是社会科学家构想的一种行动者行为模型，是社会世界的科学模型，它是一种有限的意识，它所包含的只不过是与他所观察的和他所研究的问题的有关的成分。社会科学中的人并不是真正的人，它们并不具有自身独特的生平情境，它们是由社会科学家创造的并由社会科学家界定的傀儡或者侏儒，社会科学家完全操纵着它们并为其目的服务，社会科学家在布置舞台、分派角色、设计行动，他决定行动什么时候开始，什么时候结束，因此，这是一种对某些特殊社会世界模型的特殊构想类型的表达。社会科学家正是出于某些特殊的方法论需要而构造了这些社会世界的模型。正是遵循社会科学一般方法论的原则，社会科学家在他创造的这种宇宙中才发现了一种完美与和谐的成功。

尽管许茨在对胡塞尔先验哲学的纠偏上功不可没，但是许茨也有理论缺失：他跟随胡塞尔，只是侧重于关注主观的认识模式，只是抽象地揭示了人们进行意义建立和意义解释活动的主观方面，而没有全面研究意义产生的主观和客观两个维度的辩证关系，没能揭示人类具体的社会生活的实践模式和人类在生活世界的互动基础上的交往模式，因而他们并没有达到马克思在一百多年前的思想深度。正如马克思所说，人的精神活动的生成性是有前提的，它不是物质实体，而是社会主体实践活动的生成性，并且，真正进行历史建构的并不是精神活动，而是人类的社会劳动活动，是人的实践活动在现实地生成历史。许茨之后，哈贝马斯、吉登斯等人一方面注意到了胡塞尔、许茨的生活世界学说所包含的合理内容，另一方面也意识到了马克思的实践的观点的重要性，才使得其理论达到了综合统一的深度。

日常生活批判理论个案研究

如何展开日常生活批判

——科西克关于日常生活批判的四重维度

李宝文[*]

当代以来，随着胡塞尔日常生活世界理论的提出，日常生活业已成为哲学家们研究考察当代人类生存状况的首要领域和基本对象。海德格尔关于日常生活中此在生存状态的分析、列斐伏尔关于日常生活的异化批判、赫勒关于日常生活社会再生产理论的阐释、许茨关于日常生活意义结构的探究等，都以不同的方式对现代化背景中的日常生活世界进行了广泛的研究与分析，丰富了人们对于日常生活的哲学认识。然而，与现象学、存在主义、诠释学等各种当代西方哲学研究范式不同，东欧新马克思主义者、捷克斯洛伐克哲学家卡莱尔·科西克坚持从马克思主义的立场和观点出发，以其独特的辩证法思想对日常生活展开了辩证的分析与考察，形成了关于日常生活无主体性、伪实践性、无历史性、技术理性四重批判的研究进路和理论向度，为我们进一步认识日常生活的本质提供了独特的方法视角和思想见解。

一 日常生活的无主体性批判

什么是日常生活？在科西克看来，人无时无刻不生活在日常之中，人类

---

[*] 李宝文，黑龙江大学马克思主义学院教授，主要从事西方哲学、文化哲学、马克思主义哲学、西方马克思主义、东欧新马克思主义的研究。

的每一种生存方式或在世方式都有它的日常。他认为,"日常是时间的组织,是控制个人生活史展开的节律"①。作为节律,日常是一个规则的、可重复的工作、行动和生活的节律。因此,日常不是作为公共生活对立物的私生活,也不是与某种高雅的官方世界对立的所谓的粗俗的生活。换句话说,日常不是我们所处的社会实在总体的某一特殊"领域",而是我们的"全部生活"都可以表现为日常。科西克用"日常"来表征人类最一般、最经常、最不可或缺的生存方式。一句话即"任何事情都有其日常"。日常是无所不在的总体,是真理与非真理、真实与虚伪混杂并存的总体。在科西克看来,在日常世界里,一切都未经考察、未被发现,但是简练地存在。活动与生活方式都变成了本能的、无意识的和不假思索的机械过程。在这里,"日常表现为平淡未分化的黑夜,机械和本能的黑夜,即表现为熟知的世界。同时,个体可以用他自己的能力和智谋控制并计算日常世界的各个维度和潜在的可能性。日常中一切都处于'在手'状态,个人可以实现他的自我意图。正因如此,它是一个可信、熟悉和惯常行为的世界……日常中个人在自己的经验、自己的可能性、自己的活动的基础上发生关系,所以他把日常看作自己的世界。这是个体能够筹划并控制的、可信的、熟识的世界,是直接经验与可重复性的世界"②。在这样的世界里,日常中的每一天都可以置换为相应的另一天;日常中的每一主体都可以置换为另一主体。日常使主体处于无名状态。但是,主体毕竟不是物,他是带着强烈的"烦"的意识的主体,是绝不甘于"沉沦"而又努力寻求"是其所是"的主体。

那么,日常主体如何才能克服"无名"和"沉沦"从而实现"是其所是"?在科西克看来,人不是孤立的存在。人与"外部"世界不可避免地发生关联,我们必须从人涉身其中的世界来寻求主体的"是其所是"。

---

① Karel Kosik, *Dialectics of the Concrete*, Dordrecht and Boston: D.Reidel Publishing Company, 1976, p.43.
② Karel Kosik, *Dialectics of the Concrete*, Dordrecht and Boston: D.Reidel Publishing Company, 1976, p.43.

在科西克看来，人原本就是他的世界所是的东西。人的真正存在不是自我原生的，而是通过与世界相关联而派生出来的。这种派生性存在不仅决定着他的自我意识，而且规定着他以什么方式解释自己的生存。科西克认为，马克思主义已经正确地运用"人是社会条件的总和"这一唯物主义观点恰当地说明了这种派生性。但是，由于它没有明确地提及谁是这些条件的主体，于是不得不做出解释。在解释的过程中，辩证的"解释"善于发现真实的主体，形而上学的"解释"则用神秘化的主体（即神秘化的我或神秘化的我们）来填补"条件"这个空项，结果反倒把真实的个体转变成了一个工具或一具假面。科西克辩证地看待这些"条件"（关系）。他指出，处于派生性的主体是一个被种种关系所缠绕、包裹的主体。这些关系是一种主-客体关系，主-客体关系是一种深刻的对象性关系。在科西克看来，主体早已在骨子里渗透着一种对象性，这种对象性是人类实践的对象化。

科西克进一步分析指出，对象性存在原本是人的一种基本存在方式，但是一旦个体彻底地沉溺于对象性之中，沉溺于操控和操持的世界之中时，那么这种"对象性"的主体就转变为无主体的主体。主体存在转化成了无对象性的客体存在，主体本身在这个世界中消失了。为了克服这种主体迷失状态，科西克认为，作为对象性活动的主体必须通过生产出一个主-客体相统一的历史世界才能够实现"是其所是"。而对象性活动的根本在于实践，因此，科西克断言：在个体的和人类的实践-精神进化过程中，无名的无差别的全能统治终将崩溃。在个体发生与种系发生的过程中，不可避免地存在"个体与一般""无名与有名"的辩证转化问题。从这个意义上说，人的进化是作为一个人与非人、可靠性与非可靠性相分离而又相转化的实践过程而前进的。

科西克对日常生活无主体性所做的揭露与批判，旨在唤醒失去主体本质的日常主体，使其恢复辩证理性的思维意识，恢复辩证的实践功能。所以，科西克提醒我们："人们对日常的自动性和不变性提出疑问，并不是因为它本身成为问题。相反，日常成为问题恰好反映着实在成了问题。从根本上讲，人所探寻的不是日常的意义,而是实在的意义。"[1]也即人置身于其中的世界之意义。

二 日常生活的伪实践性批判

实践是现代唯物主义哲学的一个极其重要的概念。马克思在《关于费尔巴哈的提纲》中指出:"全部社会生活在本质上是实践的。凡是把理论引向神秘主义的神秘东西,都能在人的实践中以及对这个实践的理解中得到合理的解决。"[2]然而,在现实生活中,人们对于实践的理解却一再陷入这样一种误区:为了能够把握到实践的真理性,人们总是试图转换对实践的内容、意义和方式的理解,仿佛随着实践诸要素丰富性的展开,实践的"新"意义就会被揭示。结果常常是,人们不是离实践更近了,而是更远了。造成这种后果的原因多种多样,其中,缺乏对实践的哲学理解是根本原因。科西克在那个时代严格遵循马克思的本意澄清了实践的意义,解构了幼稚的实践概念,捕捉到了实践概念的哲学本质。

科西克认为,人并不是封闭在他的主观性壁垒之中,仅以不同的方式限制自身的;相反,他通过自己的实践活动,获得对自身与世界的理解。人的实践不仅再生产出社会-人类实在,它还把社会-人类实在以精神理智的方式再现出来。所以,"人是这样一种存在:他的存在以社会-实在的实践性生产和人类实在、超人类实在乃至一般实在的精神上的再生产为基本特征"[3]。人在实践中发生着某种本质性的事件,它本身包含着自己的真理,它是一种拥有本体论意义的事件。人正是通过实践而得以存在的,实践构成了人类特有的存在方式。

然而,在日常生活中,人们并非总是本真地实践着。当参涉个体实践-

---

[1] Karel Kosik, *Dialectics of the Concrete*, Dordrecht and Boston: D.Reidel Publishing Company, 1976. pp.43-44.
[2] 《马克思恩格斯选集》第1卷,人民出版社,1995,第60页。
[3] Karel Kosik, *Dialectics of the Concrete*, Dordrecht and Boston: D.Reidel Publishing Company, 1976, p.152.

功利主义地处理事物时，实在表现为手段、目的、工具、需要和操持的世界，这时，参涉个体就形成自己关于事物的观念，并且发展出诸种适用的直觉形式的完备系统，以此来捕捉和固定实在的现象外观。譬如，人们使用货币，用它做最精明的交易，但他们从不知道也根本不需要知道货币是什么。直接功利主义实践和与之相适应的日常思维，能使人们在世界上找到可行之路，使人们感到与物相熟悉，并能处置它们。但是，这并不能使他们达到对物的实在的理解。换句话说，日常生活中的实践总是面临失去自身滑向伪实践的可能。因此，科西克辩证地指出："实践概念揭示了社会-人类实在是给予性的反面。"[1] 这个实在既是人类存在的形成过程，又是它可能的异化形式。

为了帮助人们揭示日常生活中的伪实践现象，确立正确的实践观，科西克展开了"实践"与"操持"的辩证分析。在科西克看来，操持是日常生活中人与世界发生关联的一种手段。操持首先占据了劳动的地位。在操持中，劳动被分裂、被非人格化了，以致它的所有领域（物质的、经营的、理智的）都表现为单纯的操持与操控。以"操持"代替劳动是日常生活的一种客观现实、一种普遍现象，这种普遍现象深刻地反映另一种现象，即从"劳动"向"操持"的转变以一种神秘化的方式反映了人类关系拜物教化的特性。科西克认为，正是经过这种拜物教化转变，人类世界在日常意识中才逐步表现为现成的器械、装具和关系的世界，表现为个人社会运动的舞台。于是，个体开始在器械和装具的现成的体系中运行，个体操持系统，系统也操持他们。在这样的状态中，个体早已"忘记"甚至根本不知道这个世界原本是自己的世界，操持渗透了他的整个生活。随着现代社会分工的加剧，操持者面对的早已不是劳作，而是劳作被抽象分解后的一个片段，这使得操持者根本无法看到作为整体的劳动。操持者只能把整体感知为即有之物。由此，科西克指出："操持是实践现象的异化形式，它并不表明人类世界的起源……而只是表明日

---

[1] Karel Kosik, *Dialectics of the Concrete*, Dordrecht and Boston: D.Reidel Publishing Company, 1976, p.136.

常操控活动的实践。"[1]

操持是实践的异化形式，它并不表明人类世界的起源，而只是表现着日常操控的实践操持、表现为人对人和物的操控。然而，在日常生活中，这种操持年复一年，天天上演。人对此早已麻木，早已习以为常，机械地完成每一个动作，每一项任务。操持已经完全为物化性质所笼罩，已经不再是创作性的劳作。科西克不无悲凉地说，人为操持殚精竭虑，而对劳作"不假思索"。整个 20 世纪，人类就普遍生活在这样的状况中，以至于任何对这种状况做出描述的哲学都受到人们异乎寻常的欢迎和追捧。在科西克看来，这种状况不可避免地造成两个客观后果。一是，作为劳动的现象形态，操持构造了一个效用世界。在这个世界里，一切都转化为功利性的器械，事物失去了自身的本质，只在可被操持时，才体现出它的效用。科西克认为，这反映了现代文明的危险性。在现代文明中，实践的本质已经丧失，它的地位已被操持所代替。二是，操持构造了一个以物为核心的"意义世界"。在这个世界里，操持不仅构成了作为事物意味的事物效用，还造就了使人得以与物的客观意谓相沟通的人类官能，这个官能就是所谓的"意义世界"。"世界在相关个体面前展示为一个意义系统，其中每个意义都指向所有其他意义。而作为整体的系统则反过来指向主体，物只是对这个主体才有意义。"[2] 操持不仅是生产和构成一个客观实践人类世界的过程，也是对现成装具乃至文明的源泉和必要条件之总体的操作。换言之，操持是对物之效用的操控，而非人之意义的探寻。

三 日常生活的无历史性批判

日常是一种把千百万人的生活组织成一个规则的、可重复的工作、行动

---

[1] Karel Kosik, *Dialectics of the Concrete*, Dordrecht and Boston: D.Reidel Publishing Company, 1976, p.39.

[2] Karel Kosik, *Dialectics of the Concrete*, Dordrecht and Boston: D.Reidel Publishing Company, 1976, p.40.

和生活的节律，但同时它也是一个未经辩证认识的"原一"。诚如科西克所言，"日常的熟识的世界并不是一个已知的和被认识了的世界。为了展现它的实在，必须撕去其拜物教化亲密的假面，暴露其异化的残忍"[1]。日常的结构、它的形成与转变、它的内外关系仍然处于被遮蔽状态。其中，最大的误解就是日常与历史的分裂。素朴意识认为日常就是日常，日常是与历史相对立、相冲突的领域，日常没有历史性。然而在科西克看来，日常也有它的历史。人们之所以把日常看成没有历史性的，来自两个方面的素朴意识：一是来自人们未经反思的直接经验；二是来自日常与历史的冲撞。

首先，在日常中，人们总是在自己的经验、自己的可能性、自己的活动的基础上与外界发生关系。他们把日常看作属于自己的世界。他们认为，日常是一个可信的、可控制的实在；而历史仿佛是一种超越的实在，它发生在日常之外。日常表现为信任、熟识、亲近，表现为"故乡"；而历史则表现为出轨、日常生活的打断，表现为意外和陌生。对此，科西克说，这一断裂把实在一劈两半，一面是历史的历史性，另一面是日常的非历史性。结果，在素朴的意识中，历史代表着历史性和可变性，而日常则代表着非历史性和不变性。在科西克看来，这种见解加剧了日常生活的异化。"把日常与可变性、历史僵硬地分开，一方面会导致历史的神秘化，这种历史的神秘化可以表现为马背上的皇帝和（大写的）历史；另一方面会抽空日常，导致平庸陈腐和'工作日宗教'。与历史分离，日常会变得空洞乏味，以致演变成荒诞的不变性。与日常分离，历史就会变成一个荒诞的软弱无力的巨人，它作为灾难闯入日常却无法改变它，也就是说，它无法清除自身的陈腐，无法给它以充实的内容。"[2] 可见，日常与历史的分离，既剥夺了日常的历史维度，使日常无法向历史延伸，又阻断了历史的

---

[1] Karel Kosik, *Dialectics of the Concrete*, Dordrecht and Boston: D.Reidel Publishing Company, 1976, p.48.

[2] Karel Kosik, *Dialectics of the Concrete*, Dordrecht and Boston: D.Reidel Publishing Company, 1976, p.45.

日常向度，使历史无法向日常回归。

其次，由于日常被人们看成一种常规，是没有变化的"实在"，所以，人们经常认为在这个世界的边界之外还有另一个世界，一个与日常世界正好相反的世界。当两个"世界"相遇时，"日常与历史的冲撞引起了一个剧变"。日常（战争）打断了人们的正常生活，日常被征服了。于是素朴意识以为日常与历史是两种截然相反的东西。但是，科西克指出，任何事情都有其日常，历史也不例外。断头台可以成为习惯，集中营也有它的日常。在历史与日常的冲撞中，日常也能制服历史。所以，日常与历史的冲撞的主要方面不是意味着二者是截然不同的东西，而是意味着二者恰是在"冲撞"中才获得"觉醒"。但这并不意味着日常没有历史性，也不意味着历史世界是比日常世界更高级或者更优越的世界。所以，科西克才说，这两个世界的碰撞昭示了它们各自的真理。在二者的"碰撞"中，日常和历史相互渗透、相互缠绕，它们表面的性质改变了：日常不再是平常意识所了解的那样，同样，历史也不再是它显现给平常意识的那个样子。可见，日常是一个现象世界，即使在掩盖实在的时候它也以某种方式揭露着实在。因此，科西克批评性地指出："日常并不意味着一种与反常、节庆、特殊或历史（大写的）相反的东西。假定日常是与作为反常现象的历史不同的一种常规，这本身就是某种神秘化的结果。"[1] 所以，为了克服物化（异化）了的日常使其透露真理性，只有通过在实践中消除日常拜物教和历史拜物教才能实现，亦即通过实践从现象和本质两方面摧毁物化实在。

素朴意识为什么会特别强调日常与历史的分离、断裂、对立？为什么特别看重历史对日常生活的撞击意义？在科西克看来，这背后反映了一个更为深刻的问题："人们对日常的自主性和不变性提出疑问，并不是因为它本身成为问题。相反，日常成为问题反映着实在成了问题。从根本上讲，人所寻觅

---

[1] Karel Kosik, *Dialectics of the Concrete*, Dordrecht and Boston: D.Reidel Publishing Company, 1976, p.43.

的不是日常的意义，而是实在的意义。"① 由于实在是一个具体总体的过程，是一个不断发展变化着的历史过程，所以，科西克的这种深层反思无疑是告诫人们日常生活本身就包含着历史，人类历史的变革不是外在的"强制"，而是发端于日常生活自身。在科西克看来，日常生活自身的提升与超越，就是对异化了的伪具体的日常世界的摧毁。摧毁伪具体世界的方法不是单一的，而是多元的，除了通常的"革命性的变革"之外，还包括"间离""存在主义的更改"等。尽管这些方式各自发挥着不可替代的作用，但是无论哪一种都是外在于日常生活本身，因而要么是不彻底的，要么是充满历史荒谬感的。因此，时至今日，人类尚未真正形成一种源于日常生活本身的历史自觉。对此，科西克不无伤感地痛斥："为了窥见异化了的日常之真情，人们必须与它保持一定的距离；为了取消它的熟识性，人们必须对它施行'强制'。为了使人们的真实形象得到恰当表现，他们不得不'变成'寄生虫、狗、类人猿。这是什么社会，什么世界！为了表现人和他的世界，为了让人们看清自己的面目并认识自己的世界，需要多么'牵强'的比喻和寓言！"② 换言之，就日常与历史的关系而言，历史的可能性并不在于对空洞虚假的伪历史的超越性诉求，而在于对本真具体的日常生活的历史性自觉，在于辩证－批判地生成日常生活的历史之维。

四 日常生活的技术理性批判

当代社会，如何认识科学技术与日常生活的关系问题是一个重大的哲学问题，韦伯通过分析价值理性向工具理性的转变、胡塞尔通过研究科学技术对日常生活的侵蚀、海德格尔通过技术本质追问等加深了人们对于日常生活

---

① Karel Kosik, *Dialectics of the Concrete*, Dordrecht and Boston: D.Reidel Publishing Company, 1976, p.48.
② Karel Kosik, *Dialectics of the Concrete*, Dordrecht and Boston: D.Reidel Publishing Company, 1976, p.49.

中技术本质的认识。科西克则通过对日常生活中技术理性的形成机制及其虚无主义本质的辩证分析进一步深化了人们对这一问题的认识。科西克恰当地指出，技术进步是人类解放的先决条件之一，没有技术，当代人无法生存。然而今天，关于技术的普遍的先入为主的观点掩盖了技术的本质。这表现在，一些人不加批判地信任技术和技术进步是万能的，浪漫化地认为技术一定会给人带来自由；相反，另一些人则总是担心技术会奴役人。科西克认为，所有这些想法与人们缺乏对技术理性的辩证认识有关。

科西克分析说，技术理性是一种应用理性，这种理性深受人们头脑中所形成的日常观念与日常意识的影响和制约。在当代，随着科学观念的盛行，"科学"这个词变成了一个充满无限魔力的词，它所表达的不仅是一种确证性力量，更是一种空前的否定性力量，是对一切"非科学"的东西的"彻底否定"，所形成的是一种所谓"科学"的盲目的新崇拜。任何事物想获得存在的理由都不得不寻求科学的保护和外衣，一经打上"科学"的标识，事物自身就会获得真理般的存在根据和价值意义。"科学"作为一种标签已经突破自然科学的界限被随意地粘贴在人文科学的各个领域和对象上面，使人文科学对意义的寻求退化为对基本事实的尊崇。科学本身变成了一种话语霸权或者支配性的话语。用福柯的话说，是科学话语在制造真理。在现代世界，人们信心百倍地推崇的真理概念，结果竟是被另一个概念（科学）所打造出来的伪真理概念。真理变成了科学的子孙，真理的血脉里流淌的全部都是"科学"的血液。科学取代了真理，而科学取代真理的具体方式是通过技术理性来实现的。

在科西克看来，"技术理性不仅把实在看作控制、利用、计算和分派的对象，看作在我们面前展开的能够被我们审视和控制的领域，而且把实在看作可完善性（完善的可能性）和虚伪的无限性"[1]。从技术理性的观点来看，一切都是临时的、短暂的阶段，现存的一切仅仅是不完善的前兆，它是趋向于无

---

[1] Karel Kosik, *The Crisis of Modernity*, edited by James H. Satterwhite, Boston and London: Rowman & Littlefied Publishers, 1995, p.57.

限的。那些现存之物仅仅与完善和进步的无限过程相关联。从长远来看，现在不仅是不完善的，而且只是一个转折点、一个驿站。绝对的完善性，作为虚伪的无限性，在趋向完善的无尽历程中，解除并剥夺了一切——事物、人、观念的——自我意义和内在价值。一切只是作为总过程的过渡阶段才拥有意义和价值。但是，如果因为虚伪的无限性，一切都失去了它的内在意义，事物不再是具体的事物，人不再是具体的人，那么，随着上面提到的操纵制度的基本层面的提高，虚无主义就出现了。然而，正是技术对人性的摧残才告知了当代人技术本质的秘密。其中，现代性大屠杀就是最好的例证。

科西克通过分析技术理性所导致的虚无主义后果，反过来是要向日常意识提出这样的问题：我们日常对技术理性的理解是否合理？技术能否给人带来人类所需的真实意义？技术的本质到底是什么？科西克指出："技术的本质不是机器和自动化，而是把实在组织成可供分派、分析、完善的系统的技术理性。"[1]也就是说，技术本身并不能解决技术的本质问题。科西克关于技术本质的观点与海德格尔一脉相承。在科西克看来，黑格尔的"恶无限"、孔多塞的"可完善性"、康德关于手段与目的的研究、马克思关于资本的分析等所表达的技术的本质问题要比技术和技术研究与发现所表达的技术本质问题深刻得多、准确得多。机器并没有威胁人，技术对人的奴役统治并不意味着机器和自动化对人的反叛。在这个技术性的术语（技术理性）中，如果技术知识被等同于一般知识，如果一切非技术性的东西，一切不能被分派、操纵、计算的东西都与自身相对抗、与非理性的人相对抗，那么，迄今为止人还只是略微察觉到了对他们构成威胁的危险。事实上，技术的本质并不存在于机器、器物、质料之中，而是存在于人的思考、理解、体验以及思维方式和社会文化观念之中。人们对技术所采取的态度、观念以及价值取向显露着技术的本质。而在现代人的错误观念中，世界被客体化了，人成了世界的主体，主体把世界当成自己的"武库"，世界由此被工具化了。

---

[1] Karel Kosik, *The Crisis of Modernity*, edited by James H. Satterwhite, Boston and London: Rowman & Littlefied Publishers, 1995, p.58.

据此，科西克认为，辩证理性作为绝对理性的对立面必须限定其有效和公正的范围与界限。换句话说，辩证理性首先是要消除那种把技术理性等同于一般理性以及把技术理性的准确性和有效性绝对化的神秘性。在这种情况中，辩证理性从根本上是作为批判反思而出现的，它预示着神秘性和伪具体的解构。当然，辩证理性不仅仅是方法，更不是规则的总和或者单纯的总体化；它也并不仅仅局限于社会历史实在。相反，它生成于批判性的解神秘化的反思氛围之中。因此，它与智慧紧密相连，而不是与某种思想规则的技术运用相连，更要与日常认识保持距离。这样，它也就与人和世界的问题，与存在、真理、时间的问题内在地相连。只有把握这种内在关联，才能在技术普遍强制的社会实现技术的真正本质，建构一个属于人的本真的日常生活世界。

论列斐伏尔节奏分析视域中的
日常生活批判[*]

张笑夷[**]

众所周知，日常生活批判是列斐伏尔毕生的理论追求和对马克思主义独特而卓越的理论贡献。《日常生活批判Ⅰ：导论》（1947年、1958年）、《日常生活批判Ⅱ：日常的社会学基础》（1962年）、《现代世界的日常生活》（1968年）和《日常生活批判Ⅲ：从现代性到现代主义（走向日常的元哲学）》（1981年）是其思想历程的最好证明。在结束了日常生活批判系列著作研究之后，列斐伏尔并没有停止对日常生活的哲学思考，1985年，他和夫人雷居利耶（Catherine Régulier）合著发表了一篇名为"节奏分析研究"（Le projet rythmanalytique）的文章，初步探讨了日常时间的具体形态和节奏概念，并表明了他从事节奏理论研究的意图——通过日常生活和节奏之间关系的研究，深化日常生活批判理论。次年，他以一个"节奏分析家"的身份，对地中海城市进行了节奏分析的尝试，发表了"地中海城市节奏分析随笔"（Essai de rythmanalyse des villes méditerranéennes）。1992年，也就是列斐伏尔逝世后的第二年，法国出版了他的最后一部著作——《节奏分析要素：节奏知识导论》（éléments de rythmanalyse：Inturduction àla commaissance de rythmes）。2004年，此书英文版《节奏分析：空间、时间和日常生活》面世，其中收录了上述

---

[*] 本文系教育部人文社会科学研究青年基金项目"列斐伏尔空间批判理论研究"（项目编号：11YJC720057）和黑龙江省教育厅人文社会科学项目"列斐伏尔空间批判理论研究"（项目编号：12522245）的阶段性研究成果。

[**] 张笑夷，黑龙江大学马克思主义学院副教授，主要从事国外马克思主义和文化哲学的研究。

两篇文章。这是列斐伏尔在生命最后提出的关于日常生活研究的独到见解。

一 "节奏分析"概念的提出

"节奏分析"并非列斐伏尔独创。1931年，巴西哲学家桑托斯最先在他的生理学理论中使用了这个概念，旨在通过节奏分析来治愈精神疾病。巴什拉对他的理论大加赞赏，认为节奏化的生存和思考是保有生命活力和精神活力的基础，他甚至把节奏分析看作"诗意欢乐的一种哲学回响"。对节奏的关注也并不只是在哲学领域内的沉思，20世纪初在音乐和绘画领域都有对生活和自然节奏的不懈研究。列斐伏尔并不是在治疗和追求审美的身体表达与自然感受的意义上理解和应用节奏，他关注的是20世纪下半叶资本主义社会过度现代化的日常生活。早在《现代世界的日常生活》一书中，列斐伏尔就对日常生活的变化做了明确的概括："在现代世界中，日常生活已不再是富有潜在主体性的'主体'；它已经变成社会组织系统的'客体'。"[1] 这一时期，列斐伏尔认为，伴随着日常生活被规划的资本主义社会实践主要与空间问题相关。因而，在20世纪70年代他的多部关于都市和空间问题的研究著作中，尤其是在被公认为是他这一时期巅峰之作的《空间的生产》中，他以空间的生产为新的"问题框架"，对社会关系的再生产、都市化、日常生活等问题进行了细致的考察和阐释。在1980年出版的《一种世界性的思想：我们必须放弃马克思？》（*A Thought Become World：Must We Abandon Marx？*）一书中，列斐伏尔更明确得出了理解空间关系的三重图式：同质性，即空间被约化为等同的；破碎化，即社会关系被分割并加以区别；等级化，即彼此相区别的各个分离的空间成为一个更大的统治和剥削系统的一部分。[2] 至此，他对现代日常生活

---

[1] Henri Lefebvre, *Everyday Life in the Modern World*, Transaction Publishers, 1984, pp. 59-60.

[2] "Space and Mode of Production" in Neil Brenner and Stuart Elden, *State, Space* eds., *World, Selected Essays*, Minneapolis, London: University of Minnesota Press, 2009, p. 210.

被规划的考察主要集中在对同质性、等级化和破碎化的社会空间的批判分析上。伴随着空间问题思考的逐渐深入，列斐伏尔已经意识到时间是空间不可或缺的内涵，时间位于空间的核心，建立社会空间理论的意义在于"在空间中并通过空间重新发现时间"[①]。因而，在《日常生活批判Ⅲ：从现代性到现代主义（走向日常的元哲学）》中，他主张日常生活批判应该对社会时间问题给予更多的关注，并专门以"空间和时间"为题初步探讨了日常生活深层结构的复杂机制。在对时间的分析中，列斐伏尔提出了节奏问题。他批判以往的马克思主义者只是在社会劳动领域思考节奏问题，这一方面忽视了维持生命所必需的节奏先于被组织的社会劳动而存在的事实，另一方面忽视了劳动被节奏化地组织只是工业社会才出现的工作形式的事实。他认为，从工业组织的一开始，就伴随着生命节奏和线性节奏的互相干扰，这一时期的普遍问题实际上是时间进程的空间化。正是社会时间的完全被计量使得日常生活被高度复杂地建立起来，使时间和空间几乎完全丧失了质的规定性。因而，列斐伏尔把对节奏问题的思考从社会劳动扩大到了日常生活领域，把"节奏分析"视为理解现代日常生活的"新科学"。于是，在《节奏分析：空间、时间和日常生活》中，他引入并重新思考和发展了"节奏分析"这一概念，在此基础上对空间、时间和日常生活的节奏化组织进行了尝试性分析。列斐伏尔坚信，通过对日常生活和节奏关系的研究可以直接把握资本主义社会现实富有意义的一些方面。

二 节奏概念的内涵

"节奏"是一个人们熟知的概念，我们可以通过生命体验来感受节奏，比如心跳、呼吸等；我们也可以通过对宇宙的观察来感受节奏，比如昼夜更替、四季轮回等。然而，"节奏"也是一个容易被人们误解的概念，人们常常把节

[①] Henri Lefebvre, *The Production of Space*, Blackwell Ltd, 1991, p. 91.

奏理解为机械化的行为、运动、节拍。因此，节奏虽贯穿于生命始终，但这并不意味着它在我们已知的范围内。列斐伏尔对日常生活的节奏研究首先就是从重新审视和界定节奏的内涵开始的。

首先，节奏是一个时空统一体中的时间性概念。节奏必然在时空中展开，时间和空间统一于节奏中。尽管节奏总与位置、场所相连，也就是说，节奏必然包含着时间之于空间的关系，比如心脏的跳动、眼睛的眨动、华尔兹的节拍、节日的狂欢行为等。但列斐伏尔认为，与空间相比，时间是节奏更重要的内涵。"没有时空中的重复，没有重新开始、没有返回，简而言之，没有计量，也就无所谓节奏。"[①] 具体的量度或时间中有多样性的节奏，或者更确切地说，量度或时间就体现为多样化的节奏。

其次，重复和差异是节奏的关键要素。要形成节奏，运动中必然有重复，但节奏不是机械运动，重复是也必然是包含差异的重复。重复不仅不排除差异，而且生产差异。他将重复分为周期循环性重复和线性重复。周期循环性重复产生于宇宙、自然，比如昼夜交替、四季轮回等，总是持续一段时间然后又重新开始；线性重复是同一现象的继续或复制，即使这种继续或复制不是完全同一的，也是几乎以相等的间隔分隔开，比如机械的敲击、节拍器的敲击等单调乏味甚至不堪忍受的线性活动。线性重复源于社会实践，即人的活动。同时，列斐伏尔强调，虽然理论上做出这样的区分，但现实中二者不断地相互影响、相互作用，既不能将二者割裂开来也不能合而为一。正是周期循环和线性重复之间的辩证运动构成了时间和节奏。

最后，对节奏概念的理解基于我们对身体的经验和知识。列斐伏尔所强调的身体不是生理学意义上的结构性或功能性存在，而是作为"复节奏"（Polyrhythmia）和"和谐节奏"（Eurhythmia）的身体。"复节奏"就是指多种多样的节奏。身体是由多种多样的节奏构成的，每一器官、每一功能都有自己的节奏，这些多样性的节奏各自不同但彼此协调，使身体成为一个有机

---

① Henri Lefebvre, *Rhythmanalysis: Space, Time and Everyday Life*, London and New York: Continuum, 2004, p. 6.

的整体。"和谐节奏"是指相互协调的多样性节奏保持身体处于平衡状态。也就是说，当身体处于良好的健康状况时就表现为"和谐节奏"，如果身体出现病痛，则意味着"和谐节奏"遭到破坏，即表现为失衡的"不和谐节奏"（Arrhythmia）。同样，身体的周围环境——宇宙身体和社会身体也一样，都是多样性节奏构成的整体，既有昼夜轮转、季节更替的周期循环性节奏，也有单调乏味的线性节奏。从微观到宏观，从细胞运动到星系运转，正是多样性节奏的辩证运动使我们身处巨大的无限复杂的世界中。

列斐伏尔辨析节奏概念的目的并不仅仅是把节奏作为研究的"客体"，而是要将其作为辩证分析的方法来审视资本主义社会现实。这种节奏分析法的前提是区分"存在者"和"存在"。在列斐伏尔看来，二者既不是同一的，也不是彼此排他或者彼此包含的。"存在"是具有生命本质的运动、变化、生成。但在现代社会，"存在"不再是永不停息的生命之流，而成了"存在者"拙劣模仿出的幻影，并且，表现为幻影的"存在者"被误认为是"存在"。因而，列斐伏尔就是要通过节奏分析，采取"回溯式前进"的方法，把"存在者"还原到运动、变化、生成之中，从而理解"存在"。也就是说，把瞬间即逝的现在放在它的多样性中，放在过去、现在和可能的未来的界限内，在对时间的关注和对时间中的重复和差异的关注中理解"存在"。既然身体是理解节奏概念的基础，那么对现代资本主义社会的节奏分析也离不开我们对身体节奏的生命经验。列斐伏尔强调像"倾听"身体一样去"倾听"街道、建筑、房屋，在它们的空间、时间、位置和形成中理解和分析它们。节奏分析方法就是通过从整体中分离出特定的节奏，在对每一特定节奏的研究中更好地理解自然的和文化的种种存在。因而，列斐伏尔一再强调，运用节奏分析方法的人必须努力改善他对世界、时间和环境的感受力，像运用他的整个身体和所有感官那样，跨越学科界限，以哲学、部门科学（例如心理学、社会学、经济学、人类学，甚至数学和物理学等）和实践相互促进、相互支撑的批判方式，更好地理解运动和变化，揭示过去、现在和未来的关系，进而达到从"微粒到星系"的具体的总体。

三 对日常节奏的"凝视"与"沉思"

日常生活是列斐伏尔理解现代资本主义的基本范畴。他发现，重复是日常的一个基本特征，"日常生活由重现的事情组成：劳动与休闲的动作举止，人和实际上应是机器具有的机械运动，小时、天、星期、月、年，线性和周期循环性重复，自然的和理性的时间，等等"[①]。而且，早在之前的日常生活批判的系列著作中，他就注意到现代日常生活中呈现线性重复占主导的局面。因此，他试图用节奏分析方法研究日常生活中的时间以及空间的节奏化组织。

1. 现代日常时间的节奏分析

列斐伏尔认为，日常时间具有双重尺度。具体来说，一方面，日常时间表现为周期循环性的自然时间，比如日、月、年等宇宙时间，或者新陈代谢、生命周期等生命性时间。另一方面，在西方钟表发明后，时间在进入社会实践的过程中变成了抽象的、计数的社会时间，并逐渐成为劳动时间以及其他领域活动的时间的尺度。日常生活正是在自然时间和社会时间双重尺度上建立自身，形成了稳定的结构。相应的，存在两种节奏——周期循环性的自然节奏和线性的社会节奏的相互作用。然而在现代社会，它们之间相互作用的一个显著的后果就是抽象的社会时间日益成为决定性的，社会节奏改变着自然节奏。日常时间在此过程中日益呈现同质性、碎片化和等级化的特征。首先，日常时间具有同质性。同质性不仅表现为抽象的钟表时间成了无差别同一的可量化的社会产品，而且在日常生活中经常会发生这样的事情：某一天，几乎在相同的时间每个人独自地做着几乎相同的事。其次，日常时间碎片化。日常时间被划分成非常小的部分被使用和消费，人们没有时间去做所有的事情，但每一个动作都有自己的时间。时间被分成劳动的时间、睡觉的时间、散步的时间等。最后，日常时间等级化。被分割的时间碎片也形成了等级制

[①] Henri Lefebvre, *Everyday Life in the Modern World*, New Brunswick: Transaction Publishers, 1984, p.18.

度。一方面，在对时间的使用中，劳动在很大程度上仍是最基本的和最主要的，相对于劳动时间的其他时间只能处于从属地位；另一方面，时间的使用根据社会分工、性别和年龄等因素的差异而表现出等级差别。

2. 现代都市空间的节奏分析

列斐伏尔把都市生活看作多样性的时间影响下的多样性的空间。他通过对巴黎的道路、广场和公园的节奏分析，深刻地勾画了现代日常生活公共空间的节奏化组织。

道路是城市的连接点，是它延展开来的身体。道路和我们的身体一样，是一个节奏化的整体。比如，在十字路口，红灯亮时，车停在原地，垂直方向上的人们穿过马路，频率步伐相似并都行色匆匆……；绿灯亮时，汽车疾驰而去，道路两侧的人们站立等候，或沉默或交谈……这种节奏在白天和夜晚，或在白天不同时段的表现是不同的，夜晚并不打断白天的节奏，只是减缓了白天的节奏，即使深夜没有行人和车辆，交通灯也在交替闪烁。因而，每日道路的节奏实际上是被规划的以线性重复占主导的社会节奏。

广场在历史上曾是露天的剧场、集会的场所，表现为一种节奏化的空间。如今，现代巴黎虽保留了这样的空间形式，但广场上的节奏也表现为线性重复——"在那广场上，有点像海里的节奏。川流不息。溪流停止了，带走或带来新的参与者。一些人到了这巨兽的嘴边，巨兽迅速地吞噬他们以便让他们更快地回来。浪潮涌入巨大的广场，然后褪去：涨潮、退潮……"①

与街道和广场相比，公园的景象显然大不相同，它呈现的节奏变化并不明显，甚至像雕塑般静止了。然而，列斐伏尔认为，那些树、草坪看似在同一时空中持久地存在，实际上同时性只是一种表象，一种景观。每一棵树都有自己的节奏，开花、结果、落叶，循环往复。公园中的每一个个体都有自己的位置、自己的节奏、刚刚逝去的过去和能够预见的未来，公园是它们不停地运转的复节奏的整体，而不是一些事物的混合。只是对公园的空间规划

---

① Henri Lefebvre, *Rhythmanalysis: Space, Time and Everyday Life*, London and New York: Continuum, 2004, p.35.

才使本来多样性的节奏被同一的节奏遮蔽了。

基于日常时间具有双重尺度的理论前提，以及对时间和都市空间的节奏分析，列斐伏尔认为，在现代性和日常构造的深层结构中，多样性统一的节奏之间的相互作用日益表现为它们之间的激烈冲突，线性的社会节奏改变和控制着周期循环性的自然节奏。因而，现代日常生活日益被模塑为单调乏味的线性重复，同一的永恒轮回成了现代日常生活的基本特征，时空的同质性和碎片化导致了生活的空虚性。因而，日常生活中的人们陷入了一个异常矛盾的状况：既能体会"无可否认的满足"又感到"深深的萎靡不振"。但是，列斐伏尔强调，无论单调乏味的线性时间多么无情和残忍，宇宙和生命性的自然节奏都会持续地在日常生活中产生影响。

四　日常生活线性重复的生产与超越

在列斐伏尔看来，日常重复的根源在于社会时间的被规划，而规训、媒体和资本生产了线性重复的社会时间。

1. 规训与日常重复的生产和再生产

福柯在《规训与惩罚：监狱的诞生》中将规训作为一种权力类型加以研究。列斐伏尔与福柯侧重于研究规训权力的运行机制不同，他以节奏范畴为中介，侧重于分析规训权力的内在生成机制。列斐伏尔认为，进入一个社会、群体或者拥有一国的国籍，只要人们服从特定的价值观和生存规则，顺应和接受通行的行为模式，就存在规训。规训无处不在，人们日常中的动作、手势、表情，甚至呼吸、性等生命行为都是规训的结果。

一方面，规训基于重复：给予被规训者相同的情境，使他们面对相同状态的人和事，重复特定的动作、手势或运动。这会让我们回想起列斐伏尔对十字路口景象的描述：红灯亮，人们停下；绿灯亮，人们匆匆穿过马路。日常中，随着交通灯的交替，人们不断重复着停步和穿越的动作。因而，规训将重复仪式化了。另一方面，规训具有节奏：规训绝不是一个单调机械的线性过程，像身体的各个器官协调统一那样，规训的组成要素三重性地相互作用，生产着人们的社会身体。第一，"内部控制活动"（The internal activity of control）：规训必然包括严厉而持续的内部控制，人们的行为在指导和约束下进行，这种控制会被诸如休息等停顿打断。比如：一周的时间被分割为五天工作日和两天休息日等。第二，"彻底停止"（Complete stop）：停止也是规训的一部分。"与内部控制活动"中的中断不同，停止不属于控制活动，是控制之外的构成规训整体所必需的休息，比如睡眠时间、午睡时间等。第三，"回报"（Rewards）：规训不是二元对立的辩证过程，而是三重性相互作用的节奏范式。为了分散对严厉而持续的内部控制的注意力，必须给予被规训者以报酬，比如一个提升、一份奖金等。

由此，我们可以看出，规训实质上是对时间的三重性使用。规训的周期性循环的重新开始依靠的不是手势、标识，而是时间。因而是对社会和文化的普遍组织。而规训之所以得以普遍化，是因为它从人的身体得到启发，符合"活动—休息—欢娱"的生命节奏。正是因为规训的节奏符合生命的节奏范式，在日常生活中，规训权力无处不在又悄无声息，甚至总在对统治阶级、对文化模式和生活方式的认同中得到加强。

2. 媒体与日常重复的生产和再生产

列斐伏尔认为，媒体正日益以应有尽有的方式——声音、信息、情报、出版物等像潮汐一样席卷世界，只要你愿意，可以不睡觉、不打盹——通过这种复节奏来分割和操控人们的时间。媒体占据了日常。在媒体充斥的日子里，仿佛你每时每刻都要做选择，实际上你别无选择，过着媒体化的生活。甚至媒体用时间废除空间——在现代社会，媒体覆盖全球，人们坐在家里，或随时随地就可以看到或听到世界上任何一个角落发生的事情。因此，从这个意义上说，媒体没有让人们的世界扩大，反而是更加封闭了。

媒体不仅占据日常，还生产日常。列斐伏尔认为，在现代社会，"镜像"（imagery）取代了神圣的时间和时间的使用，在构造日常中取得了胜利。也就是说，媒体通过现代技术手段抹去存在者和存在的差异而使日常生活变成了镜像生活。不仅如此，媒体试图抹去"对话"。尽管媒体化的生活存在交流，但交流只在形式上存在，媒体使交流变得顺畅、即时，同时也变得平庸乏味和肤浅。因为交流不再涉及日常，媒体生产的镜像使语言变成了自言自语：媒体自说自话。主体在媒体化的生活面前完全是被动的，什么也不说，也没什么可说。当然，这不意味着日常已完全受控于媒体。日常既被媒体利用、形塑，又被媒体误解、忽视。列斐伏尔认为，对话无法被彻底抹去，哪怕只是和自己对话，问自己这一天、这一时刻，自己的生活怎么过。那么日常的线性重复就会被打破。

3. 资本与日常重复的生产和再生产

马克思认为资本和劳动的关系是现代社会体系所围绕旋转的轴心。资本通过"规模扩大的再生产或积累再生产出规模扩大的资本关系：一极是更多的或更大的资本家，另一极是更多的雇佣工人……因此，资本的积累就是无产阶级的增加"[①]。列斐伏尔认为，资本不仅产生贫富差距、有产者和无产者，它更邪恶之处在于对生命的蔑视。

资本对生命的蔑视是通过生产与破坏的节奏来完成的。资本生产一切：事物、人等。同时，资本通过战争、进步、发明和野蛮的干涉、投机等破坏一切。资本通过彼此冲突的生产和破坏的双重性，通过增强破坏能力的优先权，取代了历史性时间本应具有的伟大的循环交替的节奏。资本变成了"失控的幽灵"，它不仅谋杀了身体、谋杀了时间、谋杀了城市、谋杀了社会财富、谋杀了创造和创造性的能力，甚至威胁到孕育人类的根：自然。资本使人无家可归，因而它"播种死亡"！由此，我们可以看出，列斐伏尔比马克思走得更远，他对资本的理解没有停留在资本与劳动的关系中，而是认为资本与以技术为主的其他力量联姻，调动一切力量吞噬着人类、世界和自然。资本的节奏是控制和支配身体和日常时间的生产和再生产的深层逻辑，并且这些观念已经渗透到政治意识中。正是政治权力利用这种节奏控制和生产人类

[①]《马克思恩格斯选集》第 2 卷，人民出版社，1995，第 247 页。

发展的可能的节奏，也就是说，政治权力知道如何"动员"一切力量控制时间、空间、身体和日常生活。

4. 日常重复的超越

列斐伏尔在节奏分析理论中并没有清晰地给出超越日常线性重复节奏的策略，本文试图从他字里行间表露的思想痕迹中揭示内蕴其中的超越之路。

（1）反抗的审美维度：以音乐为中介

在西方马克思主义理论中，美学始终是与人的解放联系在一起的。列斐伏尔关于日常线性重复节奏的超越策略同样具有审美维度。正如席勒所言，"人们在经验中要解决的政治问题必须假道美学问题，因为正是通过美人们才可以走向自由"[1]。列斐伏尔认为，人类总在为了摆脱异化做出各种尝试，但无论是宗教仪式还是道德方面的致力于人类与宇宙的和谐一致的努力都没能真正解决问题。但是，在所有尝试中，艺术具有巨大的价值，艺术始终包含探索总体内容的努力。节奏本身就是音乐中的一个概念，在音乐理论中，旋律、和声和节奏是构成音乐的三个要素。列斐伏尔认为，音乐之所以具有力量，节奏比旋律和和弦在其中产生的影响更大。节奏是音乐的生命性要素，使音乐更接近生命本质。节奏不是以匀称和规律性为特征，而是通过多样化和差异性提升自身。列斐伏尔不仅把音乐的节奏看作艺术审美的升华，更认为它具有伦理功能："在与身体、时间和工作的关系中，它阐明真实的（日常）生活。它净化生活。最终，也是首要的，它为日常的不幸、缺乏和失败带来补偿。"[2]

（2）拯救哲学：恢复感性的尊严

日常之于列斐伏尔是一个哲学概念，它不可能在哲学之外被理解。同样，在他看来，哲学也不能遗忘平凡甚至平庸的生活，"哲学不应被当作栅栏，也不能为了提升世界、为了固化平常琐碎的和郑重其事的区别，而将存在的观

---

[1] 席勒：《审美教育书简》，北京大学出版社，1985，第14页。
[2] Henri Lefebvre, *Rhythmanalysis: Space, Time and Everyday Life*, London and New York: Continuum, 2004, p.66.

念、深刻的内涵、实质孤立地置于一边，将事情、浅薄的外表、清楚的表现孤立地置于另一边"①。"思"不仅仅是对思想的反思活动，还是对爱、游戏、暴力、风险……一句话，对世界，或确切地说是对人与世界的多种多样的关系的思想。因而，深入日常生活内部的哲学家不是笛卡尔式的理性主义者，他必须在理性的思考中恢复感性的尊严，唤醒自己所有的感觉。在节奏分析理论中，列斐伏尔刻画的节奏分析家实际上是他心目中为现代社会所需要的哲学家的肖像：他会留神倾听世界，首先倾听自己的身体，从身体中学习到节奏以便逐渐理解外部的节奏，他要非常努力地改善自己对世界、时间、环境的感受力和观念。他不是神秘主义者，也不是经验主义者，而是致力于通过恢复丰富的感觉来更好地引导理性。在列斐伏尔看来，感性的恢复使节奏分析家更像诗人而不是精于理性计算的统计学家，因而他的活动具有美学意义——审视每个瞬时的即刻以及它们与整体的关系。总之，他强调"作为对生活间接批判的哲学"总是要回到日常生活，"不是声称要改变生活，而是完全恢复感性在意识和思想中的权力"，只有这样哲学才有可能"完成这正在衰退的世界和社会的革命性变革的微小部分"。②

（3）个体的自觉：意识的重建

无论理论视域和问题框架如何变换，列斐伏尔与其他著名西方马克思主义理论家一样，都是在现代西方社会的产业结构、社会结构、意识形态以及权力中心等方面较之马克思生活的时代有了较大变化，即资本主义取得新的发展的条件下探求革命的出路。他们都主张人的解放途径已经不可能局限在暴力革命上，迫在眉睫的应该是恢复主体及其批判性思考的能力。列斐伏尔一直通过时间、空间等不同的理论主题探讨个人和社会、私人领域和公共领域的关系。本文认为，在他敏锐的审视背后已经预设了这样的理论观点：救

---

① Henri Lefebvre, *Everyday Life in the Modern World*, New Brunswick: Transaction Publishers, 1984, p.14.
② Henri Lefebvre, *Rhythmanalysis: Space, Time and Everyday Life*, London and New York: Continuum, 2004, p.26.

赎要靠人自身的力量来完成，现代性所构造的日常的深层结构虽然不能由个别的个人去打破，但它的完成只能经由每个个人。而且他认为，现代资本主义社会对人的操控不仅表现在通过生命性节奏范式对人行为的规训和生活的媒体化统治，而且已经深入规训者和被规训者的意识中。因而，在列斐伏尔诊断而非治疗性的理论分析中一直尝试唤醒个体的自我意识，只有人们自觉意识到自己的生命被束缚于"表象的节奏""镜像"的生活中，才能向身体返归，按照真正的生命需求，创造充满活力的差异空间和节日化的现代日常生活。

综上所述，列斐伏尔以节奏概念为中介，通过对线性重复的社会时间的节奏化组织及其生产的分析，揭示了现代日常生活的深层机制。他坚持以具体的总体性方法把握社会历史发展，开辟了现代性与日常生活关系问题思考的一个新视域，深化了日常生活批判理论研究，他独到的理论见解至今富有启发意义。

俄国现代化文化阻力文化哲学反思

陈树林[*]

在全球化背景下，在俄国经历了苏联近 70 年的社会主义体制而重新确立资本主义政治经济体制之后，现代化再次成为一种新的社会理想和国家战略在俄罗斯确立。这一战略目标在新的历史时期确立，引起了国内外学界的广泛关注。学者们或者从社会历史发展进程和社会发展道路方面加以审视，或者从政治改革和民主社会建设方面加以评估，或者从地缘政治和区域平衡方面加以考虑，或者从经济体制调整和生活水平提高方面进行分析，不一而同。但总体上看，关于俄国现代化的各种理论探讨更多地注意到俄国社会的政治体制、经济体制、国际关系、地缘政治、市民社会构建、市场经济转型、人权自由等方面，而对决定社会变革的深层文化因素的关注略显不足。事实上，审视俄国现代化的曲折历程和取得的成就不难发现，俄国的现代化进程始终有一种难以克服的深层文化障碍如影随形，致使俄国的现代化后果大打折扣，并没有达到预想的效果。发掘和分析这些深层的文化阻力具有一定的学术价值。

一 现代化是社会转型和文化模式的重建

尽管从学理上界定现代化争议比较大，但是从作为人类社会从农业文明

---

[*] 陈树林，黑龙江大学文化哲学研究中心教授，主要从事以东正教为基础的俄罗斯宗教哲学、俄罗斯文化模式和苏俄马克思主义思想理论发展史的研究。

向工业文明转型这一层面上去把握就会发现，现代化是每一个国家和民族必经的历史阶段或过程。从世界历史发展来看，现代化是一个历史运动，最近500年的世界历史，在某种意义上就是一个现代化孕育、生成并扩散、推进的过程。俄国的历史也不例外，在最近300年的发展中，俄国始终在为实现现代化而努力奋斗。历史的趋势总是从传统走向现代，历史本身就是向现代化的方向迈进的。尽管我们可以从宏观和微观全方位地对这种社会历史转变进行分析，但毋庸置疑的是，社会变化的方向和结果必然是一种新的文明或一种新的生存方式的诞生或生成。因此，现代化本质上是人类社会从农业文明向工业文明的转型，是一个民族、社会、国家所形成的文化模式的重建，是人自身现代化和形象的重塑。

首先，现代化是人类社会从农业文明向工业文明的转型。从人类社会发展的总体特征和基本态势来看，人类大致经历了从游牧文明到农业文明再到工业文明这种基本的发展过程。由于地域环境、民族构成、生存方式上的差异，不同民族、不同社会、不同国家在具体的发展道路、发展速度上有所不同。有的国家和地区率先实现现代化，有的则较晚实现现代化；有的实现这种转型较为顺利和快捷，有的实现这种转型较为困难和缓慢。从漫长的人类历史进程来看，游牧文明、农业文明和工业文明，乃至后工业文明都是带有典型特征的文明形态，特别是农业文明和工业文明最为典型。农业文明和工业文明分别体现了人的不同生存状态和文明水平。农业文明主要是一种人类对自然依赖程度较高的文明，特点是生产力水平低下，生活半径比较小，交往方式简单，对土地、自然资源依赖度较高。经济上以种植业、养殖业、手工业为主，靠天吃饭；人与人的关系主要靠天然的宗法血缘关系、家长制、族群关系等来维系；精神生活主要依靠伦理道德、民族宗教和民间信仰、巫术、迷信、神话、传统风俗等去充实；政治上主要以贵族政治、部落、村社自制或君主集权专制等来维系；民族之间的交往主要局限于天然形成的区域。相对而言，工业文明主要体现为生产力的巨大解放，由原来的农业体力劳动、手工生产变为机械化、大工业生产，人应对自然环境的能力大大提高；科学、理性、知识成为主导人的基本价值，民主、法治成为基本的政治取向。因此，从这个意义上看，现代化绝不仅仅是单纯的生产力的提高，也不单纯是民主化进程的推进，是一个社会形态的根本转型，是由一种农业文明向工业文明的彻底转换，因此，现代化的进程和道路十分艰难和曲折。现代化是每个民族和社会的必经阶段，率先实现现代化的国家必然要对后开始现代化的国家产生示范和借鉴影响。在人类历史上，西欧率先实现了现代化，走出了一条比较完整的具有借鉴意义的现代化之路。因此，其他地区和文明自觉不自觉地会把自己的现代化等同于西化或追赶西方化的活动。

其次，现代化是一个时代社会或民族的文化模式的重塑。一般而论，"文化模式是特定民族或特定时代人们普遍认同的，由内在的民族精神或时代精神、价值取向、习俗、伦理规范等构成的相对稳定的行为方式，或者说基本的生存方式或样法"①。文化模式是社会长期历史积淀的结果，这种模式一旦形成就具有稳定性和惯性，支配人们的行为和思想。农业文明的文化模式历史悠久，超级稳定，对社会的转化具有较为顽强的阻滞力。历史证明，面对现代化的强行推进，很少有不经过抗拒就加以接受的。现代化意味着形成一种新文明、一种新的文化模式，而对世界上多数已有的文明来说，无论是自身的文化更新还是对外的文化借鉴，都会受到原有的文化模式的抵抗和排斥。特别是当某种文明遭遇异质文明的侵犯时，拒之于外是一种正常的反应。文明都有排他性，否则它自己就无法延续，而且积淀越深厚，排他性也就越强。相对于政治、经济制度等外在制约和规范人们的行为，文化模式则以内在的、不知不觉的、潜移默化的方式制约和规范每一个个体的行为，赋予其行为以根据和意义，这种看似软弱的影响力却可以跨越时代、超越政治经济制度左右人的行为，进而决定一个民族、社会或国家的历史命运。审视俄罗斯社会演变的历史轨迹不难发现，以东正教信仰为核心的文化模式是影响俄罗斯民族行为的内在的基本准则，俄罗斯民族的思维方式、道德规范、价值取向、

---

① 衣俊卿：《文化哲学十五讲》，北京大学出版社，2004，第65页。

习俗、精神气质、心理和性格等深受东正教的影响，这种影响从根本上决定了俄罗斯民族的历史命运。

最后，现代化是人自身的现代化和形象的重塑。现代化并不仅仅是一个外在的器物层面的变化，而且可以使人的自身发生嬗变。如果说农业文明时代的人更多过着一种他律和蒙昧的生活，工业文明下的人则是一种经历了启蒙而敢于运用自己的理性，过着一种理性和自律的生活。人的自由度不断增大，自由自觉的生活是现代化的标志。减少人的各种异化表现也是现代化的一个最重要标志，从某种意义上讲，现代化就是克服人的异化过程，尽管这个过程是无限漫长的。人们要消除宗教异化、权力异化、资本异化、意识形态异化等众多异化现象，同时也要克服价值理性、民族情感、传统习惯等各种阻碍人的自由和进步的异化因素。人的形象重塑不仅仅指容貌美化、服饰考究、健康卫生、身心健康等外在的、生理层面，还指独立人格的生成，人不再依附于人、依附于物、依附于强权，人的奴性不断丧失，主人意识、法律意识、契约意识、自律意识、担当意识、批判意识逐渐增强。

二 俄国现代化历程及其后果

自从罗斯受洗开始，俄罗斯就在文化上受到欧洲文明的影响。从11世纪开始的对拜占庭的正教关系模式的效仿和移植，到18世纪的欧化运动，西方的政治体制和社会体制对俄罗斯影响深刻，从此也开启了俄罗斯西方化的新篇章。在13世纪蒙古统治长达两个半世纪的时间中，俄国中断了它与西方的密切联系，直到15世纪末摆脱鞑靼人的统治后，才建立以莫斯科为中心的俄罗斯，这之后俄国的西方文化倾向更加明显。然而，由于拜占庭被伊斯兰教徒占领，信仰东正教的俄罗斯再度陷入孤立，与信仰天主教的西方之间形成越来越大的差距，文化上也与西欧相去渐远。由此俄国的历史发展与原本属于同一基督教文化之根的西欧社会出现了断裂和鸿沟，正是这种社会发展方面的断裂和鸿沟，使得相对落后的近代俄国开始了追赶西欧的现代化历程。

总体上看，近 300 年的时间里，尽管道路曲折，俄国现代化进程始终没有间断。检讨其现代化进程中几个大的阶段和取得的成果以及留下的问题，不难看出其现代化中存在的深层文化障碍。

首先，俄国现代化经历了几个重要阶段。一是彼得大帝开始的俄国现代化运动。可以说彼得大帝的改革是俄国现代化的源头。18 世纪初期的彼得大帝改革既是顺应当时俄国社会本身提出的要求，也是俄国历史本身发展的必然产物。在彼得大帝以前，俄国在政治、经济或文化教育等方面，远远落后于西欧一些国家。这种落后状况，严重地阻碍了俄国社会的发展。在这种背景下，彼得大帝开始了学习西方的改革运动。彼得改革的涉及面十分广泛，不但涉及了军事、国防、国家行政机构，也涉及了宗教、文化教育、工业、商业和贸易等领域。总体上看，彼得改革推动了俄国逐渐向现代化国家的道路迈进，为俄国资本主义的发展创造了条件。这种改革不但打破了俄国闭关自守的落后状态，也使社会生产力得到了较快的发展，同时也增强了俄国的军事实力，保证了俄国在北方战争中击败当时欧洲的军事强国瑞典，从而使俄国在波罗的海沿岸站稳了脚跟并进入强国的行列。在政治上，彼得大帝的改革革新了俄国政治，削弱了贵族权力，加强了中央集权，提高了行政管理效能。彼得大帝进行的改革推动了俄国进入现代化进程，影响了俄国后来的历史发展进程。二是亚历山大二世以 1861 年农奴制改革为契机的现代化运动。包括叶卡捷琳娜二世的开明政治在内，亚历山大二世的废除农奴制改革都是彼得大帝西化改革运动的继续。如果说彼得大帝的改革更加注重表层的政治体制，那么 1861 年在俄国废除农奴制则是一种相对深层的经济体制改革。农奴制是农业文明的标志性特征，它代表了与落后生产力相适应的落后的生产关系和经济制度，也是人的不自由的重要标志。在俄国，解放了农奴可以为资本主义工业文明在俄国的发展创造劳动力和市场的前提。三是 20 世纪初斯托雷平以优惠政策鼓励一批特权阶层脱离传统的公有性质的农村公社，走向自由市场的土地改革。农奴制的废除，解除了农奴的人身依附关系，但是绝大多数农民仍生活在极其贫穷的村社里。俄国的村社奉行的是集体主义、平均主义价值原则，从形式上看是一个农民自治组织，农民在其中享有高度的自由和欢乐，但是村社同样是俄国农村生产力落后的标志，是低下的生产力和农民痛苦的生存状况等一切不发达因素的寓所。这种被斯拉夫主义所自诩的俄国民粹恰恰是非现代的顽疾。斯托雷平的土地改革有助于俄国村社体制的瓦解，把俄国广大农村的生产力充分释放出来。四是苏联时期的现代化阶段。十月革命后建立的社会主义苏联，从政治上看是一种新的社会体制的建立，但从一个国家和地区的社会发展历程来看，又是俄国历史上近70年的卓有成效的、重要的现代化阶段。苏联自从建立之日起就开始了现代化建设。这种现代化建设对外是赶超欧美西方社会，对内则是改变落后的生产关系和社会体制以及文化传统。苏联时期，特别是前期取得的现代化成就是举世瞩目的。苏联建立了完善的工业体系，基本上实现了机械化和电气化，由一个落后的军事帝国一跃成为工业强国。在国内基本实现了工业化占主导地位的国民经济体系，成为拥有城镇化、社会保障制度、先进的教育体系、卫生医疗体系、养老保障体系等福利的国家。同时，苏联用马克思列宁主义作为指导思想，开展了对东正教传统文化观念的深入批判，确立了科学主义、理性主义、唯物主义、无神论、爱国主义等价值原则。但是，由于苏联实行的是一种单一的公有制计划经济体制，政治上实行中央集权制和意识形态高度统一的经济、政治、文化体制，这种体制基本上消除了经济、社会、文化和精神等方面的社会发展潜力，人为地遏制了人的主动性和创造性天赋，人的权利无法得到保证。僵化的体制导致社会丧失活力，军事扩张主义、大国沙文主义导致外部环境紧张，在内忧外患、长期停滞后苏联解体了，其现代化进程也随之告一段落。五是进入20世纪90年代后苏联时期的俄国现代化阶段。这一阶段的现代化既是对苏联体制的彻底改革，也是进一步西化的现代化开始。从叶利钦到普京，再到梅德韦杰夫，当今的俄国走的是一条更为极端的欧化、西化的现代化之路。这一阶段已经持续了20多年，其主要任务是全面追赶西欧的发展，试图在生产、生活、思想、文化等各个领域实现深刻的社会变革，而不满足于从法律条文上和单纯的政治体制上通过"休克疗法"所实现的西化革命。

其次，俄国现代化的后果。俄国的现代化总体上是在彼得大帝开创的帝国模式的轨迹上发展的。这种西化模式的特点在于更多的是从器物层面进行西化，至多深入政治体制、经济体制和文化传统的全面改革，后续的几次改革西化运动也基本上在这种西化模式下向前推进。俄国在西化过程中不断学习英法的先进技术、生活方式和政治体制，不断缩小与西欧发达国家间的差距。客观地看，俄国在300年的现代化历史中取得了不菲的成就。第一，现代化使俄国实现了由传统的农业文明向工业文明的全面转变。俄国今天的社会进步得益于追赶西方发达国家的现代化发展模式，尽管几个阶段重点有所不同，道路曲折，但总体上还是不断向前推进的。实现两种文明的转型是现代化的最大成就和后果，尽管还有某些不完善之处。第二，现代化使俄国（苏联）成为与西方发达国家比肩的世界工业和军事强国。到20世纪70年代，俄国成为在科学技术、工业生产、国民教育、社会保障等方面的世界超级工业大国。这一切成就都是追赶西方发达国家现代化的后果，没有现代化进程就不会有上述成就。第三，现代化使俄国国民的生活水平和生活方式得到根本改变。彼得大帝改革之前的俄国是一个极其落后的国度，特别是国民生活水平和生活方式极其低下和落后。恶劣的气候、落后的农业生产、相对封闭的地理位置，这一切导致俄国在百姓的吃、穿、住、行等日常生活方面非常落后，哪怕是贵族、地主也好不了多少。正因为西化，在生活方式上学习法国贵族，在建筑、交通、生活环境、国民素质等方面开始全面提升，为后来的俄国在世界文学艺术、科学技术等方面跻身世界强国之林打下了坚实基础。

最后，俄国现代化存在的问题及其根源。总体上看，俄国现代化取得了一些重要而积极的成果，但是如果用更高的标准去衡量，从社会发展的有机整体层面去讨论，就会发现俄国的现代化成果还有待进一步积累和创造，制约俄国现代化的一些深层原因还有待分析。第一，政治上尽管实现了改革，建立了某种意义上的开明专制和民主制度，但是这种制度的建立初衷是为了维护统治者的专制统治，人民并没有获得真正的自由。历史上一系列改变俄国现存的社会和制度的举措都是为了使之更加完善和巩固，中央集权和管理的官僚化日益加强。改革的结果使上层贵族大大改善了物质生活，垄断了受教育的权利。他们在情感上、在物质和文化生活上越来越倾向和追求西方。过去那些蓄胡子、穿飘垂的镶边长袍的粗野的贵族，他们在言语、服装、梳饰、住宅和社交生活等方面模仿起凡尔赛宫廷；而广大的下层百姓并没有享受到现代化的积极成果。第二，在经济上，国家的工农业发展极不平衡，重工业得到快速发展，而农业和轻工业发展缓慢，农村生活和农业生产相对落后。这种状况至今依然存在，甚至可以说现代化主要是用前资本主义的古老方法加重剥削本国人民。第三，俄国的现代化的改造工作主要是自上而下进行的，没有得到来自下边的推动力。因此，私有制——增长和积累的价值，法律规范——自治和公民社会的诸要素等概念，没有在俄国生根开花。由于上述历史前提，俄国并没有形成十分巩固和发达的民族文化。俄国不够发达的最主要标志，是较为狭小的管理阶层和文化精英与落后的民众之间的深刻裂痕，这不仅是指文化水平的差距，也指社会差距，即财产和地位相差悬殊。从深层上看，俄罗斯并没有完全跟上欧洲历史前进的脚步，西欧的社会发展模式也没有在俄罗斯的土地上真正彻底地实行过，进而导致俄罗斯在政治体制和社会结构的变迁方面步履维艰，而这种社会缓慢发展的原因恰恰来自俄国的西化没有真正触动深层的以东正教为内核的文化传统和社会结构。没有从文化基础层面进行改革，致使俄国的现代化成效大打折扣，也使得其他层面的改革步履维艰、障碍重重。俄国的传统文化成为其现代化进程的内在阻滞力。

三 俄国现代化进程中的内在文化阻力

当代历史学家、经济学和社会学家在对比分析不同文明的历史演变和社会变迁时惊奇地发现：就短期而言，体制上的变更往往是由政治上的变更促成的，可能对文化和历史产生影响；但从长远看，"文化为体制之母"①。社会"不发达是一种心态","落后的社会与精神基础有关"。② 这里所指的文化并非作为上层建筑层面的意识形态,而是一种作为传统的宗教信仰、思维方式、风俗习惯,人生活的第二自然,即文化世界。法国年鉴学派历史学家布罗代尔提出了关于历史发展的长时段理论。在他看来,历史并非仅仅体现为过去、现在、未来这种线性的一维发展过程,时间可以分为不同的时段,不同时段中发生的事情有一种制约关系。在他看来,长时段是以千百年为单位,是指一个民族在其特定的生存环境下的宗教信仰、文化传统、文化模式,这种人创造的文化已经像客观的物理地理环境一样从深层上影响一个民族的历史;而以几十年为单位的是中时段,这种时段是一种历史趋势,相当于我们所说的与当时的经济基础相适应的上层建筑;最短暂的时段可能是几年、几个月乃至几天、几小时,这个时段被他称为"事件"。这种事件往往是指一些政治活动、政治领袖、军事、外交等事件。比如俄国的彼得大帝、叶卡捷琳娜二世、亚历山大二世、列宁、斯大林、叶利钦等历史人物,以及1861年废奴法案、十月革命、苏联解体等历史事件。这些历史事件的确对当时的社会有重要的影响,比如彼得大帝的改革等对俄国现代化运动的影响。但是,相对于中时段的历史趋势和短时段的历史事件而言,长时段的历史结构的影响则更为深远和长久。进一步说,文化模式中的宗教信仰、伦理道德规范、思维方式等基本因素才是决定一个民族和国家历史轨迹的更为根本的原因。就俄罗斯历史而言,东正教信仰无疑是决定其命运的最根本因素。因此,站在文化哲学高度,从文化层面对东正教与俄罗斯民族觉醒、民族性格形成、伦理道德观念确立、社会结构形成、法律规范和行为规范以及思维方式的形成等做深层分析,更有助于发掘和把握制约俄罗斯现代化命运的文化阻滞力。

---

① 亨廷顿、哈里森:《文化的重要作用——价值观如何影响人类进步》,新华出版社,2002,第16页。
② 亨廷顿、哈里森:《文化的重要作用——价值观如何影响人类进步》,新华出版社,2002,第83页。

第一，文化保守主义对外来文化的顽强抵制。俄国的现代化在一定意义上可以理解为俄国向西方学习的过程。这个过程一方面是对西方文化的学习和借鉴，这其中有模仿、引进、移植西方的各种工艺、技术、制度、人才、科学知识、文学艺术等，同时也是俄国本土文化对西方文化中的某些因素加以排斥的过程。总体上看，俄国的现代化或西化总是"西方化"与"东方化"或"本土化"相伴而行的。事实上，包括俄国在内的后发展国家，特别是那些文明较为发达的后发展国家在进行现代化时所表现出来的通病是文化保守主义对外来文化的天然本能抵制和排斥。相对而言，俄国在这方面的问题更为突出。俄国的文化保守主义在现代化进程中表现得更为强烈是有其独特历史原因的，这种独特历史原因就是东正教在俄国文化中扮演的特殊角色。俄罗斯民族皈依东正教以后，东正教就成为俄罗斯民族文化模式中最为核心的内容，其思维方式、道德原则、审美特性、风俗习惯、政治体制等都是围绕东正教基本教义建立起来的。不仅如此，在东罗马帝国败落之后，俄罗斯扛起了东正教大旗，自称"莫斯科是第三罗马"。东正教给俄罗斯民族带来许多外来文化精华的同时，也把东正教的许多糟粕和与天主教西方世界的对立作为文化遗产传给了俄罗斯民族。在"东方正教"与"西方主教"长达几个世纪旷日持久的话语权争夺中，形成了东方正教的保守性、僵化性和对西罗马帝国为前身的西欧世界的敌视，这些因素作为种子深埋在俄罗斯的文化土壤之中，而俄国的文化保守主义就是这粒种子的花朵和果实。因此，我们会发现一个非常奇特的文化现象：在文化传统上本来是同根同源的俄国与西欧不但在文化上缺少应有的亲和和一致，反而始终存在巨大的张力，不仅在历史道路选择上不同，历史的脚步也不同。无论俄国的"欧亚主义"或"大西洋主义"怎样强调俄国在文化传统上属于欧洲国家，欧洲国家却始终有意无意地把俄国排除在欧洲之外。与此相关，一旦涉及一些文化深层问题，俄国也会露出自身的非欧洲心理和潜意识来，这或许是俄国现代化遭遇的一种内在的文化悖论。例如，在现代化问题上，斯拉夫派和西化派一直在争论，争论的问题已经不仅仅是简单的"欧化"问题,而是俄罗斯是否要模仿"西欧"社会道路的问题。东正教信仰决定了俄罗斯民族在历史道路选择上始终"东顾西盼",走出一条既不同于西方(西欧),也不同于东方的历史之路。所以,索洛维约夫指出,"自古以来天意就把俄罗斯摆在非基督教的东方和基督教的西方形式之间,即在作为异教的伊斯兰教和天主教之间;与西方处在单方面的对立之中的拜占庭被片面的东方原则所浸透并变成了亚洲帝国,无论是反对天主教的十字军,还是反对穆斯林野蛮人,拜占庭都是无能为力的,并彻底地被后者所征服,正当这时,俄罗斯在保卫自己不受东方和西方的侵害方面取得了决定性的成就,并成功地击退了伊斯兰教和天主教的侵略"[1]。索洛维约夫深刻地洞见了东正教与东方伊斯兰教和西方世界的天主教的区别,认识到正是由于这种区别,俄罗斯在历史道路的选择上不但与东方世界分道扬镳,而且与自身在文化上同根同源的基督教西方世界也保持着内在的张力。白银时代著名哲学家别尔嘉耶夫对此也深刻指出,"俄罗斯精神所具有的矛盾性和复杂性可能与下列情况有关,即东方与西方两股世界历史之流在俄罗斯发生碰撞,俄罗斯处在二者的相互作用之中。俄罗斯民族不是纯粹的欧洲民族,也不是纯粹的亚洲民族,它将两个世界结合在一起。在俄罗斯精神中,东方与西方两种因素永远在相互角力"[2]。正如别尔嘉耶夫所言:俄罗斯就是在这样一种不同文明相互撞击和结合的情况下实现现代化的。这些撞击和结合对俄罗斯来说有两种含义,即它在获得进步、得到西方文明熏陶的同时,其个性的烙印也刻得愈深。或者说,它一方面在形式上或文明的某些表面成分上成为西方文明的近亲;另一方面,在本质上与西方文明的核心又进一步拉开了距离。俄国用西方的物质文明将自己武装得更像俄国了。

东方的正教与西方的主教的对立观念在俄罗斯根深蒂固,"东正教完全不

---

[1] 索洛维约夫:《神人类讲座》,张百春译,华夏出版社,2000,第240页。
[2] 别尔嘉耶夫:《俄罗斯思想》,雷永生、邱守娟译,生活·读书·新知三联书店,1995,第2页。

是基督教各宗中的一宗……东方教会是在真理中的教会"[1]。东正教与天主教的对立决定了俄罗斯文明与西欧的基督教和新教文明的冲突，是一种内在的永久的冲突，它表现为东西方相互排斥。

在传统与现代的问题，即如何对待文化传统问题上，东正教发挥了重要作用。东正教神学观念在俄罗斯并没有经历一个改革阶段，也没有西方的文艺复兴、宗教改革、政治革命、人权革命、启蒙运动，宗教批判环节的缺失，导致思想的最后堡垒始终没有被炸掉，因此，保守的东正教仍然作为一个被奉若神明而被普遍遵守的标准。东正教信仰严重地束缚了人们的思想意识，使人们留恋传统，拒绝变革，在社会发展问题上保守主义往往战胜激进主义。

从彼得开始的西化之路历经几个世纪行进得如此艰辛，其根源正在于东正教与天主教之间的教派冲突以及受此影响的政治、军事利益之争和文化歧视。西方的欧洲世界对俄罗斯始终保持戒备和猜疑的状况能够到宗教信仰中寻到答案。

第二，俄罗斯民族主义对俄国现代化的阻滞力。民族精神是一个民族的精神家园的内核，任何民族都有其相对独特的民族精神，进而表现出其独特的民族性。对此，狄尔泰曾指出："在一个通过其所有各种生命表达——诸如它的法律、语言和宗教——所具有的紧密联系表现出来的民族之中，生命的个体统一体是以诸如民族之魂、民族精神、地区和机体这样一些术语神秘地表达出来的。只有通过首先理解一个民族的生活所具有的各个不同侧面，诸如它的语言、宗教和艺术，并且理解它们是如何相互影响的，我们才能够清楚地察觉和分析民族之魂、民族精神以及国民文化这样一些表达所表示的意思。"[2] 正如斯拉夫主义者们所强调的，东正教、沙皇专制、民族性是俄罗斯文化模式中的核心要素。就俄罗斯民族性而言，并非单纯的种族构成，而主要是指其独特的宗教、语言、法律、伦理等文化内涵。俄罗斯的民族精神、民族性在现实中表现为俄罗斯民族主义，"即俄罗斯人及其代表所具有和表

---

[1] 布尔加科夫：《东正教——教会学说概要》，商务印书馆，2001，第234页。
[2] 狄尔泰：《精神科学引论》第1卷，童奇志、王海鸥译，中国城市出版社，2002，第73页。

现出的族裔共同体意识、情感、思想和运动,是文化和种族意义上的民族主义"[1]。这种民族主义既包括爱国主义,即"千百年来巩固起来的对自己祖国的一种深厚的感情"(列宁语),也包括大国沙文主义、民族优越论、民族偏见。俄罗斯民族主义一方面唤起了民众战胜各种困难的爱国热情,另一方面也成为其现代化进程的文化阻滞力。这种令人费解的结局在于俄罗斯民族主义的宗教内涵。对东正教的选民意识、弥赛亚精神的信仰,决定了俄罗斯人认为自己是上帝的选民,"莫斯科是第三罗马",俄罗斯民族的一切都是最好的、最美的、高于任何民族的,因此,在历史道路的选择问题上根本无须向包括西方在内的各个民族学习和借鉴,因此,应坚持走自己的路。正因为这种东正教的选民意识、弥赛亚情结,铸就了俄罗斯包含着爱国主义、大国沙文主义等民族主义思维方式、对外策略。这种民族主义对俄国的现代化进程十分不利。

---

[1] 杨育才:《国外俄罗斯民族主义研究综述》,《俄罗斯中亚东欧研究》2007年第3期。

从自我到他者的主体间性转换

——现代西方哲学的主体性理论走向

孙庆斌[*]

"主体间性"(intersubjectivity),又译作"主体际性""主观间性""交互主体性"。主体间性问题是伴随着主体性问题的批判性反思提出来的,其关注的主要问题可以表述为"自我与他者"之间的关系问题。这一问题试图在"自我与他者"的关系范畴之内消减"我思"的优越性,承认他人存在的意义,寻找"自我与他者"之间理想的关系样态。主体间性理论萌芽于德国古典哲学时期,费希特曾阐述了"自我与非我"统一的问题,而真正彰显这一主题的是胡塞尔。"主体间性"从产生到成为被广泛研讨的热点问题,绝不是一个偶然的现象。这既是理论自身发展的趋势,也是社会发展的必然要求。笔者认为,对"自我与他者"关系的探讨经历了从自我走向他者的过程:以胡塞尔为代表的主体间性理论主要是反思主体的"唯我论"倾向,并克服"主体性"过度泛滥所导致的人与人之间、人与自然之间不断加剧的矛盾;以哈贝马斯为代表的主体间性理论逐渐开始关注主体之间话语沟通的伦理价值取向,强调语言共识及实践所在;而勒维纳斯的"他者"理论则明确了他者的绝对差异性,指出伦理关系是主体间的奠基性关系,同时阐释了伦理学是第一哲学的立场。

---

[*] 孙庆斌,黑龙江大学哲学学院教授,主要从事高等教育、哲学和伦理学的研究。

一　胡塞尔的主体间性理论及其对唯我论的克服

由于胡塞尔主体间性理论的影响，当今哲学界对主体性问题的研究正从关注主体之我思的主体与客体的关系模式转向关注主体间交往的主体与主体的关系模式。这种研究范式超越了传统的主体与客体关系二元对立的思维方式，进入了主体与主体非对立的思维方式，这一研究方式主要是消减"我思"的优越性，承认他人存在对于"我思"的意义。在胡塞尔那里，主体间性的内涵是指自我主体对他人主体的构造以及交互主体对共同世界的构造。这种模式以他者的经验意识为轴心，注重主体之间的认识关系，这个"他我"并非普通"他物"，而是与自我并存的"他我"。为此，胡塞尔提出了"共呈""配对"等概念，以求对"他我"进行确认。胡塞尔指出："无论如何，在我之内，在我先验地还原了纯意识生活限度内，我经验的这个世界（包括他人）——按其经验意义，不是作为（例如）我私人的综合组成，而是作为不只是我自己的，作为实际上对每个人都存在的，其对象对每个人都理解的——一个主体间的世界加以经验。"胡塞尔主体间性理论提示我们：任何主体意识都是在与他人主体交往的基础上形成的。"我就是在我自身内，在我的先验还原了的纯粹意识生活中，与其他人一道，在可以说不是我个人综合构成的，而是对我来说陌生的、交互主体经验的意义上来经验这个世界的。"现象学首先要解决的是主体如何合理存在的问题，其目的是要避免主体的"唯我论"色彩。在胡塞尔的现象学来看，"意识总是关于某物的意识"，我的直观概念具有理论的优越性，主体借助于意识的意向性指向外在于我的他物，意向性使超越于己的他物呈现为一种透明状态。这样，主体凭借其意向性将其所指向的所有东西同一化。尽管胡塞尔的本意是克服主体的"唯我论"倾向，但仍然没有摆脱古希腊传统"自我学"的建构，无论是胡塞尔的经验自我还是先验自我，实际上都是一种自我学。因为通过纯粹自我的"同感"或"移情"作用，胡塞尔把他人经验作为自己的纯粹的意识现象，忽视了他人，他人被自我边缘化、同一化了。因此，胡塞尔要避免自我学就必须从自我走向他人，从关于"我"的问题走向关于"我们"的问题，胡塞尔关于"我们"的现象学探索即后来的主体间性哲学的开端。也就是说，胡塞尔要以"他我"的经验存在为出发点，进一步达到"自我"与"他我"纯粹意识的共鸣，完成自我与他人之间的意向性交流，构建交互主体性关系。胡塞尔以现象学的方法阐释主体间性理论，其消解主体的"唯我论"立场被后继者们所继承，哈贝马斯的"交往行动理论"就是其中之一。哈贝马斯以交往行动理论寻找自我与他者之间关系的平衡点，在交往行动论中，更注重"实践"和"有效性"，更注重"语言转向"中"语用学"的语境意义，这使他的"生活世界"更贴近本真，也使他的"主体间性"更富于真实的互动的意义。

二 哈贝马斯的交往行动理论及其自我与他者的平衡

主体间性话语学转向的一个主要代表人物是哈贝马斯。哈贝马斯的普遍语用学分析建立在奥斯丁与约翰·赛尔的经验语用学基础上。但是，哈贝马斯认为，奥斯丁与赛尔的语用学仍属"经验语用学"，有其局限性；如果要为交往理论奠定严格的基础，就必须再前进一步，创设"普遍语用学"。所谓普遍是指人们在从事交往活动时必须遵循的若干规则，不管人们对此是否自觉，交往行为一旦开始，就将处于这些规则的支配之下，哈贝马斯将之称为"有效性要求"。在哈贝马斯看来，只有在语用学中才能营造主体间沟通和共识的语境，构造真实互动有效的"客观世界"。在"客观世界"内，主体之间的交往是"和谐"的。哈贝马斯断言，如果我们预设了所有人都可以同等参与的不受压抑的对话可能性，在对话中只有合理的论证能够被接受，那么在原则上，我们就能够区分什么是真正的一致、什么是虚假的一致，这就是他所说的"理想的言谈情境"。也就是说，只有在交往的主体间的语用中，才能具体地体现出来。在他的"理想的言谈情境"之内，哈贝马斯把"有效性要求"的概念与真理概念关联起来，认为说话行为是否有意义，是与"外在世界"（对象和事件）、"内在世界"（说者的内在经验）和"社会世界"（共同规范）密切相关的。这也就是说，交流行为要达成相互理解，必须满足三类"效度要求"：（1）真实性要求，即说出的话是符合外在世界的；（2）正当性要求，即在共同的社会规范看来，说话行为是正确的和合适的；（3）真诚性要求，即说话行为所表达的主体经验（意向、感情、欲望）是真诚的。这样，有效性要求既覆盖了事实性（真实性）领域，也覆盖了价值性（正当性）或表达性（真诚性）领域。哈贝马斯的结论是：哲学必须从近现代对主体意识的强调转向对主体间意识和交流过程的关注，关注自我与他者之间的对话与交流。

在自我与他者的交流过程中，一旦出现对效度要求的质疑，交流双方就将展开辩论和批评，以此来调整他们的语言沟通。但是必须指出，对于效度要求的接受或质疑，以及由此而来的辩论和批评，都必须建立在自我与他者之间"理性交流"的基础之上，也即"以理服人"，切不可诉诸权威。在这一点上，哈贝马斯通过交往行动理论建构了自我与他者的对话沟通关系，避免了自我的话语霸权。对于哈贝马斯来说，自我与他者之间的交流与沟通还在于"以言行事"的原则。也就是说，经过语用达到沟通和共识，即构造出真实有效的"客观世界"还不是最终目的，最终目的是"行事"，是在实践中完成自我与他者之间共识的计划。哈贝马斯通过语用学的实质性探讨，通过语言的中介作用，注重"实践"和"有效性"，注重"语言转向"中"语用学"的语境意义，使"自我"与"他者"的"主体间性"更富于真实的互动意义。哈贝马斯的交往行动理论就是主体间的对话沟通实践模式，即商谈伦理学。人的主体性不再是建立在理性基础上的认知主体，而是一个与他者话语沟通的实践主体。主体间性的话语学转向，说明哲学家们开始对传统主客二元对立的思维方式及其价值取向进行反思，继而取消主客二元对立的思维方式，采取自我与他者之间的非二元对立的思维模式，从认知关系转向沟通关系，在话语的商谈沟通中为自我与他者找到了平衡点。

三 勒维纳斯的他者理论及其自我对他者的责任

"他者"是勒维纳斯思想的一个核心概念。勒维纳斯通过对我与他者相遇时所呈现的"面对面"关系状态的分析,指出他者的绝对差异性,提倡为他者的精神。在"为他者"的伦理境遇下,强调自我与他者之间伦理关系的重要性,勒维纳斯的他者问题最终指向的是主体间的伦理关系。

(一)"面对面"与他者的不可同一性

勒维纳斯指出,传统思维模式的主体是占有和同一的主体,主体是一个总体,具有总体化一切的趋势;其目标是同化一切自身以外的客体(他者),改造和征服自然,同化和压抑他人;其典型特征就是把外在于我的一切都纳入我的意向性框架,为我所用;其主要做法是,主体采取主动出击的方法,猎获一切,暴力是最典型的一种手段;其效果是,主体追求着自身的快乐和幸福,建构一个属于主体的霸权。海德格尔把这种主体的自我中心主义描述为:"人把自身建立为一切尺度的尺度,即人们据以测度和测量(计算)什么能被看作确定的——也即真实的或存在着的——东西的那一切尺度的尺度。"在此影响之下人追求自身利益最大化,围绕着自我中心主义确立了我的霸权世界,在这个世界里,我快乐着我的快乐,我通过我的强权获得了所谓的幸福,也确定了我的主体性,这样的活动被勒维纳斯称为家政,而"家政首先是自我主义的运动"。勒维纳斯关于他者的伦理学主要是通过对自我与他者主体间面对面关系的分析展开的。"面貌"是勒维纳斯的一个重要概念,通过面貌这一概念,勒维纳斯要说明的是他者的绝对差异性,他者是不能被我所同一的。

第一,他者呈现在我面前的是面貌。面貌不仅仅是指他人的表情——我们看到的——还是那不可见的东西,面貌表现的是整个人,面貌不是认识的根据,也不是被看见的形象,它是一种外在的无限,是他者的全部,我与他者的面对面关系即我与他人的真实关系。

第二，面貌不为我所左右，是他者的独特之处。面貌的意义只属于他自己，你就是你，纯粹的你，"他人用以表现自己的方式超出了'我之中的他人'的观念，我称之为面貌。这种方式不在于把我注视的他人显示为主题，也不在于去陈列构成形象的特性总体。他人的面貌随时摧毁并摆脱他给我们留下的可塑的形象"，他者的面貌不属于我只属于他。

第三，面貌是一种差异性。勒维纳斯认为，面貌不是一种隐喻，也不是一种修辞法，面貌是一种高度，是我无法达到的至高无上的高度，是我与他者的差别所在，也是他者的差异性所在。

第四，面貌不可同一。勒维纳斯用差异性取代同一性，要说明的是他者的相异性，他者是完全相异于我的，他者在我的世界之外，是在我之外的另一个。他者不能被我所同一，也无法被我规划，他者的面孔就预示着他者无法被我占有，因为他者的面孔一直抵抗着我的占有。总之，勒维纳斯通过我与他者的"面对面"关系，要说明的就是他者的绝对差异性。

（二）"面对面"与主体的责任

勒维纳斯强调"为他者"但不否认主体的存在，他认为应该加以批判的是同一的暴力主体，他的理论就是要从根本上瓦解具有总体化趋势的主体。勒维纳斯强调他者实际上是赋予主体以伦理性，这种饱含伦理责任的主体不但不应该加以批判，还要加以高扬。勒维纳斯说："人类在他们的终极本质上不仅是'为己者'，而且是'为他者'，并且这种'为他者'必须敏锐地进行反思。"勒维纳斯分析到，他者的面貌呈现之际，我必须做出回应，就意味着我马上对他负有责任，我与他人的主体间关系就是责任关系。勒维纳斯认为，"回应"和"责任"的词根是相同的，"责任"一词从词源上是由"回应"一词演变而来的，因此"回应"这个词本身就蕴含着"责任"的意思。呈现给我面貌的人就是向我说话的人，向我说话的人就是我必须回答话语的人，我的回答就是责任。勒维纳斯指出，自我与他者之间的关系就是自我对他者的责任关系。承担着沉重责任的主体还是真正的主体吗？勒维纳斯认为，主体本身就有服从的含义。从词义上讲，主体就是服从，就要为他者负责。勒维纳斯说："正是就他者与我的关系不是互惠的而言，我服从于他者；也正是在这个意义上，我成为本质上的主体。"服从的主体也就是承担责任的主体，为他者承担责任的主体才称之为主体。在我与他者的"面对面"关系中，他者的召唤赋予我以伦理的责任，在我承担责任的过程中，我的主体性才得以生成，由此作为责任的主体性观念确立了。因此，在勒维纳斯看来，关于我的真实的主体观念不是基于我自己，更不是基于我对他者的同一与整合；真正的主体依赖于他者，这个他者完全相异于我，他者的他性构成了主体性概念的前提。这样，勒维纳斯的主体已经不是近代哲学所言说的主客体对立关系中的主体，而是承担责任的主体。主体是为了他者负责的主体，他者来到我的面前，需要我像客人一样地对待，他者是我的客人，是我应该给予足够尊重的，在我对他者的尊重中我的主体性得以彰显。

（三）主体间的伦理关系

勒维纳斯的他者问题实际上是主体间性理论的一种形态，也就是自我与他者关系的另外一种表述。自我与他者之间具有多种关系，而伦理关系在诸多关系中应具有首要性。自我与他者的主体间关系是一种超越存在论和认识论的伦理关系。勒维纳斯最终想要表明的是，伦理学应该是第一哲学的立场。勒维纳斯在论述自我与他者的伦理关系时采取了一种宗教的隐喻方式，这样的论述与他的犹太教思想有较大关系。《圣经·出埃及记》这样描写上帝与摩西的见面：他们"面对面说话，好像人与朋友说话一般"，而实际情况是，上帝始终若隐若现以神秘的面孔这种特殊的方式晓谕摩西。这一论述显示了作为绝对他者之上帝的面孔呈现在我面前，这副面孔高于我，以一种高高在上的姿态显现给我一个命令："你不可杀人。""不可杀人"的宗教律令在自我与他者之间立即又发生了转化，宗教的戒律转化为伦理学的律令，成为最基本的道德律令，这就是勒维纳斯"他者"问题的最终指向所在。"不可杀人"的道德律令揭示了我与他者的关系不应该是同一以及由同一引发的冲突、杀戮关系，而应该是伦理关系，是形而上的伦理关系，这种伦理关系就是第一哲学。我对他者的责任是第一性的，是不可逃避的，我的伦理性是不可否认的。勒维纳斯说："我的任务不是要建构伦理学，我只是想努力发现伦理的意义。"勒维纳斯探讨的伦理形而上的问题，是为了建构自我与他者的伦理学，一种不再受控于本体论的伦理学。在勒维纳斯那里，伦理绝不是哲学的某种分支、某种特殊的视野，伦理是第一哲学的视野，是超自然、超历史、超世界的视野。"道德不是哲学的分支，而是第一哲学"，这是勒维纳斯哲学的一个纲领性命题。让他者永远作为他者存在下去，他者呼唤着为他人的伦理学，这是一个带着良好愿望的努力。这里，我们已感到一个无限的他者、一个不可同一为自我的他者对于逻各斯思想的颠覆。这样，由胡塞尔现象学的主体间性理论发展到哈贝马斯的交往行动理论再到勒维纳斯的他者理论，主体间性问题研究的中心即自我与他者关系的问题，实现了由克服自我学到自我与他者之间的平衡再到自我为他者承担责任的转化过程。勒维纳斯的他者理论实际指向了哲学的不变主题——主体性问题，只是进一步强调了主体对于他者的责任这一伦理学立场。

表象之思与切近之思

——海德格尔物的分析思想

蒋红雨[*]

物性思维是人们在不同思想境遇下思考对象的基本方式。人们常称某一对象为某一物，也常将整个对象世界统称为物质世界。物性思维作为一种本质论的思想方式在西方哲学史上源远流长、影响深远。亚里士多德在《形而上学》中就指出本体之学的主旨是"寻求现存事物，以及事物之所以成为事物的诸原理与原因"；[①]笛卡尔在《第一哲学沉思集》中的第一个沉思就是"论可以引起怀疑的事物"；[②]康德在《纯粹理性批判》的导言中就论证了对象之于人的知识的必要性，指出"盖若无对象激动吾人之感观，一方由感官自身产生表象，一方则促使吾人悟性之活动，以比较此类表象，联结之或离析之，使感性印象之质料成为'关于对象之知识'，即名为经验者，则吾人之知识能力，何能觉醒而活动"；[③]黑格尔则在《小逻辑》中提出"概括讲来，哲学可以定义为对于事物的思维着的考察"。[④]

历史上哲学家们在理论论证中常以物（Ding）或事物（Thing）作为思之对象，也常以物或事物作为述谓对象词的谓词。这些都似乎表明物是一个自明的概念，人们对其有明确的释义。但是在海德格尔看来，虽然哲学史上物

---

[*] 蒋红雨，黑龙江大学哲学学院教授，主要从事哲学、高等教育和文化领域的研究。
[①] 亚里士多德：《形而上学》，吴寿彭译，商务印书馆，1996，第118页。
[②] 笛卡尔：《第一哲学沉思集》，庞景仁译，商务印书馆，1998，第7页。
[③] 康德：《纯粹理性批判》，蓝公武译，商务印书馆，1997，第29页。
[④] 黑格尔：《小逻辑》，贺麟译，商务印书馆，1996，第38页。

以多种方式被理解和诠释，如被把捉为"特性之载体""感官上被给予的多样性之统一体""质料与形式的统一"。这些把捉物的方式有一个共同的特点，即都是一种关于物的表象之思。这里所说的表象之思可以概括为建立在主客体对立，或说人与世界分离的基础上，以认识论为基底对个别对象以及对象世界整体所做的依据感觉或内省式的把捉。在海德格尔看来，这种表象式对物的把捉不是对物的真正认识，这种方法实质上是对物之物性的一种遮蔽。因为物并不是惯常意义上的对象，不能以认识对象的方式去把握物。

既然物之为物不能以对象性的方式去对待、物之物性是不同于对象之为对象性的一种性质、思物之物性不能采用思物之为对象的表象式的思物方式，那么，何谓物之物性？物之物性又如何显现呢？为了解决上述问题，海德格尔提出了一种不同于"表象之思"的"切近之思"的思物方式。物的切近之思不同于物的表象之思在于：第一，在思想前提下切近之思不是以世界主、客二元分立为前提，而是以此在在世界中为出发点的思物方式；第二，在逻辑进路上，切近之思不是以既定的物与思物模式规定对象物，而是以此在在世界中的操劳活动将物从世界中带出，使其如其所是的显示。如海德格尔所言"物化乃是世界之近化。近化乃是切近之本质。只要我们保护着物之物，我们便居住于切近中。切近之近化乃是世界之映射游戏的真正的和唯一的维度"[①] 而"物是从世界之映射游戏的环化中生成、发生的"[②]。

海德格尔所说的物的切近之思不仅是与物的表象之思相异的思物方式，而且物之切近之思还是物之表象之思的意义之源。物的"表象之思"只有在物的"切近之思"那里才会获得意义源泉，"物的表象之思"只有立足于"物的切近之思"才会真正地在存在论上得到奠基。所以，只有立足海德格尔物之物性之思的理论文本，在充分把握物的表象之思与物的切近之思区别、深入探析物的切近之思之于物的表象之思的存在论基础地位的基础上，深入挖掘物之切近之思的存在论实质，才能把握海德格尔物之物性之思的整体内涵。

───────

[①] 海德格尔：《海德格尔选集》下，陈嘉映、王庆节译，上海三联书店，1996，第1182页。
[②] 海德格尔：《海德格尔选集》下，陈嘉映、王庆节译，上海三联书店，1996，第1183页。

一　物的表象之思与物的切近之思之别

物的表象之思与物的切近之思的区分是海德格尔在其 1950 年关于"物"的演讲中得到明确表述的。在这篇演讲中，海德格尔认为人们在惯常的意义上，往往以直接感知或者回忆的形式来把握独立之物，以这种方法把握独立之物，其实就是以表象之思的方式来理解物。然而"物之物因素既不在于它是被表象的对象，根本上也不能从对象之对象性的角度加以规定"[①]。那么物之为物究竟是什么，即其本质还从未能够显现的物究竟是什么呢？海德格尔认为，回答这个问题的关键之处在于"使物进入切近处"[②]。这种使物切近的方法就是一种新的本真的思物的方式，也可以称为物的切近之思。

物的表象之思与切近之思的区别虽然是在"物"的演讲中明确提出的，但是其思想渊源可以追溯到海德格尔 1927 年的代表作《存在与时间》。在《存在与时间》当中，海德格尔依据思想存在者之实体论与现象学方法的区别，区分了物的表象之思与物的切近之思。其后，海德格尔在 1935~1936 年以"艺术作品的本源"为题的系列演讲中，在以"形而上学的基本问题"为题的弗莱堡冬季讲座学期的文本（后以《物的追问》出版）中，海德格尔通过评析西方物之思想的三种典型形式——"特征的载体"、"通过感觉加以感觉的东西"以及"具有形式的质料"，进一步廓清了表象之思与切近之思的两种思物方式的内在区别。这些都是他关于"物"的演讲做出表象之思和切近之思区分的思想基础。

众所周知，从《存在与时间》开始，海德格尔学术探究的中心就是探索一条不同于传统形而上学思想方式的思考存在的道路。海德格尔一直强调对于存在者的认识要以对存在的领悟为前提。在他看来，传统意义上对存在者的存在前提的认识往往被标称为"物"。如他所言，"哪种存在者应当成为

[①] 海德格尔：《海德格尔选集》下，陈嘉映、王庆节译，上海三联书店，1996，第 1167 页。
[②] 海德格尔：《海德格尔选集》下，陈嘉映、王庆节译，上海三联书店，1996，第 1167 页。

我们的先于课题的对象，哪种存在者应当被确定为先于现象的基地？人们会回答说："物"①。海德格尔指出，这种认识虽然是一种不言而喻的解答，但是无助于对存在者的本质理解。因为这种提问本身就预设了某种实在论，即物的实在论，但是物本身并不是一个自明的观念，而是一个有待分析、论证的概念。

自然，还有不同于惯常意义上的思想存在者的方式，海德格尔称这种方式为操劳，它是一种悬置物本质，而以现象学方式切近"来照面存在者"的思想方式。海德格尔指出："最切近的交往方式并非一味地进行觉知的认识，而是操作着的、使用着的操劳——操劳有它自己的'认识'。"②也就是说，海德格尔认为"操劳"是不同于以"物"谓述或定义对象和思想存在者的方式。这种思想方式的特点是："这种认识作为现象学的认识原本着眼于存在，它从这种把存在作为课题的活动出发，而把当下的存在者也共同作为课题。所以这种现象学的解释不是对存在者的存在者层次上的属性进行认识，而是要确定存在者的存在结构。"③

如果说《存在与时间》中这种区分还是以潜藏的方式存在，那么在以"艺术作品的本源"为题的系列演讲中，在以"形而上学的基本问题"为题的弗赖堡冬季讲座学期的文本中，海德格尔的物的表象之思与切近之思的区分的观点得到了进一步的呈现。海德格尔评析了物的表象之思的三种形式，并且以追问作品之为作品本身为切入点，借助于从物到作品和从作品到物的思想作品之物性方式的区别，进一步展现了作品之表象之思与切近之思的区别。

海德格尔认为物之物性的解释是一个历史过程，贯穿了西方思想的全过程。并且这些对物的认识和理解早已经成为人们思考对象世界的基本模式，成为不言自明的东西。这些解释概括起来有以下三种。第一种是将物定性为特性的载体。这种认识既历史久远又影响深入，它始自古希腊，因

---

① 海德格尔:《存在与时间》，陈嘉映、王庆节译，上海三联书店，1999，第79页。
② 海德格尔:《存在与时间》，陈嘉映、王庆节译，上海三联书店，1999，第79页。
③ 海德格尔:《存在与时间》，陈嘉映、王庆节译，上海三联书店，1999，第79页。

为古希腊人将物的内核称为根据（τὸ Ὑποκείμενον），而将物的特性称为 τὰ συμβεβηκότα，即随时随地与内核一起出现和产生的东西。① 随后在罗马—拉丁思想中，这种物的观念被诠释为主体（subiectum）、实体（substantia）和属性（accidents）模式。这种实体论的物的诠释模式一直影响至今。这种解释模式的优势是它与人的常识认识一致，容易被接受。其理论缺陷则在于其存在论根据没有得到阐明。海德格尔指出："对物之物性的第一种解释，即认为物是其特征的载体，不管它多么流行，还是没有像它自己所标榜的那样朴素自然。让我们觉得朴素自然的，兴许仅只是一种长久的习惯所习以为常的东西，这种习惯却遗忘了它赖以产生的异乎寻常的东西。"②

第二种形式是将物定性为感官上被给予的多样性之统一体，指的是在感性的感官中通过感觉可以感知的东西，这种解释可以被称作一种表象论诠释。这种表象论诠释可以被感官所证实，但是往往过于使人们为物的表象所纠缠，阻碍了对物之物因素的寻求。以听觉为例，人们可以听自然界中生物的叫声，可以听到汽车的马达声，可以听到他人的呼喊，但是正如海德格尔所强调的，"物本身要比所有感觉更切近于我们。我们在屋子里听到敲门，但我们从未听到听觉的感觉，或者哪怕是纯然的嘈杂声。为了听到一种纯然的嘈杂声，我们必须远离物来听，使我们的耳朵离开物，也即抽象地听"。③ 在海德格尔看来，物的表象论诠释虽然可以为我们带来方便的甚至可证实的对物的把捉，但是这种诠释根本也无法达到对物的本真理解。

第三种方式是将物把捉为质料与形式的统一，即物是具有形式的质料。这种阐释方式同样历史悠久，而且具有非常强大的解释能力。从思想渊源上，成熟的质料与形式的物的解释模式可以追溯到古希腊哲学家亚里士多德的实体论。在中世纪的宗教哲学中这种解释模式又得到了加强，因为根据《圣经》，上帝的造物作用类似于工匠的制作作用，那就是赋予质料以形式。虽

---

① 海德格尔：《海德格尔选集》上，陈嘉映、王庆节译，上海三联书店，1996，第243页。
② 海德格尔：《海德格尔选集》上，陈嘉映、王庆节译，上海三联书店，1996，第244~245页。
③ 海德格尔：《海德格尔选集》上，陈嘉映、王庆节译，上海三联书店，1996，第246页。

然这种基于信仰的创造观念，在后世的哲学中逐渐失去了力量。但是由于近代自然科学也从物理学的意义上将物解读为"物就是质料性的、在纯粹空间—时间—秩序中运动的质点或某种与之相应的成分，然后，这样被确定的物再被当作一切物及其规定和追问的根据或基础"[1]。因而，根据质料与形式的世界观对物的解释在西方近代以来的形而上学学说中仍然起着主导作用。

从解释能力上讲，质料与形式的解释模式对自然物和用具物都是合适的。一方面，将物把捉为质料，可以把捉到物的持久性和坚固性的特性，可以感受到其涌迫感官的特质，如色彩、声响、硬度、大小，当然也可以表象其空间位置、外在轮廓。这些特质对于认识和把捉自然物显然是必要的。另一方面，将物把捉为质料与形式的统一也能非常恰当地把握用具物的特性。用具物都是一种人工物，都是以特定的形式对质料的塑造。在这里形式对质料的塑形作用、质料对形式的辅助呈现作用十分明显。因此将用具物把捉为质料—形式结构在某种意义上较对自然物的质料—形式结构的诠释更具典型性。但是，在海德格尔看来，虽然我们常用形式与质料的模式来诠释物，特别是用来诠释用具物，例如艺术作品，可是"这一无可争辩的事实却并不能证明形式与质料的区分是有充足的根据的，也不证明这种区分原始地属于艺术和艺术作品的领域"[2]，同样，也不能证明这种区分原始地属于一切存在者领域。他认为以质料—形式结构为线索的解释方式，也是对物的理解的一种扰乱。为此，海德格尔提出了质料—形式结构的本源在哪里的问题。

为解决这个问题，在"艺术作品的本源"为题的系列演讲中，海德格尔提出了一种不同于流行的从物到作品的思考物的方式，即从作品到物的思维方式。在海德格尔看来，流行的物的概念无法把握作品的物性因素，而作品中的物性因素又是不容否定的。那么我们不如实行一种思想的倒转，从作品分析入手去思考物之物性。也就是他所说的"走向对作品的物性现实性的规

---

[1] 海德格尔:《物的追问》，赵卫国译，上海译文出版社，2010，第46页。
[2] 海德格尔:《海德格尔选集》上，陈嘉映、王庆节译，上海三联书店，1996，第248页。

定之路，就不是从物到作品，而是从作品到物"①。可见，从20世纪20年代末的《存在与时间》到50年代的"物"的演讲是海德格尔物的表象之思与物的切近之思两种思想方式之区分由模糊到清晰、由生成到完形的过程。对于二者，海德格尔一直将表象之思作为传统的、流行的思物、思存在者存在的方式，他认为表象之思虽然在人们认识对象世界中扮演着重要的角色，但是它无法达到对物、对存在者本质的思考。与物的表象之思相比，物的切近之思是以思存在之为存在、思物之物性作为目标的思想方式，是通过先行把捉存在之为存在以及物之物性进而通达存在者和对象物的方式。在这个意义上，物之切近之思可以看作物之表象之思的基础和前提。

二 物之切近之思作为物之表象之思的基础

物的表象之思与物的切近之思不仅是两种不同的思想方式，而且是处于两种不同层面的思想方式，是两种具有不同价值的思想方式。相较于物的表象之思，物的切近之思是作为表象之思基础的一种思想方式，是一种本真的思物方式。可以说，物的切近之思是表象之思的前提。在《存在与时间》、"艺术作品的本源"系列演讲以及"物"的演讲中，海德格尔从基础存在论分析之于认识存在者的关系，通达物之物性之于理解对象物的关系以及天、地、人、神的意蕴整体之于呈现物的意义关系三个方面对物之切近之思之于物的表象之思的基础作用做出了深刻的阐析。

在《存在与时间》中，海德格尔是以分析存在问题在存在论上的优先地位来突出物的切近之思对物的表象之思的基础地位的。海德格尔认为存在问题在存在论上具有优先地位，而传统意义上对于存在者之整体，也即对于其物之本性的研究主要是从存在者出发，应用具体科学的思维方式来进行的。人们会划定具体的存在者领域，应用专门的科学方式从事对于对象领域的研

---

① 海德格尔：《海德格尔选集》上，陈嘉映、王庆节译，上海三联书店，1996，第259页。

究。但是，海德格尔认为这种研究方式并不是基础的研究方式，或者说是缺乏基础和根据的研究方式。

他认为："真正的科学'运动'是通过修正基本概念的方式发生的……一门科学在何种程度上能够承受其基本概念的危机，这一点规定着这门科学的水平。"[1] 同时，一门科学要想真正成为理解存在者、理解事质领域的方法，就要预先在存在论上对这一存在者领域的基本概念有所领悟。也就是海德格尔所说的："一门科学的所有专题对象都以事质领域为其基础，而基本概念就是这一事质领域借以事先得到领会（这一领会引导着一切实证探索）的那些规定。所以，只有相应地先行对事质领域本身做一番透彻的研究，这些基本概念才能真正获得证明和'根据'。"[2] 也就是说，一种科学认识得以实现的前提是要廓清自己的存在论基础，明晰其基本概念的存在论结构。

在"艺术作品的本源"等系列演讲中，海德格尔则以通达物之物性之于理解对象物的关系阐析物的切近之思之于物之表象之思的基础作用。在海德格尔看来，人们惯常都是以物之表象之思来把握作品的，将其看作一个物件、一个物品。常常将其看作一个类似于自然物的存在物，即使将其作为审美对象，也会重点关注其物质因素。如海德格尔所言，"在艺术作品中，物因素是如此稳固，以至我们毋宁反过来说：建筑品存在于石头里，木刻存在于木头里，油画在色彩里存在，语言作品在话音里存在，音乐作品在音响里存在"[3]。当然，这种以表象之思为视点的对艺术作品的探视无法把握艺术作品的本质。因为艺术作品虽然是一种制作的物，"但是它所道出的远非仅限于纯然的物本身"[4]。

以物作为先在的范畴看视作品的道路是不通的，一方面在于物无法概说艺术作品的本质，另一方面也在于物的本体论意味本身也需要进一步廓清。

---

[1] 海德格尔：《存在与时间》，陈嘉映、王庆节译，上海三联书店，1999，第11页。
[2] 海德格尔：《存在与时间》，陈嘉映、王庆节译，上海三联书店，1999，第12页。
[3] 海德格尔：《海德格尔选集》上，陈嘉映、王庆节译，上海三联书店，1996，第240页。
[4] 海德格尔：《海德格尔选集》上，陈嘉映、王庆节译，上海三联书店，1996，第240页。

那么怎样揭示艺术作品的本质，又怎样为物在基础存在论上奠基呢？海德格尔提出了一种新的思路，即不从物出发来规定艺术作品，而是从艺术作品出发，通过探视艺术作品的本质来揭示物。海德格尔认为："作品中的物因素不容否定，但如果这种物因素属于作品之作品存在，那就只能从作品之作品因素出发去思考它。所以，走向对作品的物性现实性的规定之路，就不是从物到作品，而是从作品到物。"①

从作品本身理解物是一种在以通达作品之作品本性，即通达作品的物之物性作为基础来理解作为对象性作品的方法，是一种以通达作品之为作品本身的切近之思为惯常赋予"对象物"物之名称的表象之思奠基的一种思想方法。新的思考艺术作品的本质的方式，不同于传统上以物的表象之思视角思考作品之本质的方式，与表象之思通过观察和观念反思的方式把握艺术作品不同，这种新的对艺术作品的基础存在论解析更强调艺术作品的自我呈现。依据此种理解方式，艺术作品不再是某一对象物。艺术作品的存在显示为两项休戚相关的特质，建立一个世界和制造大地。建立一个世界指的是一件艺术作品会给我们带来一个意义丰富的世界，因为一件艺术作品绝不仅仅是一个对象性的存在物，它是一个被观察、被理解、被审视的统一体，特别是一个自我开启的意义整体；制造大地指的是作品的生成本身就是一个创制和制作过程，但是艺术作品的制作并不仅仅是创制出一个有特定形象和构造的存在物，其要义恰在于此种制造的过程是使艺术作品恰如其分地、质朴地显示其物性的过程。

可以说，此种将艺术作品视为世界与大地相争执的实现过程的对艺术作品的基础存在论解析，是实现对物的切近之思对物的表象之思的奠基。因为"在被当作对象的作品中，那个看来像是流行的物的概念意义上的物因素的东西，从作品方面来了解，实际上就是作品的大地因素（das Erdhafte）"②。海德格尔认为："为了求得对一种对物之物因素的正确而有分量的认识，我们必然

---

① 海德格尔：《海德格尔选集》上，陈嘉映、王庆节译，上海三联书店，1996，第259页。
② 海德格尔：《海德格尔选集》上，陈嘉映、王庆节译，上海三联书店，1996，第290页。

看到物对大地的归属性。"① 大地是在与世界的争执中被带到敞开的领域中来的，大地的本性虽然是"无所促迫的仪态"和"自行锁闭"，但是大地与世界的争执会在作品的形态中被固定下来，并且通过作品的形态得以敞开，而大地的敞开也意味着作品的物因素被带入敞开状态。即使是从相反的角度来思考艺术作品同物因素之间的关系，也就是说在自然中隐藏着艺术，那也同样需要作品作为中介才能得到呈现。

如果说在"艺术作品的本源"系列演讲中，海德格尔借助物与艺术作品的关联阐释了物的切近之思之于物的表象之思的基础作用，在"物"的演讲中，海德格尔则更加直接地以壶的基础存在论为例，从天、地、人、神的意蕴整体之于呈现物的意义关系阐发了物的切近之思之于表象之思的基础性地位。因为惯常的意义上，人们会将壶把捉为一个存在物，至多将其视为一个被制造的存在物。但是在海德格尔看来，这两种从壶的外观来把捉壶的方式都无法显示壶的本质特性。他指出："作为这种壶之物的壶是什么，如何是？这是绝不能通过外观即（相）的观察得到经验的，更不消说得到合乎事实的思考了。"② 对于壶的物性特征的表象式看视无法把捉壶的本质特性，其根本原因在于此种思想方式没有办法从本质上揭示壶的物之物性之内涵。那么，我们能以什么样的方式去把捉壶的物之物性内涵，显示壶的基础存在论特性呢？在海德格尔看来，那就是去切近壶。切近一物不同于表象一物，表象一物时，看视对象的视点总在其刚性的特征，总是将其从背景中取出，单独命名；切近一物则更注重对象的意义内涵，注重对象与其背景的一体性，从而整体地把握对象之本质，即它的物之物性。

以切近的方式去思壶，我们看视壶的视点不在于壶壁、壶底这些刚性的方面，反倒是壶壁与壶底围成的虚空应该成为把捉壶之壶性的视点。以虚空作为视点，呈现的是壶的容纳特性，这种容纳也不是对某种具体物的容纳，而是对倾注的一种容纳，它实现的是一种馈赠。正是在这种倾注之馈赠中壶

---

① 海德格尔：《海德格尔选集》上，陈嘉映、王庆节译，上海三联书店，1996，第290页。
② 海德格尔：《海德格尔选集》下，陈嘉映、王庆节译，上海三联书店，1996，第1168页。

实现了其壶之壶性,也将物之物性带到了其自我显示之中。因为在海德格尔看来,壶的倾注并不是单纯地倒入和倒出某物,在其本真的意义上,"在倾注之赠品中,同时逗留着大地与天空、诸神和终有一死者。这四方(Vier)是共属一体的,本就是统一的。它们先于一切在场者而出现,已经被卷入一个维一得四重整体(Geviert)中了"①。意即对对象世界的把捉,首要的和关键的是将其同世界整体地带到近前,在此带近过程中同时彰显对象物之意蕴。所以海德格尔说:"物化乃是世界之近化,近化乃是切近之本质。只要我们保护着物之物,我们便居住于切近中。切近之近化乃是世界之映射游戏的真正的和唯一的维度。"②

三 物之切近之思的生存论意蕴

海德格尔区分了物的表象之思与物的切近之思,并且论证了物的切近之思之于物的表象之思的基础性地位,在存在论的意义上为思考物提供了新的思维模式。这种对物的切近之思从本质上讲,是一种以"怎样是"对"是什么"的超越为基调的,对传统本质论的思想的一种超越;这种思考还是以此在的生存为基础,以人与世界统一为基调的,是对西方主、客二元论为基点的知识论形而上学传统的一种超越;其实质是对物的一种生存论诠释。众所周知,在西方哲学中以主、客二元方式思物的代表性的哲学家是笛卡尔。所以海德格尔的物的表象论的批评矛头也多次指向笛卡尔。也正是在批评笛卡尔的心物二元的思"物"模式基础上,海德格尔构建了以"怎样是"超越"是什么",以"存在论"超越"知识论"为基本内容的物的分析的生存论模式。

概而言之,海德格尔认为笛卡尔思物的模式存在的主要问题就是笛卡尔的思物模式仅止于先验的二元论层面,而没有深入主、客二元对立后的存在论基础问题。其原因在于笛卡尔是从纯粹理性之理想出发来构建其思物之模

---

① 海德格尔:《海德格尔选集》下,陈嘉映、王庆节译,上海三联书店,1996,第1173页。
② 海德格尔:《海德格尔选集》上,陈嘉映、王庆节译,上海三联书店,1996,第1182页。

式的，从纯粹理性之理想出发，我思就被反思地把握为思物之第一前提。将我思设定为纯粹理性之第一原理，也就意味着物是什么？需要从我思出发，从主、客体二元对立的理性基础出发来考察。因为自我之主体性正是通过"我思"建立起来的，而主、客二元的认识论结构也依赖于自我的主体性特性的生成。正如海德格尔所言："直到笛卡尔之前，'主体'都一直被视为每一个自为地现成存在着的物；而现在，'我'成了出类拔萃的主体，成了那种只有与之相关，其余的物才得以规定自身的东西。"① 特别是我思作为纯粹理性之第一原理是无须追问其存在论前提的。

依据于纯粹理性之理想，从纯粹理性之我思第一原理出发，物之物性往往从其特性的角度以概念的形式得以标示，也就是海德格尔所说的："这些存在者的本质和可能性每次都应该得到确定。确切地说，理性地，出于理性，或者说通过概念而得到确定，在纯粹的思想中被获得。"② 究其实质，这种思物的方式就是以给出对象"是什么"为目标的一种知识论诠释。其思想方式是以从世内存在者某一确定领域选取的存在性质作为理解世内存在者的方式。自然，这种方法往往会以对象的特殊性代替整体性，此种分析方法无法整体把握存在者的本质，也无法从整体上把握存在者的存在。所以海德格尔指出："要把显现在感性里的东西就其本身的存在方式提供出来乃至于规定这种存在方式本身，笛卡儿对此是何等无能为力。"③ 为了突破笛卡尔思物范式的知识论苑囿，探索把捉物之物性即存在者之存在的本质之路，就要建立新的本质论的思想方法，也即要实现物的理解从"是什么"到"怎样是"，从"知识论"到"存在论"的转向，进而实现从物的表象之思到物的切近之思之转换，建立起对存在者之存在的生存论思考。

之所以将海德格尔的物的切近之思称为物的生存论之思，在于物的切近之思是依据于人的生存论的存在样式——此在确立起来的。正如海德格尔所

---

① 海德格尔：《物的追问》，赵卫国译，上海译文出版社，2010，第96页。
② 海德格尔：《物的追问》，赵卫国译，上海译文出版社，2010，第100页。
③ 海德格尔：《存在与时间》，陈嘉映、王庆节译，上海三联书店，1999，第114页。

言:"彻底解答存在问题就等于说:就某种存在者即发问的存在者——的存在,使这种存在者透彻可见。作为某种存在者得存在样式,这个问题的发问本身从本质上就是由问之所问规定的——即由存在规定的。这种存在者,就和我们自己想来所是的存在者,就是除了其他可能的存在方式以外还能够对存在发问的存在者。我们用此在(Dasein)这个术语来称呼这种存在者。"① 此在在海德格尔的存在论建构当中居于核心地位,而此在的本真存在意蕴就是去存在,是生存。

之所以将海德格尔思物的方式称为对物的生存论之思还在于此在是以"在之中"的方式存在的,并且这种"在之中"的存在方式是此在的本真存在结构。此在在世界之中是此在的本真存在方式,指的是此在与对象世界是共在的,共同组成了一个整体的意义世界,在这个意义世界中无论是此在式存在者还是非此在式存在者的意义都要依此在的存在得到揭示。但是此种揭示不是在人与世界即主体与客体对立的前提下得以揭示的,而是在人与世界的操劳中得以揭示的。如海德格尔所言:"因为此在本质上包含着在世,所以此在的向世之存在本质上就是操劳。"② 操劳也是此在通达物的一种本真的方式。在海德格尔看来:"物之为物何时以及如何到来?物之为物并非通过人的所作所为而到来。不过,若没有终有一死的人的留神关注,物之为物也不会到来。"③ 这种留神关注就是以操劳的方式切近地把捉物的方式,这种操劳不是操作活动而是一种思物的方式。正如海德格尔所言,最切近的交往方式并非一味地进行觉知的认识,而是操作着的、使用着的操劳——操劳有它自己的"认识"。④

以操劳作为思物的基本方式,其表现形式不是对物之"是什么"特性之概括,而是对物之"怎样是"样态的描画,是从人与对象物相对待的多向性

---

① 海德格尔:《存在与时间》,陈嘉映、王庆节译,上海三联书店,1999,第9页。
② 海德格尔:《存在与时间》,陈嘉映、王庆节译,上海三联书店,1999,第67页。
③ 海德格尔:《海德格尔选集》下,陈嘉映、王庆节译,上海三联书店,1996,第1182页。
④ 海德格尔:《存在与时间》,陈嘉映、王庆节译,上海三联书店,1999,第79页。

关系出发，描述其"怎样是"之可能。一幅油画其实质不在于其画布，也不在于其油彩，一幅油画之所是恰在于其与人所牵连的多种可能性，在于其与人相关联中所牵涉的多样呈现。一个壶的本质也不在于其质料、其功能，一个壶之所是恰在于其在人的操作活动中随同人的在世状态一起到场。海德格尔将这种状况称为物化。他认为壶是一物的真正意味在于其物化。并且只有"从这种物之物化（Dingen des Dinges）出发，壶这种在场者的在场才首先得以自行发生并且得到自行规定"[①]。以操劳作为思物的基本方式，其理论特质不是以主、客二元论的认识论为基调的对物的一种知识论形而上学的言说。其理论特质在于操劳是突破了主客二元对立，建基于人与世界源始之统一基础上的对于物之物性的一种存在论彰显，这种彰显就是将世界带到一种切近的境地。在海德格尔看来，物是随同世界一起切近之近化而达到在场状态的，是世界的映射和流溢。如海德格尔所言"如果我们让物化中的物从世界化的世界而来成其本质，那么，我们便思及物之为物"[②]。

总而言之，海德格尔在重新剖析人、世界、物的生存论结构基础上，在依据生存论阐发人与世界关系的基础上，建立起了生存论地把握物的切近之思的思维模式。在这个生存论的模式中，人不是在思辨哲学意味上的主体，而是扮演着"终有一死"的此在式存在者的角色；它不是卓然于世界之外，而是"在世界之中"。世界也不是传统意义上物之总和，而是天、地、人、神汇聚的四重整体；世界不是主体反映、省思的对象，而是以"四化"的方式，即纯一地相互信赖者的居有的映射游戏形式而自我展现的四重整体。而物既不指某一存在物，也不是作为把握对象世界普遍性的范畴"物质"，物乃是此在切近地把捉对象世界过程中，在世界之映射游戏之环化中的发生，是被世界带到显示状态的一种存在样态。

[①] 海德格尔：《海德格尔选集》下，陈嘉映、王庆节译，上海三联书店，1996，第1178页。
[②] 海德格尔：《海德格尔选集》下，陈嘉映、王庆节译，上海三联书店，1996，第1182页。

海外译稿

论多重实在[*]

阿尔弗雷德·许茨 著 张彤 译[**]

威廉·詹姆斯在《心理学原理》的著名一章中，分析了我们对实在的感觉，正如他所述，实在仅仅意味着与我们的感情生活和主动生活的关系。所有实在的来源都是主观的，凡是激励了和刺激了我们的兴趣的事物，就是真实的。称某种事物为真实意味着这种事物与我们自身有某种关联。"简言之，'真实的'一词就是某种晕圈。"我们原始的冲动就是要立即证实我们所构想的一切事物的实在，只要它们不矛盾。但是实在界有好几种，很可能是无限多种不同的秩序，每一个都有其特殊的和独自的存在风格。詹姆斯称其为"次级宇宙"，并且用多个例子提到它：感觉或物质的世界（作为最高实在）、科学的世界、各种理想关系的世界、"部落偶像"的世界、神话和宗教的各种不同的超自然世界、个人观点的不同世界、彻底疯狂和异想天开的世界。一般人或多或少不加以联系地构想所有这些次级世界，而当涉及它们其中之一时暂时忘记与其他的关系。但是，我们想到的每个对象最后都指涉这些次级世界中的一个。"每个世界当它以它自己的方式被注意的时候，就是实在的；实在只是随着注意力的消失而消失。"

凭借这些评论，詹姆斯的天才已经触及了最为重要的哲学问题之一。由

---

[*] 本文选自《许茨文集》第1卷《社会实在问题》。
[**] 阿尔弗雷德·许茨（Alfred Schuz，1899—1959），奥地利裔美籍著名哲学家、社会学家，现象社会学的创始人。张彤，黑龙江大学哲学学院教授，主要从事文化哲学以及现象学研究。

于他有意将自己的研究限制在此问题的心理学方面,因而他停止了着手研究此问题所涉及的许多含义。下面这些思考,尽管零碎,但试图概括出其中一些含义的某种初步进路,以达到澄清日常生活的世界的实在与理论的、科学的、沉思的实在之间的关系的特殊目的。

一 日常生活世界的实在

1. 日常生活的自然态度及其实用动机

我们以日常生活世界的分析开始,完全清醒的、成熟的人与其同伴就在日常生活的世界之中活动并影响这个世界,他在自然态度之中将日常生活的世界当作一种实在来经验。

"日常生活的世界"应该意味着主体间性的世界,它在我们出生之前很久就存在,由他人、我们的祖先当作一个已组织好了的世界来经验并加以解释。现在它对我们的经验与解释是给定的。对这个世界的所有解释都建立在对此世界以前的某种经验储备的基础之上,建立在我们自己的经验储备以及由我们的父母和老师传授给我们的经验储备的基础之上,这些经验储备以"现有的知识"的形式作为某种参考方案而起作用。

属于我们这种现有的经验储备的知识是:我们所居住的这个世界是一个非常受限制并且具有明确属性的对象的世界,我们在这些对象之中运动,它们抵制我们,我们也可以影响它们。对自然态度来说,这个世界绝非仅仅是有色的点、不连贯的杂音、温暖和寒冷的各个中心构成的一个集合。对我们经验构造的哲学的或心理学的分析,可以在以后从回顾的角度描述这个世界的各种成分如何影响我们的感官,我们如何以某种不确定的和含混的方式被动地感知它们,我们的心灵如何凭借主动地统觉从这个感知的领域中挑选出某些特征,并将其设想为对应某种或多或少没有明确说明的背景或视域而凸显的得到很好描述的某物。自然态度并不知道这些问题,对于这种态度来说,这个世界从一开始就不是单个个体的私人的世界,而是一个对我们所有人都是共同的主体间性的世界，在此世界中，我们并非具有一种理论的兴趣，而是具有突出的实践的兴趣。日常生活的世界既是我们行动和互动的舞台，也是我们行动和互动的对象。为了在这个世界里、在我们的同伴之中实现我们所追求的意图，我们不得不支配这个世界，不得不改变这个世界。我们不仅在这个世界里工作和操作，还影响这个世界。可以说，我们身体的运动——动觉的、运动的、操作的——都与世界相连，在校正或改变它的对象及其相互关系。另一方面，这些对象也对我们的行为提供阻力，我们或者不得不克服这种阻力，或者不得不向其屈服。因而，可以正确地说，一种实用的动机支配着我们对于日常生活世界的自然态度。在这个意义上，世界是我们凭借行动不得不校正的某种东西，或是校正我们的行动的某种东西。

2. 外部世界中人的自发生活的各种表现及其一些形式

但是，我们对刚刚使用的"行动"一词必须做何理解？自然态度的人如何在世界之中经验他自己的"行动"，并影响这个世界？显而易见，"行动"是人的自发生活的各种表现。但是他既不把所有这些表现经验为行动，也不把他的所有行动经验为在外部世界中正在造成的变化。不幸的是，所有这些经验的不同形式在目前的哲学思想中并非清晰可辨，因而并没有任何普遍被接受的术语存在。

我们向现代行为主义以及它对公开的行为与隐藏的行为之间的区分寻求帮助也将是徒劳无益的，对于这种行为主义来说，第三范畴即次级公开行为的范畴，有时得以补充进来，以便描述言语行为中自发性行为的表现特征。在这里批评这种行为主义观点的基本错误或讨论刚刚提到的这种三分法的不适当和不一致并非我们的目的。我们的目的是足以表明：对自发性行为的这种行为主义解释对我们所关心的问题并没有任何帮助，即自发性行为的不同形式由产生它们的心灵如何来经验。行为主义充其量是一种对他人的行为的观察者有用的参考方案。他，并且只有他，可以在诸如刺激－反应，或有机体－环境的有关的参考方案之下对考虑人或动物的活动感兴趣，并且唯有从他的观点来看，这些范畴才是完全可及的。然而，我们的问题并非人作为一个心理生理的单元会想到什么，而是面对这些事件他所采取的态度——简言之，人赋予其自发生活的某些经验的主观意义。客观地呈现给观察者的同一行为对于行为主体来说，可能具有非常不同的意义，或者根本没有意义。

意义，正如在其他地方已表明的[1]，并非发生在我们意识流中的某些经验的固有属性，而是以一种反思的态度从当前来看某个过去经验的解释的结果。只要我生活在我的行为之中，直接面对这些行为的对象，这些行为就不会有任何意义。只有我将它们当作过去的受到充分限定的经验，因而以回顾的方式来理解它们的时候，它们才成为有意义的。因而，唯有那些不具有现实性而能够回忆起来，并且能够对其构成加以质疑的经验才是主观上有意义的。

但是，如果接受了意义特征的这种描述，则还有在主观上根本没有意义的有关我的自发生活的任何经验吗？我们认为回答是肯定的。存在纯粹的生理反应，诸如膝跳、瞳孔的收缩、眨眼睛、脸红；而且，还存在由莱布尼茨称为觉察不到的和含混的微小感觉的波动所引起的某些被动反应；此外，还有我的步态、我的面部表情、我的心境，导致可以进行笔迹学解释的我的某些笔迹特征的有关我的自发生活的那些表现；等等。所有这些不自觉的自发性行为方式在其发生之时得以经验，但是在记忆中没有留下任何痕迹；它们是如此之经验，再从莱布尼茨那里借用一个术语，对此独特的问题是最合适不过了：感觉而非统觉。由于它们来源于边缘经验中不稳定的和不可分开的经验，因而，对这些经验既不能加以描述，也不能加以回忆。它们属于本质上实际经验的范畴，即它们只存在于正在经验的现实当中，而不能凭借一种反思的态度来加以领会。[2]

---

[1] A. 许茨：《社会世界的现象学》，1960，第29~43、72~93页。
[2] 马文·法伯：《反思态度》，载《现象学基础》，1943，第523、378页；多瑞恩·凯恩斯：《现象学》，载马文·法伯编《纪念爱德蒙德·胡塞尔的哲学论文集》，1940，第8页。然而，"本质上实际上经验"的概念，不能在胡塞尔的著作中发现。胡塞尔的观点是：原则上，第一个行为都由于反思来领会。

发源于我们自发生活的主观上有意义的经验应该被称作行为（conduct）。〔我们避免使用"举止"（behavior）一词是因为它在目前的使用中还包含了在主观上没有意义的自发性行为表现，诸如反应〕"行为"一词——这里被使用——是指所有主观上有意义的自发性行为的经验，不管它们是内在生活的经验，还是连接外部世界的经验。如果人们允许在对主观经验的描述中使用客观的术语——并且经过前面的澄清之后，误解的危险不再存在——我们可以说，行为可以是公开的或隐蔽的。前者应该被称作纯粹的作为，后者应被称作纯粹的思考。然而，这里所使用的"行为"一词并非意味着对意图的任何所指。所有各种所谓的内在生活或外在生活的无意识的活动——习惯性的活动、传统的活动、情感的活动——都落入这一类，由莱布尼茨称作"经验性行为的类型"。

应该把经过提前设计的行为，即以一种预先设想的计划为基础的行为，称为行动（action），不管它是公开的还是隐蔽的。关于后者，不得不加以区分是否有伴随计划而出现要实现它的意图——将其贯彻下去，会造成已设计的事态的意图。这样一种意图将纯粹的预谋变成了一个目的，将计划变成了一个意图。如果缺少将其实现的意图，则这种已设计的隐蔽的行动就成为一种幻觉，诸如一个白日梦；如果存在这种将其实现的意图，则我们可以谈到一种有意图的行动或一种执行。有关一个隐蔽的行动是一种执行的例子是已设计的思想的进行过程，正如在精神上要解决一项科学问题的尝试。

说到所谓的公开的行动，即由身体运动连接到外部世界的行动，在没有实现意图的行动与那些具有实现意图的行动之间进行区分并非必要的。任何公开的行动在我们界定的意义之范围内都是一种执行。为了将纯粹思考的（隐蔽的）执行和那些（公开的）需要的身体运动区分开，我们应该称后者为工作。

工作则是外部世界的行动，它以一种计划为基础，并且以具有凭借身体运动而造成已经计划的事态的意图为特征。在所有自发性行为的已经描述的形式中，工作的形式对于日常生活世界的实在的构造来说是最重要的一个。

正如我们不久将要表明的，完全清醒的自我在其工作中，凭借其工作将现在、过去和未来结合成一种特定的时间维度；在其工作行为中，它作为一个整体而实现自身；它通过工作行为而与他人沟通；它通过工作行为将日常生活的世界不同的空间视角组织起来。但是在我们能够转向这些问题之前，我们必须解释一下刚刚使用的"完全清醒的自我"一语的意义。

3. 意识的张力与注意生活

柏格森哲学的核心观点之一是他的以下理论：我们的意识生活显示为无数的不同的平面，从行动的平面的一极向梦的平面的另一极延伸。这些平面中的每一个都以某种特定的意识张力为特征，行动的平面显现为意识张力的程度最高，梦的平面显现为意识张力的程度最低。根据柏格森的观点，我们意识张力的这些不同程度是由于我们生活中变化的兴趣而起的作用，行动代表了我们符合实在及其要求的最高的兴趣，梦则是完全缺乏兴趣。因而，attention a la vie，注意生活是我们意识生活的基本调节原则。它界定了与我们有关联的世界的领域；它连接我们那不断流动的思想之流；它决定我们记忆的广度和功能；它使我们——用我们的语言——或者生活在直接针对其对象的我们现在的经验之中，或者以一种反思的态度回到我们过去的经验中寻找意义。①

凭借使用"完全清醒"一词，我们打算意指一种起源于完全注意生活及其需要的态度的最高张力的意识平面。唯有这种执行特别是工作的自我才是完全对生活感兴趣，因而是完全清醒的。它存在于其行为当中，它的注意专门指向将其计划付诸实施，指向执行其计划。这种注意是一种主动的而非被

---

① 上述表述并没有严格遵照柏格森的术语，但希望充分地提出他重要的思想。这里选择了其著作中对我们的问题有重要意义的一些部分：《论意识的直接材料》，1889，第20、94~106页；《材料与记忆》，1897，第189~195、224~233页；《论梦》，载《精神的力量》，1919，第108~111页；《理智的努力》，载《精神的力量》，1919，第164~171页；《形而上学导论》，载《思维与运动》，1934，第233~238页；《现在的记忆与错误的认识》，载《精神的力量》，1911，第129~137页；《意识与生命》，载《精神的力量》，1911，第164~171页；《变化的感觉》，载《思维与运动》，1911，第171~175、190~193页；《活人的幻想》与《心理探索》，载《精神的力量》，1913，第80~84页；《问题的地位》，载《思维与运动》，1922，第91页。

动的注意；被动的注意是完全清醒的反面。例如，在被动注意中，我的经验无法辨别的微小感觉的波动，这些感觉，正如前面所述，是本质上的实际经验，而非有意义的自发性行为的表现。有意义的自发性行为可以由莱布尼茨定义为：达到其他感觉并且总是达到其他感觉的努力。在其最低的形式中，它导致将其转化为统觉的某些感觉的分界，在其最高形式中，它导致连接外部世界并校正它的工作的执行。

完全清醒的概念为我们认知生活的一种合法的[1] 实用主义解释提供了出发点。工作自我的这种完全清醒的状态描绘出世界中与我们在实用角度上是相关的那部分的轮廓，而且这些关联决定了我们思想之流的形式与内容：决定形式，是因为它们控制我们的记忆的张力，以此控制我们过去回忆的经验和我们未来预期的经验的范围；决定内容，是因为所有这些经验都通过预想的计划及其实施而经历了特定的注意力的校正。这使我们立即进入工作的自我经验自身的行为的时间维度的分析。

4. "生动的自我"的时间视角及其统一

我们从进行某种区分开始，这种区分指涉一般的行动，即在一方面作为某个处于进展中（actio）的行动和另一方面作为已完成的行为、作为已经做成的事情（actum）的行动之间区分隐蔽的和公开的行动。当我生活于正在进行的行动中时，我直接面对由这种行动所造成的事态；但是，那时我没有考虑这种行动正在进行过程中我的经验。为了考虑它们，我不得不以一种反思的态度回头转向我的行动。正如杜威曾经描述过的，我不得不停下来思考。如果我采取了这种反思的态度，那我所能领会的就不是进行中的行动了。我唯独能领会的是我已经完成的行为（我过去的行动），或者，如果我的行动仍在继续而我转向（我现在行动）的那些已完成的最初阶段。而当我生活在

---

[1] 除了极少例外，普通的实用主义并不考虑包含在生动的自我或匠人的概念中（大多数作者将其作为一种给定之物而开始）的意识生活的构成问题。因而，在很大程度上，实用主义只是对日常生活的工作世界的人的态度的一种常识的描述，而非研究如此环境的前提的一种哲学。

我进行中的行动时，它只是我的生动的现在的一个成分。现在，这种当前已经转变成过去，我进行中的行动的生动经验已让位于我对已做行为的反思或对正在完成的行动的滞留。从我采取这种反思的态度的实际的现在来看，我的过去或现在完成的行动唯有凭借我已完成的行为才是可想象的。

因而，我可以或者生活在我的行动的不断进行过程中，直接面对其对象，以及我在现在时态中（modo presenti）行动的经验，或者比方说，我可以迈出那不断进行之流而从过去时或过去完成时（modo praeterito）以一种反思的眼光来看以前的行动过程中那些已完成的行为。这并非意味着——根据前面的部分所述——唯有已完成的行为才是意义的，而不是正在进行中的行动。我们必须要牢记的是，通过下定义，行动总是以一种预想的计划为基础，正是这种对以前计划的指向才使这些行动和行为都成为有意义的。

但是，一个已经计划的行动的时间结构是什么？正如杜威指出的，当我在计划我的行动时，我正在想象中排演我的未来行动。这意味着我预期我的未来行动的结果。我在我的想象中将这种预期的行动视为将要做完的某件事情，由我将要完成的行动。在计划中，我以将来完成时来看待我的行为，我通过将来完成时来思考它。但是这些预期是空的，可能由曾经完成的行动来实现，也可能不会实现。然而，过去或现在完成的行为表明没有如此这些空的预期。计划中空的预期已经得以实现或者没有实现。没有什么留下尚未解决，也没有什么未被决定。当然，我可能记得包含在计划的行为中开放的预期，甚至是伴随我生活在我的行动的不断进行过程中的那些延展。但是现在，以回顾的方式，我依据我过去的已经实现或没有实现的预期而记得它们。因而，唯有已完成的行为而绝非在进行中的行动能作为某种成功或失败的结果。

到目前为止，我们所陈述的对所有行动都有效。但是现在，我们必须转向作为外部世界中身体执行的独特的工作结构。柏格森的还有胡塞尔的研究都强调了我们的身体运动对外部世界构造及其时间视角的重要性。我们同时在两个不同的平面上经验我们的身体运动：因为它们是外部世界的运动，所以我们将其视为发生在空间以及空间化的时间中依据穿过的路径而可以测量的事件；因为它们与来自内部当作正在发生的变化，当作从属我们的意识流的自发性行为的表现一起得以经验，所以它们参与了我们的内在时间或绵延。在外部世界中发生的事件与在没有生命的自然中发生的事件属于同一时间维度。它由合适的工具来加以记录，并且由我们的计时器来加以测量。它是空间化的同质的时间，这是客观时间或宇宙时间的普遍形式。另一方面，它是内在时间或绵延，我们的实际经验在其中凭借回忆和滞留与过去相联系，凭借延展和预期与未来相联系。在我们的身体运动之中，并且凭借我们的身体运动，我们进行从我们的绵延到空间或宇宙时间的转变，我们的工作行动参与这两个过程。在同时发生中，我们将工作行动经验为在外部时间和内在时间中的一系列事件，将这两个维度统一为应该被称为生动的现在的单一之流。因而，这种生动的现在起源于绵延与宇宙时间的一个交叉点。

生活在不断进行的工作行为中生动的现在，直接指向对象及其将要造成的目标，工作自我将自身经验为不断进行的行动的发起者，因而也经验为一个不可分割的整体自我。它从内部经验身体运动；它生活在有关联的本质上实际经验之中，这种经验是回忆和反思所不可及的。它的世界是一个开放预期的世界。工作自我，并且唯有工作自我，用现在时经验这一切，并且将自身经验为这个不断进行工作的发起者，它作为一个整体而意识到自身。

但是，如果自我以一种反思的态度回过头来看已完成的工作行为，并且以现在完成时来看待它们，则这一整体就瓦解了。完成过去行为的自我不再是这个不可分割的整体自我，而是一个部分自我，指向属于它的一系列相关行为的这个独特的行为的执行者。这个部分自我仅仅是一个角色的承担者，或——詹姆斯和米德引入文献中的并在所有必要的保留的意义上使用的一个相当模棱两可的词——一个客我。

我们这里不能进入此处所包含的困难含义的某种详尽的讨论之中。这将需要某种主张，和对米德处理这些问题相当不完全和不连贯的尝试的批评。

我们将自身限定在让人们注意到米德在行动自我的整体——他称为"主我"与完成的行为的部分自我与角色的承担者——他称为"客我"之间所做的区分上。到目前为止，在此论文中提出的论点与米德的分析集中起来。此外，还赞同米德的以下陈述：唯有在"主我"已经完成行为之后，因而作为客我的部分在经验上显现之后，即客我显现在我们记忆中的经验时，"主我"才进入经验之中。①

对我们的目的来说，我们的身体运动的内在经验、本质上的实际经验，以及开放的预期都是反思的态度所无法领会的，这种单纯的思考充分清晰地表明，过去的自我绝不会超出在其不断进行的工作经验中实现自我的整体的某个方面。

我们不得不增加一个有关在公开的工作与隐蔽的执行之间进行区分的观点。在纯粹执行的例子中，例如在精神上解决一道数学题的尝试，如果结果没有实现我的预期，并且我对其结论不满意，则我能取消这整个的精神操作的过程，重新开始。在外部世界中什么也没有改变，将不会留下任何的已经取消的过程的痕迹。在此意义上，纯粹精神上的行动是可以挽回的。然而，工作是无法挽回的。我的工作已经改变了外部世界。充其量，人可以通过相反的运动而恢复最初的位置，但是我不能使我已经做完的事情变成没有做的。那是——从道德和法律的观点——我需要对我的行为负责，而不需对我的思想负责的原因。那也是我在外部世界执行这项工作之前，或者至少当生动的现在正在执行，因而仍对校正开放之时，我仅仅对于内心中已计划的工作，

---

① 参见 G.H. 米德：《心灵、自我与社会》，1934，第 173~175、196~198、203 页；《自我的起源》，载《现在的哲学》，1932，第 176~195 页，特别参见第 184 页；《心理学必须预设什么社会对象？》，载《哲学杂志》第 Ⅷ 卷，1910，第 174~180 页；《社会自我》，载《哲学杂志》第 X 卷，1913，第 374~380 页。也可参见阿尔弗雷德·斯坦福·克莱顿论述米德的出色著作《实现的心灵与教育》，1943，第 136~141 页，特别参见第 137 页。看到行为、自我、记忆、时间与实在之间的关系，无疑是米德的功绩。现在这篇论文的立场当然不会与米德关于自我的社会起源及其诱使他依据刺激 - 反应解释所有前面提到的现象的已修正的行为主义理论相一致。詹姆斯的《心理学原理》的著名一章（X）中有更多的真理，在那里，不仅能够发现对客我与主我之间的区分，还能发现对身体运动、记忆与时间感的指涉。

有多种可能性选择的自由的原因。依据过去，没有任何选择的可能性。由于已经实现了我的工作，或至少部分实现了，因而我一劳永逸地选择了已经做完的东西，而现在必须忍受其结果。我不能选择我想要已经做过的东西。

到目前为止，我们的分析已经涉及了在单一个体的孤立的意识流之中的行动的时间结构——并且作为一种必然结果，也涉及了自我的时间结构——似乎自然态度中的完全清醒的人能被看作与其同伴分开来考虑。当然，这样一种虚构的抽象只是为了更清晰地阐述所涉及的那些问题而做的。我们现在必须转向工作世界的社会结构。

5. 日常生活世界的社会结构

我们前面陈述，我们从一开始就出生于其中的日常生活的世界是一个主体间性的世界。这意味着，一方面这个世界不是我私人的世界，而是一个对我们所有人共同的世界；另一方面在这个世界之中，存在我通过多重的社会关系与之联系的同伴。我的工作不仅影响无生命的东西，而且影响我的同伴，受他们促使而做事，并且促使他们做出反应。这里如果我们无法进入有关社会关系的结构及其构成的具体讨论，我们可以只是将其作为许多形式之一的例子而提出，即我的已完成的行为可以促使他人反作用，反之亦然。例如，我对他人的询问具有使他回答的意图，而他的回答也由我的问题所引起。这是"社会行动"的许多类型之一。在那种类型中，我的行动的"目的动机"成为伙伴做出反应的"原因动机"。

社会行动包含着沟通，并且任何沟通必然建立在工作行为的基础之上。为了与他人进行沟通，我不得不在外部世界执行公开的行为，这种行为作为我打算要传达的信号而由他人加以解释。手势、言谈、书写等都建立在身体运动的基础之上。到目前为止，对沟通的行为主义的解释被证明是合理的。而将沟通的媒介即工作行为与沟通的意义自身相等同就是错误的。

让我们从解释者的观点来检验一下沟通的机制。我可以发现，或者将他人的沟通行为的现成结果看作对我的解释是给定的，或者我可以参与作为进行中的他的沟通行为的不断进行过程的同时性之中。前者的例子是，如果我必须解释一个由他人竖立的路标，或者由他生产的某个工具，如果我正在听我的伙伴的讲话，就会出现后一种关系（存在许多这些基本类型的变体，正如阅读他人的信时，以一种准同时性参与到不断进行的沟通过程之中）。他一字字地、一句句地、一段段地逐步建立起他想要向我表达的想法。当他这样做的时候，我的解释行动也以同样的节奏跟随其沟通行动。我们二者都在生动的现在经验着这种不断进行的沟通过程。当沟通者说一段话来表达其想法时，他不仅仅经验到了他实际上所说出来的东西，包含延展和预期的某种复杂的机制在其意识流中将他以前讲话的某种成分和将要讲话的某种成分连接成他想要传达的思想统一体。所有这些经验都属于他的内在时间，并且这些经验是由他造成的在外部世界的空间化时间中他的讲话的事件。简言之，沟通者在其生动的现在作为一种工作而经验这种不断进行的沟通过程。

而我，作为听者，也从我这一方面将我的解释行动作为一种在我生动的现在正在发生的事件来经验，尽管这种解释并非一种工作，而只是在我们界定的意义中的一种正在执行。一方面，我在外部时间经验到了他人正在说话这一事件；另一方面，我将我的解释经验为发生在我的内在时间中由我作为一个整体单位而理解他人想法的目的而相互联系的一系列延展和预期。

现在让我们思考发生在外部世界中的事件——沟通者的讲话——即当其进行时，对他的生动现在和我的生动现在共同的某种成分，因而二者是同时发生的。因而，我参与到他人的沟通建立的进行过程的同时性是一个新的时间维度。当这种过程继续时，他和我，我们分享着一种共同的生动的现在，我们的生动的现在，这使他和我可以说："我们一起经验了这个事件。"因而凭借已建立的我们关系，我们都——他，在对我说，而我，在听他说——生活在我们相互的生动的现在之中，在这种沟通过程中并凭借这种沟通过程，目标指向将要实现的想法。我们是一起变老练的。

迄今为止，我们对我们关系生动的现在中沟通的分析一直限制在所涉及的时间视角中。我们现在必须将他人的身体运动的特定功能考虑为一个可以作为他人想法的记号而进行解释的表达领域。很清楚,即使是沟通发生在生动的现在,此领域的延伸也可以变化得相当大。如果在伙伴之间不仅存在时间共同体,而且存在空间共同体,则此领域将伸展到其最大值,即社会学家称为一种面对面的关系的情形。

  为了更清晰地说明这一点,让我们继续举说话者和听者的例子,并且分析包含在如此情境中的可以解释的成分。首先是根据词典和在语言中使用的语法而具有的意义说出的字词,加上这些词来源于说话者的独特环境中谈话的语境及其伴随发生的含义而接受的额外的边缘意义。此外,还有说话者嗓音的感染力、他的面部表情、伴随其谈话的手势。在正常条件下,根据我们的定义,唯有凭借适当选择的词语来表达的那些思想才由说话者所设计,因而构成"工作"。在可以解释的领域中的其他成分从说话者的观点来看,并没有加以计划,因而至多只是行为(单纯地做事)或仅仅是反应,不具有主观意义的本质上的实际经验。然而,它们也是听者对他人的心理状态进行解释的不可分割的部分。空间的共同体容许伙伴不仅作为在外部世界中的事件来理解他人的身体表达,而且作为沟通过程自身的某些因素来理解他人的身体表达,尽管它们并非起源于沟通者的工作行为。

  在面对面的关系中,每一个伙伴不仅分享另一个人的生动的现在;而且,具有其自发生活的一切表现的他们中的每一人也是他人环境中的一个成分;二者都参与了另一个人的工作行为可以连接的外部世界的一套共同的经验。最后,在面对面的关系中(并且只有在这种关系中),伙伴才能将其同伴的自我视为生动的现在中的一个完整无缺的整体。这具有特殊的重要性,因为正如以前所表明的,我只能用现在完成时来看待我自己的自我,并且只能理解作为我过去的这个自我的某个方面,只能将我自己作为某种角色的执行者,作为一个客我来理解。

  所有其他多种多样的社会关系都来源于时空共同体中对他人自我整体的最初经验。对"环境"概念的任何理论分析——用于当前的社会科学中的最不清晰的词语之一——将必须从作为日常生活世界的一种基本结构的面对面的关系开始。

　　这里我们无法进入这些衍生关系的框架的细节。对我们的目的来说重要的是，作为一个整体的伙伴不可通达他人的自我这些衍生关系的任何一个。他人仅作为一个部分自我，仅作为这些和那些行为的发起者而呈现，我不能在一种生动的现在中共享这些行为。我们关系的这种分享的生动的现在预设了伙伴的共同存在。来源于生动的现在的某种类型的独特的时间视角，都属于每一种类型的衍生的社会关系。存在某种独特的准现在，在其中我将他人正在沟通的行动解释为纯粹的结果——手写的书信、打印的书——而没有参与到沟通行为正在不断进行的过程之中。还有其他的时间维度，在其中，我与我从未见面的同时代人，或与前人、与后人相联系；还存在历史时间，在其中我将实际的现在经验为过去事件的结果；还有许多更多的时间维度。所有这些时间维度都能参照于生动的现在：我自己实际的或以前的生动的现在，或者我依次在最初的或衍生的生动的现在之中与之相联系的我的同伴实际的或者以前的生动的现在。所有这一切都发生潜在性的或准现实性的不同方式之中，每一种类型都具有时间性减少和增加的其自身形式，以及在一种直接的运动中或"骑士的运动"中跳跃的适当的风格。此外，还有对这些不同视角的重叠和相互渗透的不同形式，存在凭借从一个向另一个转移和一个向另一个改变的进入活动和不再活动的不同时间视角，以及对其进行综合、合并或孤立、分解的不同类型。由于这些不同的时间视角及其相互关系是多种多样的，因而它们都起源于绵延和宇宙时间的一个交叉点。

　　处于自然态度之中我们的社会生活并通过社会生活，这些时间视角被理解为结合成某种单一的假定同质的时间维度，这不仅包含我们每个人在其完全清醒的生活中一切个人的时间维度，而且包含对我们所有人都是共同的时间维度。我们应该称其为城市时间或标准时间。它也是宇宙时间和内在时间的交叉点，关于后者，只是内在时间的一个独特方面——在其中，完全清醒的人将其工作行为经验为处于其意识流之中的各种事件。由于标准时间带有宇宙时间的特征，因而它可以由我们的时钟和日历来测量。由于标准时间与我们在其中经验我们的工作行为的内在时间感相一致，如果——并且仅仅是如果——我们是完全清醒的，因而它支配着我们的设计归入其中的计划体系，诸如生活计划、工作计划、休闲计划。由于标准时间对我们所有人都是共同的，因而它使在不同个体计划体系的某种主体间的合作成为可能。因而，对于自然态度而言，城市时间或标准时间在相同的意义上是自然态度之中的日常生活的主体间性的世界的普遍时间结构，在其中，地球是包括我们每一个人空间环境的普遍空间结构。

6. 工作的日常世界的实在的层次

自然态度中完全清醒的人首要感兴趣的是，处在他的范围之内的以他自身为时空中心的日常生活世界的那部分。我的身体在世界之中占据着位置，我的实际的这里，是我在空间中确立我的方位的出发点。可以说，它是我的坐标系的中心"原点"。相对于我的身体来说，我将我的周围成分在左与右、前与后、上与下、近与远等范畴下分类。并且以某种相似的方式，我的实际的现在是所有时间视角的起源，处于我实际的现在之下，我将世界之中的事件组织为诸如以前和过后、过去和未来、同时性和连续性等范畴。

然而，在定位的基本方案之中，工作世界结构化为实在的不同层次。米德[①]的重要功绩在于：分析了至少与人的行动，特别是与手头上实际操控的对象有关的物质事物的实在的结构化。他所称的"操控领域"构成了实在的核心。这个领域包括既可以看见又可以触摸的那些对象，与不能用接触来经验但仍处在可见的领域之中的远距离对象截然不同。唯有处于可操控领域之内的物质事物的经验才容许所有实在的基本检验，即阻力，唯有它们界定了米德所称事物的"标准尺寸"的一切东西，它于可操控的领域之外在视觉视角的扭曲中呈现。

当然，突出操控领域的理论集中在此篇论文提出的论点上，即我们的工

---

① 《现在的哲学》，1932，第 124 页;《行为的哲学》，1938，第 103~106、121、151、190~192、196~197、282~284 页。

作世界、身体运动的世界、操控对象以及处理人和事物的世界，构成了日常生活的具体实在。然而，对我们的目的来说，在通过触摸而经验到的对象与远距离的对象之间在别的地方是最重要的区分并非具有首要的重要性。我们能够容易地表明，这种二分法起源于米德的基本行为主义的立场以及他对刺激 – 反应方案的未加批判的使用。另一方面，我们与日常生活的完全清醒的成年人的自然态度相联系。他总是处理以前的经验储备、距离本身的看法以及凭借工作行为克服距离的可能性，即运动的看法都在其中。因而在自然态度中，远距离对象的视觉意味着凭借运动远距离的对象能够得以接触的这种预期，在此情形下，那些对象变形的视角将会消失，它们的"标准尺寸"将会得以重建。这种预期像其他任何预期一样，可能经得起伴随发生的实际经验的检验，或可能经不起检验。它受到经验的反驳将意味着：处于考虑之中的这个远距离的对象不属于我的工作的世界。一个孩子可能要求触摸星星，对于自然态度之中的成年人来说，它们是处于他的工作范围之外的发光点，即使他将它们的位置应用于为发现其方位的一种途径，这也仍然有效。

因而，对我们的目的来说，我们建议将个人经验的这个工作世界层次称为他的实在的核心：处于他可及范围之内的世界。他的这个世界不仅包括米德的操控领域，而且包括处于其视力范围与听力范围之内的事物，此外，不仅包括对他的实际工作开放的世界领域，而且包括他潜在工作的紧接着的世界领域。当然，这些领域没有严格的边界，它们有它们的晕圈和开放的地平线，并且这些都受到各种兴趣和注意态度的校正。很明显，通过我的任何运动，"处于我可及范围之内的世界"这整个体系经历着变化；通过转移我的身体，我移动我的坐标系的中心原点，仅仅这样，就改变了属于这个体系的所有数量（坐标）。

我们可以说，处于我的实际可及的范围之内的世界本质上属于现在时态。然而，处于我的潜在可及的范围之内的世界则显示出某种更加复杂的时间结构。我们至少不得不区分潜在性的两个范围。所以我设想，以前处于我的实际可及的范围之内的世界，能被再带回到我的实际可及的（处于可复原达到范围之内的世界）的东西属于指涉过去第一个范围。所包含的这种设想建立在支配着自然范围之内的所有行为的这种理想化的基础之上，即我可以像迄今为止已经活动的那样继续活动下去，我可以一而再地在同一条件下重新开始同一行动。胡塞尔在处理用于逻辑的特别是纯粹分析的基础起普遍作用的这种理想化时，称其为"诸如此类"的理想化和"我能再做一次的"理想化，后者是前者的主观相关物。① 举一个例子：凭借某种运动的行为，以前"处于我可及范围之内的世界"可以达到我可及范围之外。我的坐标系的中心原点的移动已经将我以前的在这里的世界变成了一个现在的在那里的世界。② 但是在"我能再做一次"的这种理想化指引下，我假设我能够重新将实际的在那里变成一个新的在这里。处于我可及范围内的我的过去世界在这种理想化的指引下具有能够再带回到我的可及范围内的世界的特征。因而，我的过去的操控的领域继续以在那里的方式作为一种潜在的操控领域在我的现在起作用，并且现在具有重新复原的特定机会的特征。③

由于潜在性的第一个范围与过去相关，因而第二个范围以未来的预期为基础。在我的潜在可及的范围内也是一个既非已经处于我的实际可及的范围内，也非曾经处于我的实际可及的范围内，但在"诸如此类"（能够达到的范围内的世界）的这种理想化的指引下，是仍然可以达到的世界。潜在性的第二个范围最重要的例子就是，处于我同时代的同伴实际可及的范围内的世界。例如，他的操控领域并没有——或者至少没有全部——与我的操控领域相符合，因为仅仅对于他，才是以在这里的方式存在的某种操控领域，但对于我，则是以那里的方式存在。然而，我的可达到的操控领域将会成为我的实际的操控领域，如果我处于他的位置，而且凭借合适的运动，它将会真正地变成

---

① 《形式逻辑和先验逻辑》，第 74 节，第 167 页。
② 我们跟随胡塞尔在其《笛卡尔的沉思》中使用的术语，第 53 节以下部分。
③ 参见《现象学与社会科学》，第 125 页以下，和《萨特的他我理论》，第 201 页以下。（M.N.）

一个实际的操控领域。①

我们已经指出，有关同时代的同伴的操控领域非常普遍地适用于处于你们的、他们的、某个人的可及范围内的世界。这不仅意味着处于他人的实际可及的范围内的世界，而且意味着他的可复原的或可达到的范围内的世界，因而延伸到社会世界的所有不同层面的这个整体体系一起显示起源于诸如亲密和匿名、陌生和熟悉、社会邻近和社会疏远等社会性视角的所有影子，这些社会性视角支配着我与合作者、与同时代人、与前人和后人的关系。所有这些在这里都无法一一处理。对于我们的目的来说，表明整个的社会世界是一个处于我的可达到的范围内的世界，并具有其特定的达成机会就足够了。

而潜在性第一种范围特有的复原的特定机会，与第二种范围特有的达成机会绝非等同的。关于前者，我们不得不思考现在对于我来说只是一个可复原的范围的机会，而在以前是由我作为正在我的实际可及的范围内所经验的东西。我过去完成的工作行为，甚至是在过去只是计划了的那些行动，属于那时处于我的实际可及范围内的世界。另一方面，它们与我现在的心理状态相联系，之所以如此是因为现在的过去的实在曾经是现在的实在。因而，曾经在我可及范围内的实际的世界的预期的可能重新实现建立在我自己过去的完成经验的各种复制和延展之上。复原曾经的实际可及的机会则是一种最大的机会。

潜在性的第二个范围预期地指向我未来的心理状态。除了它预期（如同所有预期）起源于并且不得不与我过去实际在手头的经验储备相一致这个事实以外，它并不与我的过去经验相联系。这些经验能使我权衡执行我的计划的可能性，并且使我评估我的能力。很显然，第二种范围根本不是同质的，而可分为达成的不同机会的各个部分。这些机会随着我的工作世界的实际中心的各个部分的空间距离、时间距离和社会距离的不断增加而成比例地减少。

---

① G.H. 米德在论文《各种视角的客观实在》（在《现在的哲学》一书中重印）得出相似的结论："现实的实在是一种可能性。如果我们是在那里，而不是在这里，就会是这样。"（第173页）。

这种距离越大，我可达成的实际的预期就越不确定，直到这些预期成为完全空的和无法实现的为止。

7. 作为最高实在的工作世界、原始焦虑、自然态度的悬置

一个整体的工作世界作为最高实在对应于许多其他实在的次级宇宙之上而凸显。它是包括我的身体的物质事物的世界；它是我的运动和身体操作的领域；它提供需要我们努力去克服的阻力；它在我面前提出任务，容许我去执行我的计划，并且使我在达成我的目标的尝试中获得成功或者失败。我凭借着我的工作行为，与外部世界相连接，我改变这个世界；这些改变尽管由我的工作所引起，但是既能由我自己也能由他人作为起源于独立我的工作行为的这个世界之中的事件来加以经验和证实。我与他人分享这个世界及其对象；我与他人具有共同的目标和手段；我在多种多样的社会行为和社会关系中与他人工作，验证他人，并由他人所验证。并且工作世界是在其中沟通以及相互促进、相互作用成为有效的实在。因而，它能够在两个参考方案的指引下，在多种动机的因果关系的指引下，以及在各种意图的目的论的指引下得以经验。

正如我们上面所述，这个世界对于我们的自然态度来说首先不是我们思想的某个对象，而是某种支配的领域。我们对其具有一种突出的实践的兴趣，这是符合我们生活的基本需要的必然性所引起的。但是我们对工作世界的所有层面并不同样地感兴趣。我们的兴趣有选择的功能在两个方面组织这个世界——关于空间与时间——在主要的关联或次要的关联层面。从我实际的或潜在的可及范围内的世界中，那些对象作为在实际上是或未来有可能成为实现我的计划的各种目标和手段，或者作为对我是或将会是危险的或快乐的或有关系的首要重要性而得以选择出来。我不断预期我可以从这些对象中期待的未来反响，并且不断预期我的已经设计工作将会带来的与其有关的未来变化。

让我们更加清晰地指出，"关联"在其上下文的意义是什么。例如，我在自然态度中，我强烈地对我的行动的结果，特别是对我的预期能否经受住实

际的检验的问题感兴趣。正如我们前面已经看到的，所有的预期和计划都指向现在在手头上的以前经验，这能使我权衡我的各种机会。但这只是故事的一半。我所正在预期的东西是一回事，而我为什么预期其确定发生则根本是另一回事。在某些条件和环境下可能发生什么是一回事，而我为什么对这些发生感兴趣，我为什么应该强烈地等待我的预言的结果则是另一回事。唯有这些二分法的第一部分可以参照作为以前经验沉积的手头上的经验储备来加以回答。这些二分法的第二部分则指向日常生活的自然态度中的人受其指引的各种关联系统。

这里我们无法揭示关联问题的所有含义，我们刚刚已经接触了其某一方面。但一言以蔽之，我们想要阐明，自然态度中支配我们的各种关联的整个系统建立在我们每一个人的基本经验基础之上：我知道我将会死亡并且我害怕死亡。我们建议将这种基本经验称为原始焦虑。它是起源于其中的所有其他预期的原始预期。从这种原始焦虑中，产生出希望和恐惧、愿望和满意、机会和冒险等许多相互联系的系统，这些刺激自然态度中的人去尝试统治世界，去克服各种障碍，去草拟计划并且去实现它们。

但是原始焦虑自身只是作为日常生活的最高实在之中的我们人类存在的一个相关物，因而各种希望和恐惧以及相关的满足和失望都以工作世界为基础，并且只有在工作的世界中才是可能的。它们是实在的本质要素，但是它们并不指向我们对其的信仰。相反，这正是自然态度的特征：将世界及其对象视为理所当然的，直到有反面的证据强加于它自身。只要是曾经建立的参考方案，我们的和他人的已证明了的经验系统起作用，只要是受其指引而完成的行动和操作产生了想要的结果，我们就必须相信这些经验。我们对发现这个世界是否真的存在或它是否只是不断呈现的一个连贯的体系的问题不感兴趣。我们没有理由对我们证明了的经验提出任何质疑，所以我们相信，这些经验作为果真如此的事物而给予我们。它需要一种特殊的动机，无法纳入手头的知识储备或与其不一致的某种"陌生"经验的打断，而使我们修改我们以前的信仰。

现象学已经向我们讲过现象学的悬置的概念，通过使笛卡尔哲学怀疑的方法彻底化，悬置我们对世界实在的信仰，以此作为手段以便克服自然态度。① 我们可以冒险地提出下列建议：自然态度中的人也使用一种特定的悬置，当然，是与现象学家非常不同的另外一种悬置。他并不是悬置了外部世界及其对象的信仰，而是相反，他悬置了对其是否存在的怀疑。他放在括号里的是这个世界及其对象与其呈现给他的样子不同的这种怀疑。我们建议将这种悬置称为自然态度的悬置。②

---

① 参见法伯，同前引书，第 526 页以下。
② 尽管目前的论文在许多方面与赫伯特·施皮格伯格的观点不同，但是我应该希望引起读者注意他非常有趣的论文：《实在现象与实在》，载《纪念埃德蒙德·胡塞尔哲学论文集》（同前引书），第 84~105 页，他试图分析与实在有关的可怀疑性和含糊。根据他的观点，实在标准是有关准备、坚持、感知边缘、具体对象的边界、独立性、阻力以及同意的现象。

当代俄罗斯哲学对同一性问题的探索 *

Г.П.古里科夫（Г.П.Куликов） 著　周来顺 译**

当代俄罗斯哲学是一种复杂的构成物，它既是一种社会意识形态，同时也是一种世界观。在本文中，我们所感兴趣的是作为科学的哲学。作为社会意识形态的哲学明显落后于社会事件的变化，落后于我们这一代所经历过的急剧变革。哲学怯懦地、往往片面地、滞后地提出那些在社会中早就凸显激化并具有迫切现实意义的问题。哲学失去了不久前令人信服的根据，而且不能产生出新的基础，哲学显然来不及为社会制定和提出自己的方案，并拟定出把这些方案付诸实施的途径。作为世界观的哲学失去了确定人在世界中位置的可能性，哲学没有完成自身在社会中的定位和意义形成功能。从认识的观点来看，哲学与其说是促进科学知识产生的精神产品，不如说是信息"噪音"。在今天，哲学不再是能调整我们的意识和行为的系统，哲学更倾向于是给我们的思维带来混乱的因素。哲学不再是行为的指导，而是更为关注虚假的问题，哲学使人脱离对智慧的寻求，并沉迷于自称的智慧之中。而在这个形形色色的观念、概念、理论和假设的共同体中，哲学家自身已经和普通的使用者一样，不能从这些形形色色的观念、概念、理论和假设中区分出哪

---

* 〔俄〕Г.П.古里科夫、〔俄〕М.Н.拉索哈著。
** Г.П.古里科夫（Г.П.Куликов），俄罗斯远东国立大学哲学系主任、教授，主要从事马克思主义哲学和文化哲学研究。周来顺，黑龙江大学哲学学院教授，主要从事文化哲学、俄罗斯哲学、国外马克思主义领域的研究。

些能遵循现实，哪些能用于指导行为，哪些能被认为是自己的而不是别人的。事实上我们谈论的是丧失了科学的哲学。

当代社会突然致力于对"同一性"问题的探索——语言的、民族的、社会的、经济的、政治的、文化的"同一性"等，所有的人不知为何同时并长久地失去了"同一性"。我们所有的人都在寻找，寻找"失落的时光"。哲学试图去认知事物形成的状态。哲学和整个世界一样，提出了清晰抑或模糊的问题："我们是谁，我们从哪里来，我们又将到哪里去？"哲学试图找寻到已遗失了的同一性。对科学来说，确定自身的同一性首先要确定自己的研究对象。正是研究对象赋予了科学一般的特性，用以区别于日常的认识形式，并把某一科学从类似的科学群体中分离出来，以证实自己的独特存在。科学研究对象有主观—客观的存在形式。研究对象随着世界的变化和对它的认识而一同发展。我们的概念也随着科学研究对象、科学研究对象的边界和可能性的变化而改变。科学内部出现了专门研究世界某一方面认识的领域，或者说是独立的科学，自然科学或人文科学。为了使自身关于研究对象的概念与这一科学关注的中心以及已有的知识一致，任何科学都在逐渐明确自己的研究对象。在此，关于哲学研究对象的问题也不例外。这一问题是如此古老，就像人类该知识领域本身一样古老，并且在人类不同的发展时期付诸不同的解决。我们的任务不是研究哲学研究对象概念的整个历史以及对这一问题的全方面认识。我们只是涉及其中的一方面，因此我们需要明确当代哲学研究对象的概念并拟定这一概念的趋势，而这意味着设置初始的限制框架。

一般来说，"同一性"这一时髦的词语被翻译成等同、一致。我们将在这一意义上使用它。当代关于哲学、哲学研究对象、哲学在世界中的使命或地位、哲学在社会中的角色和意义的认识，是对自身同一性和自我一致性诸多和长期探索的结果。这种同一性可能存在于认识、思维以及思维在自身内容形成、发展和作用的历史中。哲学以概念化的形式在自身的研究对象中寻求同一性，也就是在理解自身的基础上和在社会的角色中寻求。哲学研究对象的确定与哲学基本问题以及哲学基本问题的解决有着紧密联系。正是基本问题决定了哲学的问题范围、主要的分歧，并以集中的和概括的形式赋予了哲学研究对象以直观的确定性。哲学基本问题不是指次要的、补充的，也就是说哲学基本问题不是指第二位的、派生的。我们认为，哲学研究对象是与哲学基本问题的定义紧密联系的，它组成了哲学已经解决的和正在解决的本质的问题域。

近年来出现了一种倾向，即拒斥、轻视、抹杀解决哲学基本问题的现象，或者对哲学基本问题做别种解释，即不承认物质与意识的对立。遗憾的是，应该指出，这种类型的"新现象"既没给哲学自身也没给哲学自身解决问题的可能性带来任何益处。我们可能会说，哲学基本问题的作用在过去被低估了，而在今天则被哲学家们贬低了，其既有害地影响了哲学知识的结构，又影响了它的功能。我们认为，哲学基本问题在构成哲学和实现哲学不仅是认识论的，还起着方法论的、社会的、语用的、预测的功能，如果说起着不是决定性的作用，也是最重要的作用。同样，拒绝的借口是虚构出来的，即前一个历史时期对哲学知识严重的"政治化"和"意识形态化"。拒绝的理由是这样一些"危险"，它们在 20 世纪末就被揭示了，并且与两大体系的对立有关，与"冷战"和意识形态斗争有关。拒绝研究哲学基本问题伴随着哲学知识自身内容、问题范围、"人道化"不断更新的要求，伴随着研究中对"人"的转向、拒绝教条与其他好的建议的要求。某些观点认为，在有关克服两种制度之间的对立性、停止意识形态的斗争问题上，只剩下了哲学体系间本质的区别——唯心主义和唯物主义。这样，可以断言，"当代唯物主义承认主观因素在个别历史进程框架中决定作用的可能性。当代哲学开启了综合精神价值和传统的伟大时期，在人道主义和尊重个性原则的基础上消除了意识形态的偏见"。但在作者看来，"这并不意味着在唯物主义与唯心主义之间，能够克服关于'物质与意识'问题上的本质差异"。

如今人类取得了如此巨大的"实力"，能够处理那些更加棘手的问题，甚至能够发动全球性战争和消灭文明。但从最低程度上说，这与解决物质和意识何为第一性的认识论问题没有任何直接关系，与主观因素在个别历史进程框架中的决定性作用也没有任何直接的关系。不应该把社会学的、意识形态的、政治的问题与认识论问题混为一谈。遗憾的是，许多哲学家被这些号召所迷惑，而转向追寻新的发现，却忘记了自身独特的历史。关于这一点我们想提醒的是，试图把哲学简化为意识形态和社会阶级领域关系中辅助性角色的观点，在舒里雅柯夫[①]的著作中已经开始出现。他在 20 世纪初，一方面审视了"物质"和"意识"间的直接关系和同一性，另一方面审视了无产阶级和资产阶级间的直接关系和同一性，他试图把整个哲学的历史阐述为阶级斗争的历史，由此导致了他在哲学范畴的背后仅看到了它们的社会内容和意识形态的外形。建议我们的"革新者"读读列宁在其著作中对这种站不住脚的、庸俗论的观点的剖析。从列宁对这种庸俗论观点的批判开始，"舒里雅柯夫主义"[②]进入了历史哲学科学。遗憾的是，现在这种历史正在重演。一些"新思维"的热心者们，试图用颇有名气的舒里雅柯夫的精神，把涉及本体论和认识论问题的哲学强行塞进意识形态关系的、特殊的、狭窄的领域，从而忽略了哲学知识自身独特的问题范围，忽视了本体论和认识论问题，这种现象在解决哲学新问题的过程中显现。

与此同时，对哲学基本问题的忽视隐含着复杂性。拒绝哲学基本问题的解决或者对它的遗忘，是对哲学发展的统一性路线的破坏。从哲学诞生之初，恰恰是哲学基本问题处于争论和总结的中心，这种争论和总结激荡着哲学界。对哲学基本问题的忽视，是对哲学自身的历史和哲学知识本身的破坏。恰恰是解决或者致力于哲学基本问题的解决，使得这一或那一知识成为哲学的，也就是说，这成为把这一或那一概念转变成哲学因素的尺度。正如化学家能从事化学研究，为此他至少应本能的判断出这个问题需要化学而非物理学来解决一样，哲学也同样是如此。有某种东西使得化学和物理学区别开来，并

[①] 弗拉基米尔·米哈伊洛维奇·舒里雅柯夫（1872~1912），马克思主义文学评论家，社会民主党人，俄国庸俗社会哲学的代表人物。他在反对艺术和文学领域中存在折中主义和唯心主义思潮的斗争中，经常把马克思主义学说庸俗化，因而多次遭到列宁的批判。——译者注
[②] 舒里雅柯夫主义是指以舒里雅柯夫为代表的、20 世纪初的俄国庸俗社会哲学观点。——译者注

赋予化学以自己的特性。这种特性贯穿于整个化学大厦，它决定了化学之所以是化学，而非物理学。另一方面，化学认为它所特有的——保留争论的领域，这个或那个观点只是或近或远的接近真理。也就是说，每一门科学都有自己的基本问题，基本问题的提出和解决决定了是否把某问题化为该科学的领域，这也意味着与研究对象确定了联系。

　　为什么当哲学自身致力于确定自己的特性，阐释自己的特色时，会呈现复杂性呢？毫无疑问，哲学知识的定义、基本属性是与任何科学基本问题的解决相联系的，哲学也是一种科学。恰恰是基本问题的这种或那种解决，使得哲学知识既不会滑向"自然哲学"追求"实证知识"的处境，从而导致远离哲学基本问题的解决，也不会提高到"科学中的科学"的地位，从而导致吸收所有自然知识或任何其他正面"科学"的启示，并对所有它们的遗漏和忽视负责。正是哲学的基本问题使得众多"专门的"哲学理论协调和组成一个整体，哲学知识的专门领域使得知识具体化、丰富化，并摆脱了一般抽象的领域。在哲学领域正像在社会领域一样，存在劳动分工，这种分工导致了哲学知识的专门化和固定于服务一般整体中的部分领域。在特定的阶段，这些整体的部分发生了分离，这些专门知识高估了它在哲学整体发展中的作用，并且在对部分问题的解决中，形成了与整体思维的对立。众所周知，整体不能机械地归结为部分的总和，它们之间拥有质的差别。部分脱离于整体，部分与整体的分离与对抗，最终导致了专门知识与哲学整体知识的分离，导致了这一部分丧失了哲学的属性。因此，不论我们对部门哲学采取了多么"聪明"的定义，也不论我们在形式上怎样承认它是哲学知识。但实际上，部门知识脱离于哲学史、脱离于整体的哲学知识，最终导致了部门知识丧失了整体的属性——哲学的属性。因此，我们认为哲学知识的特征之一，即对哲学基本问题的不同解决。也因此，哲学基本问题应以某种形式进入哲学研究对象的定义之中。

　　众所周知，任何研究对象，其中包括哲学研究对象都处于矛盾之中，它包含客观的和主观的成分，主、客观之间存在矛盾，这种矛盾是认知和哲学发展的动力。思维和认知需要这种矛盾，哲学基本问题的定义也是矛盾的结果。只有从更普遍的层面上审视问题，才能解决哲学基本问题。因此，从某个孤立的、个别的人出发对研究对象的定义是站不住脚的。在解决哲学基本问题和形成知识的过程中，产生了概念和规则的定义，构造出了相应的范畴。因此，在哲学研究对象的定义中应包含基本问题的定义。承认把哲学基本问题引入哲学研究对象的定义的必要性，我们应充分考虑到，"基本的"不是"所有的""完全的""整体的"，却是必需的。"意识""思维""主观性"在自身的发展中拥有相对的独立性，也就是说，在认知中以反面的、变换的、积极的特性影响着纯粹的"物质"。因此在对象的定义中应考虑"所有的联系和中介"（列宁语）。

遗憾的是，以前许多哲学研究对象定义的注意力集中在它的客观方面，集中在意识关注的方面，然后把这方面推广到"自然和社会"领域的一般形式上，而假如再加上"思维"的话，对于"思维"也同样是从客观的、消极的方面来关注它。这样的话就忽视了主观方面，忽视了认知主体的条件、规定、定义和它的积极性。不同的哲学流派都利用这一点，把重点放在哲学研究对象的对立性、主观性方面，使之达到绝对化，达到与客观部分相分离。由此，这种和那种观点都隐含着错误、偏差。关注的重点在研究对象的两个方面（主观和客观），在它们之间存在的矛盾，这种矛盾是哲学知识发展的源泉，这种矛盾要求以哲学主要问题的形式引入研究对象的定义之中，要求在明确地解释科学知识的哲学内涵时，应首先深入哲学研究对象的定义。

从整体上看，哲学基本问题是确立哲学本质的、系统的、结构性的因素，正是基于哲学基本问题的解决（或未解决），赋予了整个哲学体系以本质的特征，使它成为区别于物理学、化学或任何其他科学的哲学。为了解决自身的基本问题，哲学需要提高对物质和社会之间更为普遍的联系和关系的认知，这其中包括对它的部分——意识的认知。由于哲学制定出了相应的认知方法——概念、规则、范畴，在这些认知方法中反映着现实世界的特征。哲学创立了自身的语言体系，创立了使用这些规定和范畴的原则，创立了自己的方法论，同时，哲学本身亦是以现实世界发展的客观趋势为基础的。在解决基本问题的过程中，哲学利用相关的原则、规则、范畴、方法（方法论、证明和反驳的规则、知识的认识和理解规则）来证明自己的称职和效应。而这意味着，正是基本问题拥有功能意义，这种功能意义不仅是认识论的，而且在间接的关系和联系中还表现为社会的、整合的、语用的、预测的功能等。拒绝哲学基本问题的解决，导致在认识领域中用"功能的"偷换原初的关系，用"属性的"偷换实体的基础，用"属性"偷换现象，从而失去了事物质的特征，导致了关系的混乱。

在哲学中，把哲学基本问题放入它的研究对象定义的建议已众所周知，其中包括哲学史研究对象的定义。特别是热尔诺夫在其奠基性著作《哲学史中的哲学研究对象·史前史》一书中，对多年的争论做了总结，并给历史哲学研究对象下了一个相当宽泛的定义，在其中指出必须查明："哲学最重要问题的各种概念：主观和客观辩证法，各种哲学的基本问题，这个问题本身，主观和客观辩证法问题，物质和精神的关系。"他强调，"对于'什么是哲学'的回答，哲学史呈现两条主要路线的斗争——德谟克利特路线和柏拉图路线。唯物主义是哲学中的主线，发展为马克思和列宁的唯物辩证法。在哲学中不存在第三条路线，而且在理论上也是不可能的。"他接着论述了哲学知识的发展经历了历史上唯物主义和唯心主义的复杂斗争。在具体历史条件中，唯心主义学说在其原则性错误中，也包含了如何正确地提出哲学问题，并对它们进行了有趣的解决。相应的，唯心主义者创造的哲学概念虽包含矛盾，但不排除积极的社会意义。德国古典唯心主义就是例子。归根结底，在最广泛的世界历史纲要中，唯物主义代表着绝对进步的方向，并且伴随着建设无阶级社会的过程逐渐被认为是科学的世界观。唯心主义在本质上和在社会功能上逐渐失去了相对进步的意义，"转向了维护和支持宗教"。这就是当代资产阶级唯心主义哲学的命运。

我们认为，哲学基本问题的意义如此重要，把它划为研究对象的定义的必要性远远超出了历史哲学研究的领域。哲学思想像整体的社会意识一样，在自己高度发展的状态中获得了复杂的成分和功能。这样，哲学与"社会存在"的发展之间拥有相对的独立性，对产生它的环境拥有"首要的"、逆向的、积极的、转换的属性。但与首要的、决定性的关系分离后，每一种社会意识的组成部分（其中包括哲学）就会丧失自身的积极作用和功能。对哲学某部分是必要的东西完全也可能是整体的必要部分，也就是说，进入作为完整科学的哲学研究对象的定义。热尔诺夫给出的定义，在我们看来有一个缺陷——它过于具体化。事实上这个定义给整个哲学史的发展做出了一定的总结，成为哲学的结果，这个定义在当今条件下绝没有被超过，却不是它发展的起点。需要给它以更加抽象的、概括的定义，以被用来集中而不是分离所有的哲学知识，使之成为哲学知识选择和综合的原初基础。

为了探索哲学研究对象定义的原初起点，我们转向对这一定义进行研究的当代"解读"。在专著《社会的和人文科学的哲学》中，作者阐释了研究对象的概念。作者指出"哲学最艰深的问题之一就是——哲学何以可能。这一问题的另一种表述形式是：作为认知和知识特殊类型的哲学研究对象、哲学的本质和功能是什么的问题"。遗憾的是，从第一个论述开始，我们就很难与他一致。关于"哲学何以可能"这一问题首先是认识论问题，它涉及反映我们对世界的认识的同一性（非同一性）的问题，此外，还有世界的哪些方面是更为普遍或整体的？以及是怎样的——是在发展中的或静止中的？哲学能并且应该在自己的认识中反映这一问题，而这意味着，在间接的意义上，这也是本体论的问题。关于对象的问题——这是关于世界本身的问题，关于它的产生、发展、结构，它各部分间的关系的问题，也就是说，首先是本体论的问题，然后是认识论的问题。这样，在提出和解决这些问题的过程中没有同一性的问题。"哲学何以可能"的问题首先是本体论（对对象中）或认识论方面的问题，相应的，在第二层次上，则是认识论或本体论的问题。在此，我们无须多言。

"中介"起着重要的作用，它把第一性的关系和联系推到第二位，把中间环节放到前面，赋予它独立性的、自足的表象。遗憾的是，作者们回避了这个问题，认为可以通过"更简单的途径"来解决。在这本书中，他们给自己设定的任务是更新对哲学的看法，把哲学视为特殊的人文学科。众所周知，在简单中隐含着复杂性，在分析作者们的概念的时候我们会遇到这一问题。对我们来说，重要的是首先要确定哲学研究对象的问题，而不是"哲学何以可能"的问题。众所周知，在哲学史上，像任何其他科学中一样，提出了许多哲学研究对象的定义。在热尔诺夫的《哲学史中哲学的研究对象·史前史》一书中有相关论述。在《社会的和人文科学的哲学》这一著作中，作者们也同样关注了这一问题，以至对一些著名哲学史中研究对象的定义进行了简要的论述，包括"存在的所有特征（属性、关系、变化和发展的规律）；认识的一般理论（结构、功能、可能性）；认知（或思维）发展的结构、方法和规律的一般理论；文化自我认知的一般理论；绝对价值的理论；作为生命的存在概念……"和一系列其他的论述。作者们遵循这样的观点，认为"以上形成的各种对哲学研究对象的定义在总体上是不排斥的，而是互补的；认同和接受其中的每一个定义都有建设性——一致性的特征；它们所有的都有相同的规则和存在的权力"。遗憾的是，我们只能部分同意这个观点。初看起来，作者们的这些观点反映了在实践中形成的有关哲学研究对象的一系列认识。但在成熟的、"建设性"的思考后，我们得出另一个结论，确切地说，哲学研究对象的定义必须是唯一的、一元论的，任何其他科学的研究对象的定义也是如此。

在今天，关于哲学研究对象最流行的定义——多是通过表述哲学复杂和悠久的历史，通过表述在哲学史上出现的和现今仍然存在的每一个流派或学派的观点，来证明自己关于哲学研究对象的理解。事实上，哲学对象定义的等同性是不存在的，也是不可能的，因为存在过的哲学流派对哲学史的一般发展、对世界的认知与理解和哲学知识的本质的贡献是不同的。也就是说，哲学研究对象的定义不是依次进行的"见解"，而是真理。以往存在的流派的价值是不相等同的。这是现实的事实，而不是那些哲学流派根据自己取得的成就的自我评价，或者是意图通过某种力量，赋予明显的、行不通的想法获得不应有的优先意义。如果存在地位、贡献、捍卫的观点的等同性，那么围绕哲学研究对象的争论也许就不会出现。因此，学派或者整个思维界是否承认某个哲学家或流派的贡献是次要的因素，思想成就的确立不是靠产生这一思想的思想界自身的承认，也不是"某种力量"的命令，而是它能改造实践，能把自己的发现转化为从历史完整形式中取得的现实性本身的可能性。在这里我们涉及，在实践中不同学派的影响力是不同的。这种状况迫使哲学家们不断地转向哲学知识的本质，而它需要更加准确的哲学研究对象的定义，更加谨慎地对待不管来自哪里的、对它改变的企图。

因此，我们在此更加详细地、批判地审视作者们的观点。作者们试图证明"我和非我的对立"是哲学世界观的基础。在这种情况下，哲学的成长不是出于社会实践的需要和要求，而是出于人类认识的某些特殊方面。自然，出现了这样的问题：它们是从哪里产生的，它们的必要性隐藏在哪里？什么是这种必要性的动力？它们有怎样的矛盾？他们倾向于用建设性——一致的方法来限制哲学研究对象的理解，已引起了警惕。众所周知，一般地说，研究对象（其中包括科学的研究对象和哲学的研究对象）带有主、客观的特征，它是否具有建设性——一致性的特征需要时间来证明。因此，一开始就把哲学和科学的研究对象限制在部分的功能上是错误的。把某种基础的客观存在隐藏在它的有限的、部分的领域，而这意味着，从科学（包括哲学）整体的发展中得出了片面的、不可靠的结论。同样，把对象的主观方面等同于它的某种同一的、契约的、公认的共同体，这意味着使整个主观领域变得贫乏。有关哲学研究对象的多元论概念本质上抛开了整个哲学史，忽视了它独特的发展。在哲学的发展过程中形成了不同的流派，赋予了哲学对象定义的多样性。但这并不排除哲学审视每一个产生于历史并发展实践的真理性、终极性观点的哲学流派的任务，哲学的任务是清除、筛选不正确的方法、假设、思想和观点。哲学不是人类知识一劳永逸的领域，相反的，它不但自我批评，而且用社会实践来检验。它也不是静止不变的，哲学是发展中的体系，从简单的、原初的形式发展为更加成熟的、完善的体系。

对哲学研究对象的探讨，可行的方法是应从哲学史上哲学取得的较大发展模式的角度来探讨哲学研究对象。所有前辈都把它们划入科学（包括哲学）发展的一般进程，把它们视为那些必需的，但是克服了哲学知识发展条件的哲学体系和形成的前提条件。哲学把这些前提条件化为自己的组成部分或者作为站不住脚的部分抛弃它们。在哲学史外部，脱离产生它们的环境的条件是没有意义的。也就是说，哲学不仅应学会整合，还要在更完善的模式中去除掉以前的状态。哲学应该有自我批评和自我批评的精神。这就是说，哲学既包括成就也包括错误，只要错误被认识到和克服掉，就意味着成为哲学审视的对象，但错误是以间接的形式发挥着隶属的、次要的作用。遗憾的是，经常形成相反的情形，当历史上占优势的观点处于首要位置时，这种观点便被没根据地夸大，并被确认为自足的根据。那样的话，作者们不是区分而是混淆了哲学直接的研究对象。哲学在自己独特的发展过程中选择、保留和发展着的间接的哲学研究对象，其中也包括那些曾被哲学证明为不成立的、未经人类实践检验的哲学研究对象，也包括那些是必需的，但是对建构哲学知识却是辅助性的材料。而整个哲学和人类的历史证明，20世纪所取得的社会主义是在自身存在的经典时期所取得的最成熟的模式。总体而言，在哲学（包括社会哲学）发展中存在缺点，但可以确信地说，哲学正是在这一阶段取得了最完善的形式，我们可以认为适合于哲学这一形式的定义是哲学研究对象的经典定义。

多元论方法对哲学研究对象的定义实际上不是扩大，而是限制它认知世界的可能性。持多元论观点的作者们认为，"每一个概念都强调'人—世界'这一系统功能的特殊方面，而这些方面不是互相引导的或者这种引导没有显著的实践和理论意义。在理解哲学研究对象方面，多元论有自己的位置显然是不可避免的，一方面，表现总体上'人—世界'系统的普遍特征和关系的多样性，另一方面，表现理论思维的明显的结构性特征"。认为多元论反映"世界的质的特性"的观点是不合适的。科学（包括哲学）的知识体系，不是每一个都能在其中找到自己所喜欢的东西的"沙拉盘"。事实上，哲学史像科学史一样，这是最伟大的发现的历史，孜孜不倦地寻求真理的历史，但也是误解的历史、智慧投机的历史、藏匿论断的历史。但在这种"质的特性"中，哲学总是试图找到某种体系、某种原初的、基础的存在，这种原初性使哲学思索成为"建设性的"和"一致性"的基础。可以认为，"多样性远不能证明某些普遍的、原初的因素在所有以上指出的和哲学对象的其他可能的概念中的不在场"。但我们需补充指出，我们不能像在垃圾篓中那样寻求普遍性，即所有进入它的对象都具有一种属性——而这是不需要的。

遗憾的是，作者们建议的恰恰是这种寻求普遍性的方法。因此，作者们关于把哲学研究对象建立在"我与非我"二元对立基础上的可能性建议，遇到了反对的意见。其中包括，作者们认为，在所有这些哲学研究对象的定义中有一些观点是普遍的，即（1）所有可能的（理论的）宇宙分裂为"我与非我"；（2）以"我和非我"而不是经验的现实（"人"与"世界"）作为理论（先验的）的对象，"人"与"世界"并不比疏远物质的"我与非我"的含义更具本质性；（3）用具体的理论内容填充"我与非我"，克服整个体系的分裂。那么，这样的方法有怎样的特性？

（1）与客观现实的断裂。在这个定义中整个宇宙仅仅是"理论的"，也即想象的对象。

（2）用理论内容限定研究对象，忽视它背后的对象、客观世界、"经验的现实"、"发展着的实践"。而这意味着，片面的建构趋于绝对化，定义脱离现实，而不是赋予它相同的定义。

（3）实际的联系与关系的"颠倒"：在这里，世界仅仅是"我与非我"的疏远的含义。在这种情况下，思维是以第一位的形式出现的，而存在是第二位的。认为原初的（第一的、决定性的）是思维，而不是存在。

（4）实质上，作者们是从关于思维与存在完全同一性的定义出发的——有什么样的思维就有什么样的存在。

（5）试图拒绝"思维"与"存在"间的矛盾，作者们颠倒了联系与关系，巩固"我"与意识的第一性地位。

（6）不仅如此，这不是哲学式的提出问题，而是实证科学的提问方式，也就是说实质上是将问题实证化了。

（7）因此，这不是拒绝解决哲学基本问题，而是唯心主义所特有的另一种解决方式。

（8）这不是消除唯物主义与唯心主义的对立，而是它们的另一种唯心主义的比较，达到忽视客体、物质，忽视这种划分的目的。

（9）这样一来，作者不是断绝和克服唯物主义与唯心主义的争论，而是开启了与唯物主义斗争的新阶段。

用这种"建设性的"方法作者取得了什么结果？

（1）努力为多元论辩护，证明了它的根据不足。

（2）渴求找寻到各种方法中的普遍性，将早就众所周知的、典型的、主观的唯心主义展示给世人。

（3）站在唯心主义的立场上证实了消除唯物主义与唯心主义之间对立的必要性。

（4）在理解哲学研究对象时努力容忍极端性，开启了反对唯物主义斗争的新阶段。

（5）试图确定哲学的研究对象，而在最后完全丧失了自己论断的哲学地位，把它们降到了"实证"科学的水平。

因此，以某种抽象的"我"为准则，我们丧失了更为复杂的、重要的、有意义的整体层面，丧失了历史原初的和本质的关系。在这个作者们试图论证的哲学研究对象的定义中，获得了某种奇怪的实质：哲学家自我体验、自我理解，并且自我评价！作者们提出了一个不着边际的空谈的对象！作者们关于"自由""我""意识"的讨论是矛盾的、站不住脚的。作者们认为，与客体相联系的不是最高的，而是从属的，写道："胡塞尔当时把注意力转向这种情形，并指出意识总是关于什么的意识，而非什么也不是的意识。胡塞尔在这个问题上是对的。但我们批评的不是胡塞尔，而是作者们的观点。由此他们要求赋予认识自由、意志和创造的属性是没有根据的，因为意识总是关于什么的意识。"在这里立刻出现非自由、非意志，意识的创造受到限制。也就是说，作者们的整个观念将像纸质房子一样被摧毁。

我们认为，作者们用哲学发展的"主要路线"偷换了"哲学基本问题"。众所周知，"基本的"和"主要的"是不完全相同的。如果作者们希望研究哲学对象和哲学史，他们就必须对这一类型的事物进行区分。"基本问题"伴随着哲学发展的整个路线，总是打算解决哲学中的任何一个问题。"基本的"能转化成非基本的，并重新具有现实意义。与基本的问题并存的还有非基本的问题，解决这些问题可能是相对独立的。按照作者们的逻辑，对这些问题的讨论是作为"基本的路线之一"，这些"路线"是众多的。但"基本问题"却是一个，而且只能是一个。正如我们所见，分离出"基本的路线"中的一个不是消解掉"哲学基本问题"存在的问题，而是混淆和模糊了这一问题。可惜，因文章篇幅所限不允许我们更详细地、批评性地评价作者们整个概念，但以上论证足以说明哲学研究对象的定义远未完成。哲学基本问题是与哲学研究对象紧密联系的。如果哲学共同体的一部分，即唯物主义者们以这样或那样的借口遗忘这种联系，并将其束之高阁，那么形成的这一真空就会由唯心主义来填充，况且除此之外根本也没有比唯心主义更好的流派。

对我们的分析做个结论，我们或许可以给哲学研究对象下个这样的定义："哲学研究对象构成了对所有在自然界、社会和文化中处于对立的和较为普遍的关系中的联系和中介的认识，其目的是为作为自由个体的全面的、完整的、和谐的个性发展创造条件。"在这个定义中指出了对象的完整性，对象在自身内容中容纳了"所有的关系和中介"，并把哲学与具体的科学相比较。哲学关注的中心是"更普遍的关系"，在哲学中承认"本质""物自身"的世界。而这意味着，哲学的使命在于保护、提出并回答哲学基本问题。因此，哲学基本问题是"关系"的问题，是关于这种关系的矛盾特征在哲学史中的不同回答问题。在这种情况下，这些关系转化为它们的"最普遍"的形式，而不是个别的形式，从而与主观主义和个人主义相对抗。不可否认，这些关系具有矛盾的特性，这种矛盾成为哲学研究对象发展的源泉，并把哲学从实证主义的不同形式中区分出来，在此情况下承认研究对象的客观方面（自然、社会、文化）和主观方面（这个世界的意识、哲学自身）得到发展。指出客观存在的部分——这是自然、社会和文化。我们不应该忘记，社会是自然的部分，它拥有独立的、自主的存在。思维（意识）的分离则是因为另一种缘由。"意识是高度组织的物质的特性。"（列宁语），而作为"特性"不可能脱离那个"事物"而存在，它呈现为某种生成物的特性。在这里起作用的是"事物与特性"的辩证法。而这意味着，意识具有某种自然的、高度组织的形式的特征。社会意识不是社会的"部分"，而是它的特性，它不作为独立的形式而存在，但有存在的间接特性。因此，把具有自己发展规律的文化作为社会的部分划分出来是更有逻辑性的，而不局限于社会的规律。这样，我们把所有的社会现象分为"文化的"和"非文化的"，而我们离了解和区分这种划分的基础还有很远的距离。

卡尔·马克思的发现应该进入哲学研究对象的定义，他说："哲学家们只是用不同的方式解释世界，而问题在于改变世界。"这完全属于那个现代科学正在完成的社会的、语用的功能。科学逐渐地在更大程度上成为直接的生产力，更加勇敢地、建设性地干涉周围的世界——自然的和社会的世界。一旦科学（包括哲学）成为精神的生产力，它就会出现某种目标和制订旨在完成这一目标的计划，而这个目标即人自身。但人"不是脱离于世界"的存在物，他随着世界的发展而发展，随着世界的发展而改造世界。变革这个世界最主要的、最人道的目标是为了人的个性的发展创造条件，为了作为自由个体的个人的整体的、全面的、和谐的发展创造条件。这些原则应该包括在哲学研究对象的定义内，应该包括在哲学研究对象定义的主观方面。

世界正在向新的状况迈进，与此同时，哲学的价值将具有全球化的性质，而这意味着它应面临全球性的目标。为了走向全球性的高度，哲学应成为模仿的范式，成为某种特定的标准，这一方面要在实践中得到确认，另一方面为此应付出巨大的努力。哲学研究对象的新的理解不应简单地抛弃其他哲学流派对此的理解，而应联合它们形成一个统一的整体。以变革世界和人自身为目标的哲学，应致力于对这些因素的整合。

图书在版编目(CIP)数据

现代化与日常生活批判理论研究/丁立群主编.--北京：社会科学文献出版社，2019.12
（黑龙江大学文化哲学研究丛书）
ISBN 978-7-5201-5258-7

Ⅰ.①现… Ⅱ.①丁… Ⅲ.①文化哲学-研究 Ⅳ.①G02

中国版本图书馆CIP数据核字（2019）第164050号

·黑龙江大学文化哲学研究丛书·
现代化与日常生活批判理论研究

| 主　　编 / 丁立群 |
| 副 主 编 / 周来顺 |

| 出 版 人 / 谢寿光 |
| 组稿编辑 / 周　丽　王玉山 |
| 责任编辑 / 王玉山 |
| 文稿编辑 / 杨鑫磊 |

| 出　　版 / 社会科学文献出版社·经济与管理分社（010）59367226 |
| 　　　　　 地址：北京市北三环中路甲29号院华龙大厦　邮编：100029 |
| 　　　　　 网址：www.ssap.com.cn |
| 发　　行 / 市场营销中心（010）59367081　59367083 |
| 印　　装 / 三河市尚艺印装有限公司 |
| 规　　格 / 开　本：787mm×1092mm　1/16 |
| 　　　　　 印　张：20.25　字　数：296千字 |
| 版　　次 / 2019年12月第1版　2019年12月第1次印刷 |
| 书　　号 / ISBN 978-7-5201-5258-7 |
| 定　　价 / 138.00元 |

本书如有印装质量问题，请与读者服务中心（010-59367028）联系

▲ 版权所有　翻印必究